T0278885

Cairelle Crow

La MAGIA de TUS GENES

UN VIAJE HACIA TUS ANTEPASADOS

Primera edición: mayo, 2024

Arcopress • Desarrollo Personal
Dirección editorial: Pilar Pimentel
Traducción: Rebeca Rueda
Diseño y maquetación: Fernando de Miguel

www.arcopress.com
pedidos@almuzaralibros.com - info@almuzaralibros.com

Editorial Almuzara
Parque Logístico de Córdoba. Ctra. Palma del Río, km 4
C/8, Nave L2, nº 3. 14005 - Córdoba

Imprime: Liberdúplex
ISBN: 978-84-10522-23-7
Depósito Legal: CO-724-2024
Hecho e impreso en España - *Made and printed in Spain*

Por Silas y Judah, cuyas brillantes sonrisas y corazones abiertos
me bendicen con gratitud por el pasado y con esperanza hacia el futuro,
y por Hyndla, antigua bruja, völva, giganta, moradora de las cavernas,
jinete de lobos, guardiana de las líneas de sangre, guardiana de los nombres,
caminante astral de la trama y la urdimbre, que brilla con la luz justa
para que aquellos que buscan las verdades con buena intención
puedan encontrarlas.

Índice

Introducción

«¿*Aquí y ahora? Esto es precioso. Esto es vida. Usted está vivo. De alguna manera, todo el material genético de todos esos miles de antepasados se unió en la combinación perfecta para hacerte a ti exactamente como eres. Eso es mágico, es el mayor tipo de magia que conozco. Nuestra propia existencia*».

Loretta Lost, La chica a prueba de fuego.

L a genealogía es mágica. En ella reside la oportunidad de dedicarse a una investigación que tiene como resultado el descubrimiento potencial de una interrelación con todos los pueblos del mundo, y de adquirir un sentimiento de profunda conexión con la constelación de la humanidad. Hay lugar para todos en este viaje mágico. Imagínese un hermoso árbol ondeando con los frondosos papeles de vidas vividas, nacimientos y muertes, llegadas y partidas, conexiones, noticias e historias, raíces enterradas profundamente en la tierra en la que se alza el árbol, del mismo modo que nosotros nos alzamos ahora sobre los hombros de nuestros antepasados. Al igual que ocurre con los árboles en la naturaleza, también en la genealogía cada árbol debe contar con los recursos adecuados para crecer hasta alcanzar su máximo potencial. Durante muchos cientos de años, la gente ha escrito historias familiares y linajes, y ha mantenido registros que nos permiten ahora espigar fragmentos de información a través de una investigación diligente de esos documentos históricos. A pesar de la variedad casi infinita de personas que investigan sus raíces ancestrales, el árbol de cada persona tiene algo en común: existe un orden preciso en el que se disponen nuestros antepasados genealógicos y sus ramas. Para unos pocos afortunados, la investigación genealógica tradicional «en papel» arroja muchas ramas llenas de hojas ancestrales rebosantes de vestigios de vidas pasadas. Para la mayoría de los demás, varias o más ramas resultan menos obvias, las hojas son escasas y el trabajo de descubrimiento constituye todo un reto. Algunos, ya sea por adopción u otra circunstancia que haya hecho invisibles o inaccesibles sus ramas, solo se ven a sí mismos, y sus exploraciones ancestrales son extremadamente difíciles o incluso imposibles con los métodos tradicionales.

La genealogía genética ha cambiado la forma en que muchos genealogistas enfocan su investigación, y, afortunadamente, las pruebas genealógicas de ADN directas al consumidor han nivelado el campo y, por lo general, hasta los misterios más difíciles pueden resolverse. Cada uno de nosotros —los que disponen de amplios recursos de historia familiar, los que no tienen ninguno y todos los que están en medio— puede enviar una muestra de saliva con la esperanza de que los resultados le otorguen los conocimientos necesarios para crear y hacer crecer un árbol genealógico preciso basado en la verdad y en los hechos. ¡Mágico, sin duda! Creo que es de vital importancia que cada uno de nosotros se someta a pruebas genealógicas de ADN, documente con exactitud sus líneas genealógicas, genéticas y ancestrales elegidas lo mejor que pueda y siga la ética, las directrices y las normas más actuales para construir una historia familiar basada en la verdad. Un día, un descendiente (¡y con esto no me refiero solo a la descendencia genética!) mirará su árbol genealógico y estará muy agradecido por la oportunidad de conocerle mucho después de que usted haya fallecido, de la misma manera que nosotros miramos y contrastamos diversos árboles ahora para descubrir las historias de nuestros propios antepasados.

Para los que caminamos por el filo de la navaja, entre la naturaleza basada en pruebas de la genealogía y la esencia intangible y mágica de nuestra propia divinidad sagrada, la mezcla de la investigación genealógica tradicional y genética con nuestras propias preferencias espirituales y creativas se produce de forma natural cuando realizamos el trabajo de búsqueda de parientes ancestrales. La genealogía y la magia, aunque muy diferentes, no tienen por qué excluirse mutuamente. La combinación de ambas es increíblemente poderosa y manifiesta una conexión que quita el aliento y cambia la vida. Utilizar la magia personal abre una puerta a la que no se puede acceder de otro modo, y la visión a través de ella es extraordinaria. Verá rostros conocidos que han conformado la idea que tiene de sí mismo como persona mágica y podrá encontrar nuevas caras que le abrirán caminos inesperados y completarán su práctica mágica de una forma profunda.

A veces se producen acontecimientos que dificultan o hacen indeseable la investigación genealógica tradicional. El más común que he encontrado a lo largo de muchos años de trabajo genealógico es la adopción. El segundo es el descubrimiento de que un progenitor (normalmente, un padre) no es el biológico. Uno de los efectos del trauma colectivo en los grupos de personas es tener que hacer investigaciones genealógicas dentro de los confines de una documentación inexistente, alterada o destruida de los antepasados. También existe la idea errónea de que la búsqueda de la genealogía biológica, basada en la genética, es la única manera de hacer un trabajo de genealogía. Esto no es así. Hay innumerables personas que han optado por alejarse de las ramificaciones dañinas o hirientes (o ambas) de una familia biológica tóxica, o que pueden haber sido expulsadas de una por cualquier motivo, y que han creado una hermosa familia tejida con los lazos de la aceptación y el amor. También hay quienes se sienten muy unidos a la familia a la que llegaron por adopción u otra situación y no desean buscar un ángulo genético a su genealogía. Obtenemos nuestro poder personal de muchos lugares, y la familia genealógica de origen es solo una fuente. La genealogía es el tipo de magia que ofrece algo para cada escenario, y cada uno de nosotros puede elegir cómo quiere abordarla. Cada perspectiva, cuando se investiga bien y se documenta adecuadamente, es válida.

Creo sinceramente que todo el mundo, especialmente aquellos que hacen su trabajo genealógico estrictamente fuera de la familia genealógica, debería considerar también hacer un trabajo dentro del ámbito de la sanación ancestral. Le aseguro que eso no significa que tenga que hacer un hueco en su cabeza a quienes le han hecho daño, no significa perdón ni aceptación del mal comportamiento. No tiene que hablar con nadie ni abrirse a más malestar. No tiene que despedir a aquellos en su vida a los que está unido, ya sean familia genealógica o elegida. Lo que sí significa, en todos los escenarios, es que hay formas de llegar más allá de los vivos, de viajar a la tierra de los ancestros, de encontrar la conexión con las raíces ancestrales que van más allá de la encarnación actual de la herida y el dolor. Puede recorrer un camino de orgullo por su herencia y, al mismo tiempo, vivir dentro de sus propios límites mientras realiza el duro trabajo de la curación. Cuando encuentra un camino hacia la sanación, ajusta su linaje de forma permanente, y esto tiene un efecto positivo en las generaciones futuras. Es una tarea importante, incluso para quienes no tienen descendencia genética y, en cambio, algún día se convertirán en antepasados influyentes.

Un gran dilema con el que me encontré al escribir este libro fue cómo utilizar mejor los pronombres; los descriptores de ADN X e Y; las palabras *ella*, él; los géneros femenino y masculino en su relación con la biología y las personas; los términos estándar de la genealogía como *materno, paterno, madre* y *padre*, y las palabras *mujer* y *hombre*, sin dejar de ser inclusiva. Para cualquier genealogista, es esencial ser claro y coherente con el uso de frases estandarizadas, redacción, definiciones, términos, explicaciones y referencias, para que la ciencia que subyace en la genealogía pueda entenderse fácilmente, tal y como se presenta en los materiales educativos y de otro tipo disponibles en la actualidad. También creo de todo corazón que la genealogía es amorfa, como la bruma del océano a la orilla del mar, y cubre a cada persona con un manto de aceptación. No importa cómo nos identifiquemos o cómo se definan las circunstancias de nuestro nacimiento, cada uno de nosotros tiene historias familiares únicas que merecen ser investigadas y descubiertas. La genealogía está abierta a todas las razas, etnias, géneros, sexos, preferencias sexuales, creencias religiosas y espirituales, capacidades físicas y mentales, circunstancias de nacimiento y mucho más. La magia de la genealogía es para todos.

En esa tesitura, entonces, decidí buscar ayuda y clarificación con mi escritura. Hablé con personas mágicas de la comunidad LGBTQIA+, adultos adoptados, descendientes de personas esclavizadas y otros que se sienten privados de derechos y creen que no hay sitio para ellos en el marco de la genealogía. Hice preguntas; recibí las correcciones necesarias (mi más sincero agradecimiento por ello) sobre mis propios malentendidos e ideas erróneas, y posteriormente introduje cambios en mi redacción. Aunque me esforcé por encontrar un equilibrio, por compartir una variedad de historias y escenarios, así como por escribir de un modo que espero que sea más inclusivo, también estoy segura de que el resultado sigue sin ser perfecto y no se adaptará a la realidad vivida individualmente por cada persona.

Según mi experiencia, la mayoría de los libros sobre genealogía, si no todos, utilizan un lenguaje centrado en el hetero y el cis. Es la forma en que históricamente se ha enseñado a la gente y es como muchos se relacionan con los conceptos generales. Sin embargo, la genealogía siempre está en constante cambio. Los líderes dentro de la comunidad de la genealogía están trabajando duro para hacer evolucionar los viejos y manidos conceptos, y se están produciendo activamente modificaciones que, en última instancia, lograrán que cada persona que se dedique al ámbito de la genealogía sienta que su lugar en este mundo de documentación de la humanidad está arraigado en su propia experiencia vivida. Se trata de un proceso, por supuesto, y queda mucho camino por recorrer. Sin embargo, mi más sincera esperanza es que aquellos que se han sentido marginados en el pasado vean los esfuerzos que están haciendo tantos y se sientan valorados y parte de una comunidad que pretende incluirnos a todos. Es cierto que la ciencia puede sentirse a veces inexpugnable. También es esencial recordar que, aunque nuestros cromosomas puedan categorizarnos hasta cierto punto, no nos definen rígidamente. La humanidad existe en un glorioso espectro, y nos definimos a nosotros mismos. Mientras lee este libro, sepa que cada sustantivo, pronombre y adjetivo se escribió pensando que hay más de una forma de aplicarlo, o de no aplicarlo, y le animo a que reorganice mentalmente lo que haya que mover para que las palabras reflejen la verdad de su historia individual.

Para darle una idea de las luchas y los éxitos que son posibles en el ámbito de la genealogía mágica, he incluido mis aventuras con el ADN, ejemplos de retos y resultados de investigación de clientes y fragmentos de historias compartidas por seres queridos de la comunidad mágica. Excepto en el caso de mi propia familia inmediata, los nombres se han cambiado, o no se mencionan, por motivos de privacidad. También he incluido información sobre los fundamentos del ADN, las pruebas y los resultados, la investigación y la documentación que deberían permitirle adquirir una comprensión suficiente para realizar un trabajo de nivel básico sobre sus propios resultados de pruebas de ADN y su árbol genealógico. Sin embargo, para aumentar su alcance más allá del nivel de entrada más básico, tendrá que buscar activamente otros métodos de aprendizaje para ampliar sus conocimientos y asegurarse de que está aprovechando al máximo toda la información y las herramientas que están disponibles. No piense que necesita un título avanzado o que tiene que invertir mucho dinero para dedicarse a la genealogía. Para empezar, la biblioteca es un recurso excelente para conseguir libros de genealogía, y los bibliotecarios también proporcionan una gran riqueza de conocimientos. También hay muchos grupos en línea que ofrecen tutoría y ayuda para resolver problemas, y cientos de clases que profundizan en diversos temas dentro de la genealogía. ¡Muchas de ellas son de bajo coste o gratuitas!

Creo que la magia es la guinda del pastel de la genealogía, ya que nos permite aplicar las partes energéticas de nosotros mismos a nuestro trabajo y nos abre una conexión cósmica con aquellos de los que descendemos. Sin embargo, los aspectos más tradicionales de la metodología de la genealogía deben servir de base para que tengamos una forma práctica de aplicar nuestros conocimientos, documentar nuestras historias y dejar nuestro legado a aquellos que llegarán a nuestro mundo en algún momento del futuro próximo o lejano. Mientras busca y conecta con los que han venido y se han ido, le animo a que utilice sus palabras, su creatividad y su magia para contar sus historias. Tome las sugerencias mágicas de estas páginas y hágalas suyas. Busque en su interior y confíe en sus propias inclinaciones espirituales y creativas, sean cuales sean, para aportar luz a su camino de descubrimiento. Cabe señalar que, dentro del ámbito del uso de la magia personal y la expresión creativa con la genealogía, también entra la responsabilidad de mantener unos estándares de investigación que permitan que los resultados resistan el escrutinio y sean útiles para los descendientes que en el futuro nos busquen a nosotros, ¡sus antepasados!

Tanto si su historia genealógica es una historia contada a partir de conexiones genealógicas y genéticas, como si es la de una familia creada por elección propia, la genealogía puede ser espiritual, mágica, divertida y creativa, pero también debe ser no ficción, aunque la historia no siempre sea bonita. Es probable que el trabajo de búsqueda resulte extremadamente tedioso y frustrante, y hace bien a todo genealogista recordar que, con el tiempo, nuestra perseverancia nos reportará un regalo de lo más preciado: conexiones ancestrales profundas y significativas, además de los preciosos conocimientos necesarios para documentar las verdades genealógicas de la manera que elijamos.

Que encuentre a quienes busca, que sus verdades sean escuchadas y que su viaje genealógico esté lleno de magia.

Preparación de su viaje genealógico

«Todos los viajes tienen destinos secretos de los que el viajero no es consciente».

Martin Buber.

L a decisión de embarcarse en cualquier viaje requiere preparación y planificación, y el camino de la magia genealógica no es diferente. Siempre he sido de la firme creencia de que mi magia reside en el interior —no hago magia, yo soy la magia, y sé que puedo hacer cualquier magia que necesite por mí misma—. Sin embargo, mi camino es mucho más agradable y satisfactorio para mí si puedo disponer de ciertas herramientas con las que trabajar y si estoy rodeada de una estética hermosa. Soy una persona muy visual y me encanta sentarme dentro de (o junto a) un espacio cálido y acogedor que haya creado con alegría e intención. Me encanta elaborar aceites y mezclas de incienso, vestir velas, decorar altares, jugar en el jardín y trabajar estrechamente con la naturaleza y la luna, el sol y las estrellas. Tenemos la bendición de existir en nuestra forma humana en un planeta impregnado de magia y energía más allá de nuestra comprensión, y utilizar estos dones otorgados por la Diosa como parte de una práctica mágica es esencial para mí. Cuando comencé mi viaje genealógico, mi enfoque inicial fue desordenado y chapucero. No tenía ningún plan. «¿Quién necesita un plan?», decía este dramático sol de Leo con la impulsiva luna de Aries. No había ningún imprevisto sobre lo que debía hacer si las cosas se torcían. En realidad, ni siquiera sabía que las cosas podían salir mal en genealogía, probablemente porque me adentré en ella desde una posición muy privilegiada: blanca, cisgénero, heterosexual, con acceso sin restricciones a mi partida de nacimiento y criada dentro de mi propia familia biológica. Durante muchos años deambulé por el ciberespacio, malgasté el tiempo en investigaciones frívolas, garabateé fragmentos de información en cuadernos al azar y en otros trozos de papel que a menudo se perdían, y la mitad de las veces olvidaba dónde había estado navegando y qué buscaba. Perdía el tiempo, replicaba investigaciones y, en general, no llevaba una buena forma de trabajo. También incluí al azar la magia en mis esfuerzos genealógicos, pero, de nuevo, sin ningún plan ni organización.

En 2013, decidí iniciar en serio el viaje para descubrir las raíces de mi marido, que fue adoptado, y su familia genealógica de origen. Se había hecho la prueba con 23andMe y, entre sus resultados, llegó la sorpresa de que era portador de una mutación genética para la fibrosis quística (FQ), que es una enfermedad de los pulmones históricamente mortal a mediana edad y que, si dos portadores se reproducen, puede transmitirse a la descendencia genética. Como profesional médica desde hace muchos años, esto me sobresaltó terriblemente, ya que mi marido y yo compartimos hijas y nietos, y la FQ es una enfermedad hereditaria. Aunque ninguno de ellos había sido diagnosticado de FQ, podían ser portadores y, si lo eran, algún día mis nietos podrían tener un hijo con alguien que también fuera portador y, posiblemente, transmitir esta terrible enfermedad. En años anteriores, mi marido y yo habíamos jugado con la idea de intentar encontrar a su familia genealógica de origen y, de vez en cuando, hacíamos intentos poco entusiastas, pero en realidad él no sentía una fuerte atracción por averiguar más. Con la revelación de esta mutación genética, nos vimos en la imperiosa necesidad de conocer el 50 % de la genética de nuestros hijos. También me di cuenta de que mi enfoque tenía que ser diferente esta vez —metódico, organizado y práctico, en lugar de descuidado e impulsivo—, así que decidí aplicar los principios de mi práctica mágica diaria a la genealogía.

Se dice que, para crear un hábito, hay que hacer algo a diario durante una media de sesenta y seis días. Yo había reinventado mi rutina espiritual unos años antes de iniciar mi propio viaje mágico genealógico, después de sentarme a los pies de un sabio maestro que subrayó la importancia de una práctica diaria como parte integral de recorrer un camino mágico. El proceso de manifestar esa reconfortante rutina mágica de mi vida me sirvió como punto de partida para mi determinación de hacer genealogía de la forma correcta, e incluir una parte esencial de mí misma: mi magia. Elaboré un plan y me fijé objetivos. Empecé a utilizar un diario para documentar mi viaje. Compré un *software* que me ayudara a hacer un seguimiento de las fuentes a medida que colocaba a las personas en mi árbol. Incorporé un conjunto fijo de herramientas mágicas y una rutina para su uso en mi trabajo genealógico diario. Me di permiso para aventurarme fuera de los límites de mi rutina solo después de haber hecho primero las partes planificadas, y bendije mi empeño de viajar por la genealogía de mi familia con un ritual de comienzo. Mi compromiso con mi genealogía empezó como un esfuerzo concertado y luego se transformó en un ritual, que es mucho más beneficioso en general.

HERRAMIENTAS MÁGICAS PARA INICIAR SU VIAJE GENEALÓGICO

Aunque es cierto que lo único que realmente necesita para hacer magia es a usted mismo, siempre es agradable tener a mano suministros elegidos intencionadamente. Cuando emprendí mi nuevo y mejorado viaje genealógico, pensé en los artículos que utilizaba con frecuencia. Soy de esas personas impulsivas que cogen lo que tienen a mano cuando se trata de hacer trabajo mágico, así que fue un poco desafiante pensar, y luego escribir, cómo introducir pequeños trozos de magia en mi labor genealógica. Me llevó algún tiempo, pero finalmente pude hacer una lista bastante completa. A partir de ahí, creé una especie de caja de herramientas de la que puedo seleccionar lo que necesito, dependiendo de la tarea que tenga entre manos.

Al comenzar su viaje, considere la posibilidad de crear su propia caja de herramientas mágicas de genealogía. No tiene que ser físicamente una caja de herramientas real, por supuesto; puede guardar estos artículos en un cajón o, como yo, en una cesta. Conservarlos separados de sus otros suministros mágicos, empleados para otros menesteres, le ayudará a mantenerlos cargados de energía, con la intención de utilizarlos para la genealogía, además de que resulta cómodo tenerlos ubicados en un mismo lugar.

He aquí una lista inicial de artículos sugeridos. Siéntase libre de incorporar también otros objetos en función de sus preferencias.

Invierta en un hermoso diario en la medida de sus posibilidades económicas y de sus preferencias. Si tuviera que hacer una sola sugerencia, sería esta. Un cuaderno también está bien; es lo que utilizo para gran parte de mi propio trabajo, especialmente los garabatos que produzco mientras investigo activamente y que, finalmente, se transcriben en escritos sensatos. Además de proporcionarle un lugar donde documentar sus sentimientos, percepciones y cavilaciones intuitivas a lo largo del camino, un diario es también un lugar donde puede anotar sus planes de investigación, llevar una lista de tareas pendientes y hacer un seguimiento de los sitios web que ha visitado, junto con sus descubrimientos. Algunas personas optan por utilizar varios diarios: uno para la reflexión y otro para los aspectos de documentación. Elija lo que crea que funcionará mejor para usted, aunque empezar con un solo diario es suficiente. También le sugiero que tenga a mano una selección de bolígrafos, rotuladores y marcadores fluorescentes. Si le gusta la tecnología, un diario cibernético puede ser una buena alternativa, aunque le sugiero que mantenga un diario de papel y bolígrafo de algún tipo. A veces no hay nada como el acto físico de escribir.

Cree un espacio sagrado en el que hacer su magia y su ritual. Este espacio sagrado puede ser temporal, como despejar una mesa auxiliar de su salón y volver a colocarla cuando haya terminado. (Esta es una buena idea si tiene compañeros de piso, o en hogares que tienen visitas frecuentes, y cuando se desea privacidad). El espacio sagrado también puede ser un espacio permanente, dedicado y reservado solo para su trabajo de genealogía, o puede ocupar una sección de otro altar en el que realice otras tareas.

Defina los límites de su espacio sagrado con un mantel de altar. He descubierto que este ingrediente clave es necesario para mí en cualquier espacio sagrado en el que trabaje. Se trata simplemente de un trozo de tela que se utiliza encima de una superficie para que sirva de base sobre la que se asentarán otros objetos mágicos. Tengo una selección de paños cuadrados que utilizo; sin embargo, mi preferido es un camino de mesa *vintage*, decorado con bordados, que encontré en un mercadillo. Su belleza añade ambiente a mi espacio, y me gusta especialmente porque produce una sensación de estar en otra época.

Tenga al menos una vela a mano. Según el trabajo que vaya a realizar, utilizo una vela de carillón (o hechizo), una vela cónica, una vela de siete días o una vela de pilar. Las candelitas también son prácticas para el trabajo rápido. Si debe elegir una sola vela, adquiera una vela de siete días, ya que es la que encenderá cada vez que haga genealogía. Creo que es el tipo de vela más segura, ya que es autónoma y suele funcionar en cualquier espacio. También es un poco más resistente a los gatos, pero, dependiendo del gato, ¡su kilometraje puede variar!

Utilice los cristales para manifestar una vibración mágica. Como fragmentos de la tierra, me hablan de tiempos pasados, de historia antigua, y ofrecen una forma de conectar a través de su energía. Cada cristal es su propio resonador, e incluso me atrevería a decir que ¡tiene su propia personalidad! Es probable que muchos lectores posean ya al menos un cristal, y puede que usted tenga alguno en mente. Para quienes deseen una sugerencia, propongo una piedra de palma de cuarzo transparente como primer cristal de su caja de herramientas mágicas de genealogía. Yo utilizo una piedra de palma de cuarzo cristal como pieza central en las rejillas ancestrales que construyo (de las que hablaremos más adelante), y me gusta agarrarla mientras medito. También la sostengo para infundirle mi intención antes del trabajo mágico. Simplemente con su presencia en un altar, sirve como limpiador de energía y amplificador de la magia. Recuerde limpiar su piedra con regularidad, con la luz de la luna, la luz del sol, sal o un enjuague rápido en agua corriente (y luego séquela con palmaditas). Me gusta poner la mía en el alféizar de la ventana cuando hay luna llena. La coloco allí con la intención de que se limpie de cualquier negatividad acumulada y se recargue con energía positiva. Para quienes prefieran no trabajar con cristales, busque en su lugar flores, piedras y otros elementos naturales que resuenen con usted.

Por último, en esta lista inicial de herramientas mágicas se encuentran un espray de limpieza y un aceite de unción. Me ayuda a centrar mi intención limpiar la energía de mi espacio con un espray de limpieza y utilizar un aceite de unción en mi vela antes de encenderla. Establecen el ambiente del espacio tanto con la energía como con la intención. Cuando se trata de magia genealógica, mi primer recurso es siempre el romero (*Salvia rosmarinus*). Es mi planta favorita porque es a la vez limpiadora, protectora y su aroma activa físicamente el centro de memoria del cerebro. Conocida como la «hierba del recuerdo», esta huele fantásticamente. Puede comprar aerosoles y aceites ya preparados en muchos lugares, física y virtualmente, pero siempre he disfrutado utilizando los que he hecho con mis propias manos.

RECETAS Y RITUALES

Si se siente inclinado a elaborar el suyo propio, aquí tiene dos recetas básicas para espray y aceite. Por supuesto, es libre de modificar la receta de la forma que mejor le parezca para su propia magia; estas en particular le servirán si siente predilección por el romero. Algunas personas optan por utilizar guantes cuando trabajan con aceites esenciales. Le dejo esa decisión a usted.

Antes de su mezcla, encienda una vela pequeña y diga:

Bendiga estas manos y bendiga el trabajo que van a realizar.
Infunda este espray/aceite con las energías necesarias
para manifestar una magia poderosa y servir al bien más
elevado para todos. Que así sea.

ESPRAY LIMPIADOR DE ROMERO

Ingredientes y materiales:

—*Botella de cristal con tapón pulverizador, capacidad de cuatro onzas.*
—*Agua destilada, dos onzas.*
—*Hamamelis, dos onzas.*
—*Aceite esencial de romero, veintisiete gotas.*
—*Ramita de romero seca (opcional).*
—*Alcohol isopropílico.*
—*Un paño o servilleta.*
—*Embudo.*

Instrucciones:

Si va a utilizarlo, introduzca la ramita de romero seco en el frasco de cristal. Añada el aceite esencial de romero. Utilizando el embudo, añada el agua destilada y el *Hamamelis* en la botella de cristal. Tape la botella y gírela suavemente. Lávese las manos y, a continuación, limpie el exterior de la botella con alcohol isopropílico para dispersar cualquier resto de aceite en el exterior. Asegúrese de agitar suavemente el frasco antes de cada uso.

Cuando rocíe su espacio sagrado para limpiarlo, hágalo con la intención de que el espacio se limpie de negatividad y se cree un espacio acogedor y abierto.

ACEITE PARA UNCIÓN DE ROMERO

Ingredientes y materiales:

—*Aceite portador de su elección, una onza (aproximadamente, dos cucharaditas). Mi preferido es el aceite de almendras dulces, pero hay otras buenas opciones, como el aceite de oliva, el aceite de coco, el aceite de semilla de uva y el aceite de jojoba.*
—*Aceite esencial de romero, nueve gotas.*

—*Botella de cristal de una onza con tapón de rodillo o cuentagotas.*
—*Alcohol isopropílico.*
—*Un paño o servilleta.*
—*Pipeta de plástico.*
—*Opcional: una cantidad muy pequeña de virutas de cuarzo transparente. A mí me gustan los múltiplos de tres, así que le suelo echar tres, seis o nueve virutas.*

Instrucciones:

Si va a utilizar virutas de cuarzo transparente, añádalas al frasco de cristal. A continuación, con la pipeta de plástico, añada el aceite portador al frasco de cristal hasta que llegue casi al tope. Seguidamente, añada el aceite esencial de romero. Ponga el tapón con el rodillo o el gotero, y asegúrese de que está bien aplicado o, de lo contrario, goteará. Tape el frasco y gírelo suavemente para dispersar el aceite esencial en el aceite portador. Lávese las manos y luego limpie el frasco con alcohol isopropílico para dispersar cualquier resto de aceite en el exterior. Asegúrese de girar el frasco antes de cada uso con delicadeza.

De nuevo, guarde estos objetos juntos, quizá en una cesta, para mantenerlos asociados energéticamente entre sí y así conservar su finalidad.

ABRIR Y CERRAR SUS SESIONES

Con cada sesión de trabajo genealógico, es importante recordar que está trabajando con y dentro del reino espiritual. Planee mantener límites para definir firmemente cuándo está receptivo a la información y energía entrantes. Yo lo hago abriendo y cerrando mis tiempos de trabajo con una breve oración de bendición y agradecimiento. Para abrir, enciendo mi vela naranja de siete días y digo estas palabras:

Amados antepasados, os llamo ahora y os pido vuestro amor y
sabiduría mientras recorro este camino de magia genealógica.
Bendigan este trabajo, para que abra la puerta al conocimiento y
sirva al bien más elevado para mí y para los demás. Que así sea.

Siéntase libre de utilizar mis palabras o de escribir las suyas propias según sus preferencias. Abrir el trabajo parece fácil de recordar, ¡pero no olvide cerrar cuando haya terminado! A menudo, voy y vengo entre el trabajo de genealogía y otras actividades diarias, así que he creado el hábito de apagar la vela de mi trabajo y cerrar al final del día, diciendo estas palabras:

Mi trabajo ha concluido por hoy. Gracias por su orientación
y adiós por ahora.

De nuevo, utilice mis palabras o escriba algo que se adapte mejor a usted. Solo asegúrese de abrir y cerrar cada sesión con intención.

UN RITUAL DE COMIENZO

Como mujer bruja a la que le encantan las ceremonias, un ritual de comienzo me resultó natural cuando decidí reorganizar y trabajar con la genealogía con un propósito y un plan. Me sentí llamada a crear un límite de partida, un punto de iniciación, una dedicación ceremonial a recorrer el camino de la magia genealógica. Dedicarse a algo mágicamente, para mí, es un acto irrevocable. Crea una declaración firme a mi yo consciente y subconsciente, a la Diosa y al universo, de que me estoy comprometiendo con las responsabilidades de actuar por el bien más elevado de todos, y que me atengo a esa norma lo mejor que puedo. Todos nos comprometemos en la vida: como pareja, padres, trabajadores, activistas…, incluso con los dioses y diosas hacia los que sentimos una llamada y con el mundo en general. Cada promesa es un compromiso, una dedicación para actuar con autenticidad e integridad.

Con mi ritual de inicio, abrí la puerta a un mundo de maravillosas conexiones y me invadió una sensación de plenitud que nunca había experimentado. Incluso con la sorpresa de descubrir secretos familiares que diezmarían (temporalmente) mi árbol genealógico tal y como siempre lo había conocido, fui capaz de ir más allá de las historias que me habían contado y empecé a establecer vínculos reales. Me convertí en una peregrina genealógica en una búsqueda espiritual para descubrir los nombres de las personas que me transmitieron las partes que me componen y conocer sus historias. Creé (y sigo creando) una hoja de ruta del pasado para los que están por venir, para que ellos también puedan establecer sus propias conexiones. Descubrí el amor de mis antepasados a través de las generaciones. Ahora viajo con un propósito —me llamo a mí misma «viajera de los árboles»— para poder hundir los dedos de los pies en la tierra de mis ancestros y sentir el torrente de pertenencia mientras surge a través de mí desde la raíz hasta la coronilla. Me mantengo fuerte sabiendo que llevo en mis huesos y en mi sangre el derecho innato a existir en este plano terrenal tal y como soy. Recorro este camino con alegría y devoción, y seguiré haciéndolo hasta que exhale mi último aliento y me una a las filas de los poderosos muertos.

Si se siente llamada a recorrer el camino de la magia de la genealogía, considere la posibilidad de iniciar el viaje con su propio ritual de comienzo. La intención de este ritual es abrir la puerta a una práctica de la genealogía que sea profundamente significativa, satisfactoria y sanadora. También es un compromiso para que usted se dedique a recorrer el camino con integridad, autenticidad, una mente abierta, respeto, compasión y búsqueda de la verdad. Es conveniente revisar la sección del presente libro sobre ética, directrices y normas antes de esta práctica de inicio. Como ocurre en cualquier camino mágico, siempre debe hacer lo que funcione mejor para usted, así que siéntase libre de modificar los materiales o la redacción en virtud de sus preferencias.

Materiales:

—*Vela cónica o de carillón/hechizo del color que elija.*
  A mí personalmente me gusta el blanco para los comienzos.
—*Vela de siete días de color naranja.*
—*Espray de limpieza (o incienso, si es su preferencia).*
—*Aceite de unción de su elección, apto para la piel.*
—*Piedra de palma de cuarzo claro, que esté limpia.*
—*Escribano de velas.*
—*Apagavelas.*
—*Espejo.*

Instrucciones:

Cree un pequeño altar dedicado a este ritual. Si es nuevo en la construcción de altares, empiece de forma sencilla eligiendo un espacio plano en una zona en la que pueda arder una vela sin peligro. Coloque una tela sobre la superficie para definir el límite del espacio sagrado y ponga sus objetos encima de la tela.

Limpie conscientemente el espacio nebulizando un espray de limpieza. Mientras lo hace, establezca la intención de que cualquier energía que permanezca sea positiva, alegre y amorosa.

Una vez despejado el espacio y fijada la intención, colóquese ante su altar o lugar de trabajo. Utilice el escribano para velas para grabar su nombre preferido en la vela, empezando por la base. Unja la vela con el aceite de unción; empiece por la base y suba de la base a la parte superior tres veces. Empezando por la base y yendo hacia arriba, estará enviando energéticamente su compromiso al mundo. Mientras talla y unge, diga en voz alta:

Mi nombre es [utilice el nombre que prefiera]. Me presento aquí y ahora, con respeto y amor, y pido a los que ya no están y a los que aún están por venir que den testimonio mientras me dedico al camino sagrado de la magia genealógica.

Encienda la vela, póngase de pie (o siéntese) frente al espejo y examine su rostro único e irrepetible durante unos instantes. Mientras sostiene la piedra de palma en su mano dominante, cierre los ojos y manifieste un gran árbol en su mente. Vea las hojas conectadas a las ramas y las ramas conectadas al tronco. Con el ojo de su mente, siga el tronco a medida que desciende hacia el suelo, hasta las raíces que se extienden anchas y profundas en la tierra fértil. Las raíces se expanden hacia el exterior en todas las direcciones, creando zonas físicas y caminos energéticos hacia las raíces de otros árboles. Considere brevemente a sus antepasados genealógicos, aquellos de los que desciende por sangre. Si hay un sentimiento de dolor emocional, haga lo posible por apartarlo y concéntrese en las generaciones de antepasados más allá de las que le han causado este daño. Reflexione sobre otras personas de su vida a las que considera familia, aquellas con las que ha creado una unidad afectiva. Piense también en las personas, tanto si las conoce personalmente como si no, que le han influido positivamente, de tal forma que han dejado un impacto en usted que se extiende hacia el exterior con sus palabras y acciones. Vea la energía de toda su gente dentro de este árbol; sienta las conexiones a medida que se propagan hacia el exterior, hacia el mundo, y permita que la brillante red de interconexión se asiente sobre sus hombros como un cálido manto. Lea lo siguiente en voz alta, pronunciando las palabras con la intención de comprometerse con un camino de propósitos sinceros y acciones justas para usted mismo y, si así lo decide, para su trabajo en favor de los demás, tanto vivos como fallecidos.

Estos son los compromisos que consideraré sagrados y que haré todo lo posible por mantener:

- *Me comprometo a recorrer este camino con integridad y autenticidad.*
- *Me comprometo a esforzarme al máximo para evitar hacer daño con mis palabras y mis actos.*
- *Me comprometo a crear y mantener los límites que necesito para permanecer emocionalmente sano mientras hago este trabajo.*
- *Me comprometo a honrar y mantener la privacidad de los demás.*
- *Me comprometo a estar siempre abierto al aprendizaje para recorrer este camino con un conocimiento cada vez mayor.*
- *Me comprometo a mantener un nivel ético que sirva al mayor bien de todos.*
- *Me comprometo a ser compasivo y a no juzgar.*
- *Me comprometo a perseguir los hechos y la verdad, incluso cuando no sea el camino más fácil.*
- *Pronuncio estas palabras en voz alta con la sincera esperanza de que mi caminar por este sendero sagrado sea bendecido por los que ya no están y los que aún están por*

venir, y por la Diosa [o inserte la deidad de su elección, o ninguna]. Que así sea.

Utilice la vela cónica para encender la vela naranja de siete días y diga estas palabras en voz alta:

Con la energía de la llama que se ha encendido al iniciar mi viaje por este camino sagrado, enciendo esta vela. Que sirva como fuente de inspiración y claridad, y como recordatorio de mis compromisos con este trabajo, cada vez que se encienda.

Deje que la vela cónica se consuma. Mientras la vela de siete días esté encendida, tómese un tiempo para reflexionar y escribir sus sentimientos sobre el inicio de este viaje en su diario genealógico. Cuando haya terminado, apague la vela de siete días y cierre el espacio sagrado a cualquier energía ancestral persistente diciendo:

Este ritual de comienzo ha concluido. Gracias por su guía, y adiós por ahora.

¡Bendiciones para usted al emprender este sagrado viaje de magia genealógica!

Ética, directrices
y normas

*«La ética consiste en conocer la diferencia entre
lo que se tiene derecho a hacer y lo que es correcto hacer».*

Potter Stewart.

Recorrer el camino de la genealogía significa que usted guarda los corazones y las almas de los demás en el recipiente de sus manos ahuecadas, como quien acuna un delicado tesoro. La genealogía es una empresa sagrada, y dentro del ámbito más amplio de la genealogía dominante hay mucha magia por descubrir y experimentar. Como personas que recorren el camino de la vida mágica, estamos llamados a hacer todo lo posible para garantizar que se cumplen las mejores prácticas y que compartimos nuestro conocimiento de las mismas con aquellos que caminan a nuestro lado, aunque sea por poco tiempo.

La ética y las normas deben ser consideradas de alguna forma por todos en todos los ámbitos de la vida, ya que cada uno de nosotros tiene una responsabilidad con el mundo en general para contribuir de una manera que sea positiva y significativa. Esto es especialmente importante en genealogía, ya que estamos manejando la información más sensible sobre las personas y sus familias. Los errores genealógicos pueden causar, y de hecho causan, daños irreparables a las personas. En el mundo de la genealogía, el término *genealogista* no solo está reservado a los profesionales, sino que también se aplica a cualquier persona que investigue y documente la historia familiar, que se someta a una prueba de ADN para genealogía o que ofrezca consejos sobre ese tema a otras personas, aunque sea «¡solo para la familia!». Como ocurre con todas las cosas en la magia, en la vida cotidiana se espera que seamos responsables de nosotros mismos, por lo que, en última instancia, corresponde a cada persona comprender plenamente la ética y las normas que se esperan de ella. Si está leyendo este libro, es probable que esto se aplique a usted.

¿QUÉ SON LAS NORMAS GENEALÓGICAS?

Las normas genealógicas son las mejores prácticas de la genealogía. «Permiten a todos los genealogistas [...] acercarse lo más posible a lo que ocurrió en la historia».[1] Las normas en genealogía, cuando se siguen, ayudan a evitar la difusión de información errónea y, en su lugar, perpetúan las verdades, incluso la verdad más simple de «No lo sé». Es duro no poder responder a las preguntas que tenemos sobre un antepasado. Debemos considerar que algunas cosas están destinadas a no ser descubiertas nunca. Aunque puede ser difícil lidiar con eso, debemos encontrar la manera de conformarnos y no recurrir a una investigación chapucera o a la aceptación de información que no es del todo cierta solo para poder llenar un espacio en nuestro árbol. Cuando no podemos localizar lo necesario para completar un árbol genealógico, o para derribar un muro de ladrillos que oscurece la información, debemos confiar en la energía ancestral contenida en nuestro ADN energético y utilizarla para recordarnos nuestra totalidad. Cuando trabajamos con la magia de la genealogía, también estamos asumiendo un compromiso del alma con las mejores prácticas y con el mantenimiento de las normas de una práctica mágica que sirve a la vocación superior de conexión con los antepasados, con nosotros mismos y con aquellos que aún no existen pero que esperan su momento para recorrer un camino terrenal.

Los líderes de la comunidad genealógica mayoritaria han desarrollado normas con la intención de proporcionar una guía de las mejores

---

1. Junta para la Certificación de Genealogistas, https://bcgcertification.org.

prácticas. También existe un conjunto de normas para la genealogía genética, que incluye referencias a compras, recomendaciones, intercambio de información, redacción de artículos sobre pruebas de genealogía genética y pruebas de ADN con fines ancestrales. Todas estas directrices sirven como recurso para una práctica de la genealogía basada en la integridad y la búsqueda de la verdad.

Normas de las pruebas genealógicas (GPS)

Al igual que el GPS (sistema de posicionamiento global) en nuestro coche o en nuestro teléfono puede ayudarnos a navegar por las calles de la ciudad, las carreteras secundarias y las autopistas para llegar a un destino determinado (¡quizás, un cementerio!), la genealogía también tiene directrices que sirven de mapa para asegurarnos de que navegamos hacia conclusiones precisas mostrándonos el camino correcto. Estas directrices se conocen como «normas de prueba genealógica» o GPS. La Sociedad Genealógica Nacional dice de las GPS que son «un proceso desarrollado por la Junta de Certificación de Genealogistas para dar a los genealogistas un método estándar que les ayude a aplicar un proceso evaluativo en la construcción de un árbol genealógico». Mientras se trabaja en la investigación y la documentación, estas normas deben tenerse siempre en cuenta. ¿Por qué? Hay un dicho que dice: «Sin pruebas, no hay verdad». En genealogía, es fácil recopilar nombres y datos al azar que pueden o no ser correctos, y luego pegarlos en un árbol. Esa es una forma segura de llenar su historia genealógica de errores. En su lugar, debe optar por trabajar metódicamente, con un plan, y cultivar el apetito por las fuentes que apoyan su investigación. Este tipo de «higiene genealógica» dará como resultado un árbol, un informe escrito u otro tipo de transmisión de su historia que refleje las verdades genealógicas. Además, seguir una serie de normas le ayudará a tener confianza en su investigación y documentación. La Junta de Certificación de Genealogistas explica lo siguiente:

> *Tanto los genealogistas profesionales como los investigadores familiares ocasionales necesitan normas genealógicas para hacer bien su*

genealogía. Sin normas, se pueden crear y perpetuar inexactitudes y mitos. Muchos de estos errores pueden evitarse trabajando según las normas de la genealogía.

El propósito de la prueba genealógica estándar[2] es mostrar el mínimo exigido a un genealogista para que su trabajo sea considerado creíble. La prueba genealógica estándar consta de cinco elementos:

1. Se ha llevado a cabo una investigación razonablemente exhaustiva.
2. Cada afirmación, de hecho, tiene una cita completa y precisa de la fuente.
3. Las pruebas son fiables y han sido hábilmente correlacionadas e interpretadas.
4. Cualquier prueba contradictoria ha sido resuelta.
5. La conclusión ha sido sólidamente razonada y coherentemente redactada.

Cualquier declaración de prueba está sujeta a reevaluación cuando surjan nuevas pruebas.

El GPS supera todas las normas de documentación, investigación y redacción [...] y se aplica de forma generalizada en todas las investigaciones genealógicas para medir la credibilidad de las conclusiones sobre identidades, relaciones y acontecimientos vitales ancestrales.[3]

Encontrará más información sobre las pruebas genealógicas estándar en la página web de la Junta de Certificación de Genealogistas.

---

2. Board for Certification of Genealogists, *Genealogical Standards, 50th Anniversary Edition* (Nashville & New York: Ancestry Imprint, Turner Publishing, 2014), pp. 1-3, y Thomas W. Jones, *Mastering Genealogical Proof* (Arlington, Va.: National Genealogical Society, 2013).
3. Junta para la Certificación de Genealogistas, *Normas de genealogía*, segunda edición (Nashville, TN: Ancestry, 2019), pp. 1-3.

Normas para obtener, utilizar y compartir los resultados de las pruebas de genealogía genética

Junto con las reglas para la prueba de genealogía que se aplican habitualmente a la investigación y documentación escritas, también hay criterios que se centran en las pruebas de ADN y la genealogía genética, aunque ambos conjuntos de normas se solapan. Las directrices para obtener, utilizar y compartir los resultados de las pruebas de genealogía genética fueron elaboradas por líderes en el campo de la genealogía genética y se presentaron durante el I Coloquio Anual del SLIG (Instituto de Genealogía de Salt Lake) en Salt Lake City, Utah, en 2015. Estas veintiuna normas sirven de recurso a todos los genealogistas genéticos y abarcan los siguientes temas:

—Ofertas de la empresa.
—Pruebas con consentimiento.
—Datos brutos.
—Almacenamiento de ADN.
—Condiciones del servicio.
—Privacidad.
—Acceso de terceros.
—Compartir resultados.
—Beca.
—Información sanitaria.
—Designación de un beneficiario.
—Resultados inesperados.
—Diferentes tipos de pruebas.
—Pruebas de ADN-Y y ADNmt.
—Limitaciones de las pruebas de ADN-Y.
—Limitaciones de las pruebas de ADNmt.
—Limitaciones de las pruebas de ADN autosómico.
—Limitaciones del análisis étnico.
—Interpretación de los resultados de las pruebas de ADN.
—El ADN como parte de la prueba genealógica.

—Citar los resultados de las pruebas de ADN.[4]

El código ético del genealogista

Por último, la Junta para la Certificación de Genealogistas tiene un sitio web excelente que entra en muchos detalles sobre la ética y las normas a la hora de trabajar con la genealogía. Entre sus recursos se encuentra un código ético para genealogistas. Se trata de un documento detallado que nos recuerda nuestra obligación de caminar siempre por la senda de la integridad en todos nuestros empeños. El «Código Ético del Genealogista» puede encontrarse en la página web de la Junta de Certificación de Genealogistas. Por favor, léalo y comprométase con un código ético firme para su propio trabajo genealógico.

En la wiki de ISOGG encontrará una lista completa de éticas, directrices y normas creadas por diversas sociedades y organizaciones genealógicas.[5] Esta lista exhaustiva contiene los recursos que necesita para disfrutar de la genealogía al tiempo que manifiesta una práctica basada en principios sólidos.

De nuevo, tómese su tiempo para revisar estas diversas éticas, directrices y normas. Sé que no es una lectura increíblemente emocionante, pero esta información es muy importante, por el simple hecho de que personas bienintencionadas han causado un gran daño a otros al compartir interpretaciones erróneas de los resultados de la genealogía genética o información previamente desconocida. Otros pierden el norte faltando al respeto a la privacidad y actuando de formas que no reflejan una ética de integridad. Incluso si solo trabaja con los resultados de su propia prueba de ADN y su árbol genealógico, estas directrices le servirán de guía para saber cuál es la mejor manera de manejar cualquier situación que surja, y atenerse a ellas debería formar parte de recorrer el camino de la magia de la genealogía.

---

4. Puede descargar o leer en línea el documento detallado en www.geneticgenealogystandards. com.

5 ISOGG wiki: https://isogg.org.

El lenguaje de la genealogía

«La lengua es el mapa de carreteras de una cultura.
Le indica de dónde vienen sus gentes y hacia dónde se dirigen».

Rita Mae Brown.

Al considerar la posibilidad de añadir a este libro un capítulo sobre la necesidad de una comunicación clara y concisa en el marco de la genealogía, pensé que sería sencillo. Al fin y al cabo, somos quienes somos, y eso es lo que debe ser investigado y documentado. Por desgracia, no siempre es así, y dentro de la historia de la genealogía el lenguaje que se utiliza para identificar y dirigirse a las personas deja mucho que desear.

La genealogía no siempre tiene en cuenta a quienes no pueden acceder a la información. Hace suposiciones, y su naturaleza regimentada puede hacer que algunos sientan que la genealogía no tiene nada que ofrecerles. Sé lo que está pensando: que no va a encontrar mucha magia en este capítulo, pero no es cierto. Les hablaré de otra magia igualmente especial: la magia de las palabras. Y es que no hay nada más mágico que la capacidad de compartir con los demás los pedacitos de nosotros mismos, ¡sin importar el tema! Es esencial considerar cómo nuestras palabras y acciones pueden influir en los demás, especialmente dentro del ámbito de la genealogía, y cómo la magia de este camino puede verse afectada por nuestras elecciones mientras lo recorremos.

Históricamente, el lenguaje de la genealogía ha sido heterocéntrico, principalmente en sintonía con las parejas hombre/mujer cis con hijos genéticos, y centrado en la familia genealógica. En cuanto a la investigación, la accesibilidad a los registros es limitada o completamente vedada para muchas personas debido a las circunstancias, a las prácticas históricas de documentación o a ambas cosas. A algunas personas se les niega la información debido a la disfunción familiar, a la negativa de su familia a aceptar ciertos aspectos de su identidad, a la falta de comunicación o de conocimiento, o a todo lo anterior. A otros se les niega el acceso a la información debido a su estatus relacionado con la entrega de su madre al nacer, ya sea de forma consentida o no consentida. Hay muchas otras situaciones que provocan que las personas no tengan lo que necesitan para construir una historia precisa de su propia herencia. Como resultado, ciertos grupos de personas pueden verse considerablemente privados de derechos y mal representados en el marco de la genealogía y de las herramientas que la acompañan para descubrir y registrar información. Aunque no podemos escapar completamente a la historia, a la dinámica familiar, a los documentos del pasado o a los hechos de la genética básica, podemos, y debemos, elegir ahora documentar y comunicar de una forma que muestre una aceptación de todas las personas, así como demostrar un esfuerzo sincero por ser inclusivos y compartir lo que sabemos con aquellos que tienen menos información debido a circunstancias ajenas a su voluntad.

Escribir de forma inclusiva puede ser una lucha, sin importar la buena intención. Uno de mis objetivos al escribir este libro era comunicarme de forma que demostrara que la genealogía es para todos, sin importar las circunstancias de nacimiento, género, sexualidad, religión, capacidad o estado natural innato del ser. Mi error fue pensar que sería fácil; sin embargo, las palabras tienen límites que han sido establecidos por su uso en la sociedad. Las normas no cambian fácilmente, y utilizar palabras antiguas de una forma nueva puede limitar su comprensión porque la gente pierde el contexto. La necesidad de cuantificar y definir un grupo, por ejemplo, dejará invariablemente fuera a algunos individuos que la sociedad generalmente consideraría que pertenecen, o no, a los confines de la definición habitual de dicho grupo. Por ejemplo, la palabra *hombre* generalmente significa una cosa en genealogía —un individuo adulto que se observó que tenía la apariencia de genitales masculinos y, por lo tanto, se le asignó varón al nacer—, pero, para una persona trans, esa definición genealógica estándar de *hombre* puede dejarla sintiéndose apartada. Se necesitan entre diez y veinte años para que una palabra pase a ser de uso común, y alterar la forma en que se perciben las palabras también lleva su tiempo.

Afortunadamente, este proceso de expansión de las ideas y de ampliación y redefinición de las palabras ya ha comenzado en el ámbito más amplio de la genealogía. Los genealogistas comprenden profundamente el inmenso poder de la familia, de las conexiones, y muchos están trabajando ahora en formas de ayudar a que la genealogía sea más expansiva e inclusiva para aquellos que no caen dentro del espectro de las experiencias vividas cis y heterocéntricas. Es muy complicado y probablemente tardará bastante tiempo en manifestarse. Mientras tanto, sigue existiendo una gran dependencia de las normas y definiciones actuales con la esperanza de que las personas que quedan fuera de sus estrechos ámbitos puedan encontrar de algún modo una forma de encajar, al menos hasta que se esbocen y definan nuevas normas para su uso dentro de la comunidad genealógica en general. Es imperfecto en el mejor de los casos, pero, de nuevo, el cambio está en el horizonte.

EL LENGUAJE DE LA GENEALOGÍA PARA ADOPTADOS Y OTRAS PERSONAS EN BUSCA DE SUS RAÍCES

Para quienes no tienen contacto o información sobre su familia biológica, la genealogía puede parecer inútil, sobre todo cuando el trabajo se centra en la familia genealógica. Durante muchos años, ha habido un movimiento para abrir los registros para que las personas adoptadas conozcan el nombre de sus padres biológicos. Ha sido una lucha difícil. En el momento de escribir estas líneas, solo en un número limitado de estados de Estados Unidos pueden los adoptados adultos, abiertamente y sin restricciones, acceder a sus propios registros de nacimiento originales. En muchos estados cerrados, los adoptados adultos a menudo se ven obligados a solicitar al sistema judicial el acceso a sus propios registros y, lo que es peor, por lo general necesitan una razón válida para que se abran, como un hijo enfermo o una enfermedad terminal. ¿Por qué debería alguien estar muriéndose o tener un hijo enfermo para ver sus actas de nacimiento originales?

La mayoría de la gente no piensa en su partida de nacimiento. Pueden acceder a ella sin problemas. En cambio, para los adoptados adultos, el reto puede llegar a ser insuperable. Esto es inaceptable y tiene que cambiar. Las organizaciones de defensa de los adoptados, como es el caso de Bastard Nation, trabajan incansablemente para conseguir los cambios legales necesarios para que todos los adultos tengan el mismo acceso a su propia información de nacimiento.

Hay generaciones de adultos que fueron dados en adopción al nacer y que aún no pueden acceder a los detalles que rodearon su nacimiento. Los registros de nacimiento fueron originalmente alterados y sellados para proteger al niño entregado de ser identificado y encontrado por la madre biológica, o para proteger a la familia adoptiva de la vergüenza de no poder tener un hijo genético, o ambas cosas. No se hizo para proporcionar privacidad ni para proteger la identidad de la madre biológica. Suponer que las madres biológicas quieren que se las proteja de sus propios hijos es, en el mejor de los casos, una idea equivocada. Lorraine Dusky escribe en su blog *[Birth Mother] First Mother Forum*:

> *En conjunto, las encuestas realizadas en varios países en los que se permite el acceso a los certificados de nacimiento originales, incluidos los estados de Estados Unidos, muestran que el 95 % de las madres biológicas agradecen el contacto y desean reunirse con sus hijos.*

A lo largo de mi investigación, he descubierto que parece haber un hilo común de vergüenza y secretismo entre las madres biológicas que dieron a luz en los años 50, 60 y 70. A menudo, estas jóvenes eran enviadas lejos por su familia para tener a sus bebés en secreto, las amenazaban, les mentían, las obligaban a entregar a sus bebés en contra de sus deseos. ¿Por qué? En gran parte, debido a las normas morales patriarcales que penalizaban a las mujeres por mantener relaciones sexuales consentidas fuera de los límites del matrimonio. Para las que no daban su consentimiento, era aún más duro, ya que con demasiada frecuencia se supone que las víctimas de agresiones sexuales de alguna manera «se lo han buscado» a fuerza de elegir su ropa o su comportamiento. Era, y sigue siendo, una retórica dañina e inexacta. Especialmente entre las familias blancas de Estados Unidos, independientemente de las circunstancias de la concepción, una hija soltera embarazada se consideraba una mancha en la buena reputación de la familia. Esta ridícula noción era perpetuada por la sociedad en general, que hablaba mal de las familias que no mantenían a raya a sus hijas y las condenaba al ostracismo.

Dentro de la genealogía, el proceso de cómo se comparte la información con documentación, como los certificados de nacimiento, y en los árboles genealógicos, por ejemplo, es tal que lo que sea accesible dentro del registro escrito se considera y acepta como un hecho. Para los adoptados, los registros accesibles son con demasiada frecuencia falsedades. Lamentable y exasperantemente, la actitud predominante entre muchas personas es que se espera que los adoptados adultos se limiten a dar las gracias por no haber sido abortados y por el hecho de que una buena familia se haya hecho cargo de ellos. Con demasiada frecuencia se da a entender que se supone que no quieren encontrar a su familia genealógica de origen porque hacerlo implica una falta de satisfacción con su vida (de adoptado). Se supone que deben estar agradecidos y ya está. Cuando los adoptados adultos hacen consultas a coincidencias de ADN, mencionar la adopción puede ser el detonante que haga que la gente no responda, borre información de sus perfiles y, en algunos casos, elimine los resultados de sus pruebas para que el adoptado adulto no descubra información.

Antes de que me colgara, la anciana hermana del padre biológico de mi madre me dijo: «Ya tengo suficiente familia». Mi madre no buscaba dinero, ni siquiera que la etiquetaran como miembro de la familia, solo quería ver una foto de su abuela paterna, una mujer fallecida hace mucho tiempo con cuyo rostro se dice que mi madre y yo tenemos un parecido peculiar. Un hombre me dijo por correo electrónico, cuando trabajaba en la búsqueda de la familia genealógica de mi marido adoptivo: «No quiero ser yo quien saque este esqueleto del armario». Estos escenarios eran muy diferentes: mi madre buscaba a un progenitor genético que no supo que existía hasta los sesenta y cuatro años, y mi marido, adoptivo de nacimiento, buscaba a la familia genealógica para obtener un historial médico; pero las respuestas recibidas dejaron un sentimiento similar de rechazo. No creo que la gente pretenda ser insensible intencionadamente; sin embargo, las palabras pronunciadas o escritas en respuesta al contacto de un adoptado pueden ser instintivas, frías, indiferentes e incluso hostiles. Tristemente, las contestaciones que recibí se basaban en la anticuada moral patriarcal de que las mujeres necesitan permanecer puras y sin ser tocadas por un hombre hasta que estén firmemente dentro de los confines del matrimonio, y en la desinformación que se ha perpetuado de que las madres biológicas necesitan ser salvadas de ser contactadas por sus hijos.

El lenguaje de la genealogía para los adoptados adultos y otras personas que buscan sus orígenes debe basarse en la compasión. Quienes recorran el camino de la magia de la genealogía, especialmente cuando utilicen las pruebas de ADN como complemento de la investigación, deben hacerlo con la certeza de que podrían descubrir conocimientos desconocidos hasta entonces.

Al otro lado de un «secreto» suele haber una persona con sentimientos, con esperanzas y sueños, que busca saber más. A veces, la persona que descubrimos es aquella a la que hemos estado buscando, solo que ella no sabe que la estamos buscando. Esto ocurre con los padres que no saben que han engendrado hijos. Otras veces, la persona está buscando cualquier información, y nosotros poseemos la información, o tenemos conocimiento de conexiones genéticas compartidas, que aportarán resolución a su búsqueda para saber más. En cualquier caso, la compasión es la clave. Cuide sus palabras y considere que la existencia de otra persona y su derecho innato a conocer la verdad de su herencia, genealogía y genética deben tener prioridad sobre la moral anticuada y los horribles conceptos de «secreto» y «vergüenza». En caso de duda, consulte y confíe siempre en las normas establecidas por la comunidad genealógica para orientarse sobre las mejores prácticas.

EL LENGUAJE DE LA GENEALOGÍA
PARA LA COMUNIDAD LGBTQIA+

«El poder del lenguaje para conformar nuestras percepciones de otras personas es inmenso. El uso preciso de los términos relativos al género y la orientación sexual puede tener un impacto significativo a la hora de desmitificar muchas de las percepciones erróneas asociadas a estos conceptos».

PFLAG.

Además de los adoptados y otras personas que buscan sus raíces biológicas, la comunidad LGBTQIA+ también siente los efectos negativos de los términos y el vocabulario estándar actualmente aceptados que utilizamos en genealogía. Existe un movimiento activo dentro de la comunidad genealógica, especialmente entre los genealogistas de la generación Z, para crear y comprometerse a utilizar un conjunto estandarizado de vocablos que sean más inclusivos para las personas LGBTQIA+, aceptando a cada individuo tal y como se identifica, a la vez que se alinea como es necesario con los aspectos científicos de la genealogía genética. Sin embargo, debo ser clara: es un reto. Todas las personas, sin excepción, deben ser capaces de identificarse y vivir abiertamente como su mente, cuerpo y alma les dicten. También es un hecho que cada uno de nosotros venimos al mundo con una composición genética distinta que, salvo variaciones genéticas,[6] nos sitúa a cada uno dentro de una designación XX o XY, teniendo la X y la Y, cada una, sus propias funciones especializadas, que no pueden atribuirse a la otra. En pocas palabras, la forma en que nos identificamos no cambia nuestra composición genética. Encontrar un equilibrio que respalde la identidad de cada persona y, al mismo tiempo, se atenga a la ciencia de la genealogía genética llevará tiempo, pero soy optimista y creo que está al llegar.

Con todas sus campanas y silbidos, la genealogía también sirve como registro escrito de la reproducción humana. Dos personas se conectan, ya

---

6 Los temas de las variaciones genéticas sobre XX y XY, como XXX, XXY y XYY, y otros escenarios, como los individuos con tres progenitores, o las mujeres XY y los hombres XX, quedan fuera del alcance de este libro. No obstante, ¡investigue para saber más!

sea a través de relaciones sexuales o, en nuestros tiempos modernos, de alguna otra forma de reproducción (fecundación *in vitro*, por ejemplo); tras ello, una persona gesta y da a luz a uno o más bebés, y los hechos de esto se documentan con nombres, sexos, fechas y horas. Parece sencillo. Sin embargo, lo que se documenta no siempre coincide con lo que algunas personas son dentro de su ser, puesto que no podemos elegir el sexo que se nos determina al nacer, se nos designa como mujer o como hombre en función del aspecto de nuestros genitales externos. Al escribir sobre las personas durante la investigación y la documentación, los acrónimos AFAB y AMAB son términos a tener en cuenta. Significan, respectivamente, «mujer asignada al nacer» y «hombre asignado al nacer», y se prefieren a expresiones como «mujer/varón biológico» y «mujer/varón de nacimiento». En ocasiones, los bebés nacen con genitales ambiguos que no definen claramente su sexo (hermafroditismo). En tales casos, se realizan pruebas antes de asignar el sexo o, a veces, los padres deben elegir.

A medida que un bebé crece hasta convertirse en un niño pequeño y más allá, empiezan a surgir indicios de su género. El género se define como un conjunto de rasgos sociales, psicológicos y emocionales que clasifican a una persona como hombre, mujer, una mezcla de ambos o ninguno. Es importante recordar que el género no es lo mismo que el sexo (aunque hay solapamientos) y, al igual que no tenemos elección sobre el sexo que nos asignan al nacer, tampoco nuestro género es una elección. Simplemente es lo que es. El sentido de ser niña o mujer, niño u hombre, algo de ambos y ninguno, se conoce como «identidad de género». A medida que crecemos, adoptamos nuestra identidad de género de forma natural, normalmente alrededor de los cuatro años; pero niños de tan solo dieciocho meses han demostrado ser conscientes de su propia identidad de género. Para algunas personas, su género no siempre coincide con su sexo asignado. En un mundo mejor, una persona podría declarar su género y los pronombres que lo acompañan, y se acabaría todo. Sin embargo, no es así, y la mayoría de nosotros conocemos a alguien que ha tenido que luchar para ser aceptado en sus propios términos. Cuando escribimos en el marco de la genealogía, la expresión «género afirmado», que es el género por el que una persona desea ser conocida, debería sustituir a otras como «género elegido», que implica que el género de una persona fue elegido en lugar de que simplemente exista.

La definición estándar, precisa y más extendida de «familia» que parece seguir impregnando gran parte de la «mente colmena» de la sociedad no empieza a dar cabida a todas las formas en que se construyen y existen las familias. Hace algunos años, me habría descrito como «una mujer casada con un hombre con el que comparto dos hijas». El lenguaje ha cambiado. Aunque personalmente no tengo ningún problema con mi descripción anterior, utilizarla en algunos contextos puede dar a entender que es la norma. En cambio, cuando digo: «Soy una mujer heterocis que se identifica como mujer; estoy casada con un hombre heterocis que se identifica como hombre; tenemos dos hijas a las que se asignó sexo femenino al nacer y que actualmente se identifican como mujeres heterocis», entonces me identifico de una forma que insinúa que hay otras opciones abiertas y que existen. Para aquellos que se sienten privados de derechos o excluidos porque se identifican de forma no heterosexual, no cis, este cambio de redacción, o al menos un enfoque de mente abierta al escucharlo y leerlo, puede ser significativo y ofrecer una atmósfera de aceptación.

Otro tema que surge es el del «nombre muerto». Se trata de un nombre dado al nacer que ya no se utiliza, por elección, con mayor frecuencia en la comunidad LGBTQIA+, pero también en otros grupos. En pocas palabras, el nombre que se le dio a la persona al nacer está muerto para ella. Al hablar con miembros de la comunidad LGBTQIA+ sobre el tema de los nombres muertos, resultó evidente que existe mucho dolor para aquellos con familiares y conocidos que insisten en utilizar un nombre muerto. Así se expresaba uno de ellos: «Que me llamen por el nombre que me dieron al nacer me recuerda constantemente todo lo que pasé siendo otra persona, cuando no podía ser yo». Esta persona no quería que se utilizara su nombre muerto, nunca, en ningún escenario. En genealogía, podría considerarse que esto presenta un problema para una documentación precisa. Sin embargo, creo que con la información adicional adecuada, como incluir los nombres de los padres de la persona, el linaje será fácilmente evidente para futuros investigadores. Para otras personas que tienen un apellido muerto, no es tan importante que el nombre no aparezca nunca. Otra persona compartió: «Mi nombre muerto ya no me representa, pero forma parte de mi viaje y no lo repudiaré». Una vez más, aunque esto puede complicar la documentación en la superficie, en última instancia, debemos concluir que las personas deben ser representadas de la manera que elijan, incluso cuando esto signifique que la investigación futura pueda resultar más difícil por ello. Una línea de pensamiento en este escenario es documentar ampliamente utilizando el nombre preferido de la persona y su género afirmado, si eso es una consideración, y asegurarse de que se adjunta de varias maneras a la documentación de la familia. Se establecerán las conexiones y, en definitiva, se aceptarán los deseos de la persona.

El lenguaje de la genealogía para la comunidad LGBTQIA+ debe basarse en el respeto. Está en nuestra naturaleza hacer suposiciones; sin embargo, en genealogía, eso tiene que cambiar. Si no está seguro de algo, lo más apropiado será pedir una aclaración. Elija documentar de forma respetuosa con el ser innato de cada persona, incluso cuando no entre dentro de lo que la sociedad actual consideraría la norma. Apoye la forma en que se representa a la familia elegida dentro de un árbol. Utilice sus nombres tal y como ellos le piden que lo haga y aplique el género afirmado tal y como ellos lo han compartido. En caso de duda, no introduzca ningún género. Hay muchas personas dentro de mi árbol cuya identidad de género es desconocida. No aporta nada a la autenticidad del árbol dejar esa casilla sin marcar. Por encima de todo, respete la privacidad y la elección.

EL LENGUAJE DE LA GENEALOGÍA PARA DESCENDIENTES DE ESCLAVIZADOS

A lo largo de la historia reciente, encontramos relatos escritos de personas esclavizadas y de quienes las esclavizaron. África es uno de los lugares, aunque no el único, de donde procedían las personas esclavizadas. Aclaremos que, en el contexto de este libro, y a menos que se indique lo contrario, con «personas esclavizadas» nos referiremos generalmente a aquellas que descienden de personas de origen africano que fueron traídas a las Américas en contra de su voluntad.

Al hablar de la historia de la esclavitud, es especialmente importante tener en cuenta cómo se utilizan las palabras que habitualmente rodean el tema. En la Owens-Thomas House & Slave Quarters de Savannah,

Georgia, hay un panel de texto que resume de forma bastante sucinta cómo y por qué importa tanto saber elegir bien nuestras palabras al comunicarnos:

Las palabras tienen poder. Expresan significados, ideas y relaciones. Influyen en cómo nos relacionamos con el pasado y entre nosotros. Al compartir esta historia, nos esforzamos por utilizar palabras que sean empáticas con aquellos cuya historia ha sido marginada. Por ejemplo, utilizamos frases como «mujer esclavizada», en lugar de «esclava». El sustantivo «esclava» implica que ella era, en el fondo, una esclava. El adjetivo «esclavizada» revela que, aunque estaba esclavizada, la esclavitud no era el núcleo de su existencia. Además, estaba esclavizada por las acciones de otro. Por lo tanto, utilizamos términos como «esclavizador», en lugar de «amo», para indicar el esfuerzo de una persona por ejercer poder sobre otra. Es posible que oiga otras frases como «campo de trabajo para esclavos» o «fugitivo», en lugar de «plantación» o «fugitivo». Estas refuerzan la idea de la humanidad de las personas en lugar de las condiciones que se les imponen.

Al investigar, descubrirá que las prácticas de documentación de la época solían relegar a las personas esclavizadas al ámbito de las posesiones domésticas, similares a los muebles y el ganado, a menudo con un valor en dólares adjunto. Antes de 1870, los censos no solían enumerar a las personas esclavizadas por su nombre, sino por su sexo y edad asignados. En algunos registros testamentarios, figuran los nombres de pila de las personas esclavizadas; sin embargo, esta información no suele ser de ayuda a la hora de investigar una línea familiar. Tras la emancipación, las personas anteriormente esclavizadas a veces conservaban el apellido de sus esclavizadores, pero algunas también lo cambiaban por otro de su preferencia para crear una identidad propia. De nuevo, esto puede hacer que la investigación sea todo un reto, y muchos afroamericanos son incapaces de rastrear algunas o todas sus líneas más allá del censo de 1870.

En Estados Unidos, la mayoría de la gente asocia la esclavitud solo con el Sur, pero también formaba parte de la vida colonial en el Norte. Los mercaderes del Norte obtenían grandes beneficios del comercio triangular transatlántico de melaza, ron y esclavos. En un momento dado, más de cuarenta mil personas esclavizadas trabajaban en las ciudades y en las granjas del norte de la América colonial. Una quinta parte de la población de Nueva York estaba esclavizada en 1740. Aunque los abolicionistas, los activistas antiesclavistas y los opositores del Norte trabajaron para abolir el comercio de esclavos mucho antes que en el Sur, a todos nos viene bien recordar que tener ascendencia solo en los estados del Norte de EE. UU. no da un pase automático para tener antepasados esclavistas en el árbol genealógico.

En mi propia historia familiar, tengo una línea conocida de antepasados que esclavizaron a personas. Lo sé gracias a documentos como la transcripción de un caso que se presentó ante el Tribunal Supremo de Arkansas, las «listas de esclavos» del censo y otras fuentes de información. Además, tengo coincidencias de ADN con personas de color cuyos perfiles en línea indican que investigan antepasados esclavizados, algunos de los cuales llevan los apellidos de mis antepasados esclavizadores. Es un legado desagradable y en el que no quise pensar demasiado durante mucho tiempo. Solo cuando un primo genético se puso en contacto conmigo para pedirme información sobre un posible antepasado común, empecé a darme cuenta de la importancia de la comunicación y de compartir información. Permítanme afirmarlo con firmeza: sentir horror, vergüenza y tristeza por descender de antepasados que esclavizaron a otros no anula la obligación ética de compartir lo que se sabe con los descendientes de personas esclavizadas que están tratando de reconstruir su genealogía. Debemos evolucionar, aprender y hacerlo mejor. El trabajo de investigación en nombre de los primos de ADN descendientes de personas esclavizadas y en colaboración con ellos es ahora una parte muy importante de mi camino genealógico, y me siento honrada de trabajar con ellos para descubrir respuestas. La magia de la genealogía brilla realmente cuando las raíces dañadas de dos árboles se conectan y el linaje compartido puede comenzar el proceso de ser ajustado y sanado.

El lenguaje de la genealogía, cuando se trabaja en el contexto de la historia y de las personas esclavizadas, debe tener siempre en cuenta cómo utilizamos nuestras palabras y un reconocimiento del daño causado. Si tiene antepasados esclavizados, tómese un poco de tiempo para asimilar sus sentimientos al respecto y, luego, pase a hacer algo productivo con la información. ¿Cómo puede su conocimiento de su árbol genealógico ayudar a otra persona? Ocultar, o intentar ocultar, esta ascendencia no hace nada para ajustar la energía de las acciones pasadas llevadas a cabo por los antepasados. Aunque no puedo borrar los horrores infligidos por antepasados esclavistas, ofrezco lo que sé a quienes buscan información y colaboro en su esfuerzo siempre que sea posible. También elijo estar abierta a escuchar otras formas en las que pueda ayudar. Descubrir que nuestros antepasados promovieron la esclavitud no es en absoluto agradable. Los que provenimos de esclavizadores tenemos la obligación de aceptar las verdades de la esclavitud, reconocer su daño continuado a los descendientes de las personas esclavizadas y sus beneficios para nosotros mismos. Debemos hacer el trabajo de sanar y ajustar nuestro linaje de tal forma que nuestros descendientes tengan una comprensión innata de los horrores de la esclavitud y, con ese conocimiento, hagan lo necesario para crear y mantener un mundo equitativo para todos.

CONSIDERACIONES SOCIALES

Más allá de la ciencia de la genealogía genética, también debemos considerar nuestra definición de «familia» y cómo han influido en ella las actitudes y construcciones sociales. Creo que muchos de nosotros hemos oído hablar, o hemos participado, en el «proyecto del árbol genealógico» en la escuela primaria, en el que se anima a los alumnos a crear un árbol que presente en sus ramas a los miembros de su familia.

Para algunos, es una tarea fácil y muestran a los hermanos genéticos, mamá, papá, los abuelos, los tíos y los primos hermanos. En definitiva, se trata de un trabajo muy sencillo. Para otros, no lo es tanto. A menudo, las familias son mixtas. Puede haber mamá, papá, una madrastra o un padrastro, hermanastros y hermanastras. Puede haber dos padres gays, dos madres lesbianas o un padre transexual; quizás un niño vive con la abuela o la tía, o están en acogida y viven con personas con las que no tienen ningún parentesco y, por lo tanto, no pueden, o no quieren, compartir su información. Algunas personas adoptadas, como mi marido, han expresado que a veces sentían una especie de aislamiento de la familia adoptiva —como si no fueran «familia de verdad» dentro de su familia, en la que todos ellos están emparentados genéticamente— y que proyectos como el árbol genealógico las dejaban desconcertadas, desconectadas y solas en el mundo, a la deriva y sin sentido de pertenencia.

Esto nos lleva a las situaciones a las que se enfrentan los adultos cuando investigan y documentan su propia genealogía. En primer lugar, no podemos dar por sentado que lo que está escrito en un trozo de papel es un hecho real. Los documentos pueden ser alterados, o se puede introducir información errónea, por cualquier tipo de razón. Por ejemplo, los certificados de nacimiento se consideran una fuente primaria de documentación en la investigación genealógica. Mi marido tiene un certificado de nacimiento en el que se citan solamente los nombres de sus padres adoptivos donde deberían aparecer los de los padres biológicos, constando así, para aquellos que no sepan que es adoptado, que estos nombres corresponden a sus padres genéticos. Esto se debe a que, cuando un bebé o un niño es adoptado, su partida de nacimiento original se guarda bajo llave y solo se dispone de la partida de nacimiento modificada, en la que figuran los nombres de los padres adoptivos. Antes de la aprobación de la ley HB 450 de Luisiana (que permite acceder al certificado de nacimiento original de una persona adoptada) en junio de 2022, a mi marido se le negó el acceso al certificado de nacimiento original que documentaba su nacimiento y el nombre de sus padres genéticos, puesto que Luisiana no era un estado de acceso abierto que permitiera obtener este documento. Mientras investigábamos sobre su adopción, nos pusimos en contacto con la administración pertinente dentro del estado de Luisiana para obtener un documento de no identificación, que es un documento que recoge información médica y de otro tipo sobre la madre biológica del adoptado, y a veces sobre el padre biológico, pero no aporta información identificativa sobre ellos. En el caso de mi marido, el documento de no identificación daba una fecha de nacimiento diferente a la que figuraba en su certificado de nacimiento enmendado, y también decía que se le había asignado sexo femenino al nacer. Este es un ejemplo de cómo, durante muchos años, en Estados Unidos hubo una especie de campaña activa para garantizar la separación total de la madre y el bebé mediante la manipulación de lo que se considera un hecho a través de los trámites oficiales.

Esto se ajusta a lo que se les hizo a millones de adoptados durante lo que se conoce como la «era de los bebés dados en adopción», que tuvo lugar entre 1945 y 1973, y durante la cual se calcula que se entregaron en adopción unos cuatro millones de bebés. La documentación durante esta época, e incluso hasta nuestros días, no siempre refleja los hechos reales del nacimiento de un individuo. Quizá haya visto alguna vez en las redes sociales un *post* de un adoptado en el que indica su fecha y lugar de nacimiento y pide información sobre su familia. Si tiene acceso ilimitado a la información sobre su nacimiento, tómese un momento para pensar en lo que debe suponer suplicar a unos desconocidos esta información básica sobre uno mismo. Las historias de pérdida, incapacidad para acceder a la información y escenarios de desconexión abundan en muchas personas, no solo en los adoptados, y hay que tener cuidado de ser siempre compasivo cuando se recorre el camino de la magia de la genealogía. Definitivamente, se aplica el adagio de caminar una milla con los zapatos de otro.

Además de los escenarios mencionados anteriormente, existen otros documentos antiguos que pueden ser muy valiosos en la investigación genealógica, pero que también pueden contener información incompleta o simplemente inexistente, normalmente en relación con los apellidos de las mujeres:

—Los registros de bautismo a menudo nombran a la madre del bebé por su apellido de casada, o solo utilizan su nombre de pila, o no la mencionan en absoluto.

—Los obituarios solían listar a los familiares femeninos supervivientes por su apellido de casada. Por ejemplo, es frecuente ver «Sra. de John Jones», en lugar de «Mary Smith Jones» en los obituarios antiguos. En los casos en los que el marido había fallecido, a veces se utilizaba «Sra. Mary Jones», pero sin hacer referencia a su propio apellido.

—Los documentos matrimoniales suelen mencionar el nombre de pila de la novia y el nombre de su padre. A la madre no se la refiere, o se alude a ella solo con el nombre de pila o con el apellido de su marido.

Existen diversos escenarios en los que los individuos se encuentran alejados del círculo familiar. El matrimonio con alguien ajeno a la clase social, la religión o la cultura de la familia, o una mezcla de ellas, ha sido el impulso para tratar a un familiar como si estuviera muerto o no existiera. El matrimonio interracial es otro. Algunas personas que entran dentro del grupo LGBTQIA+ fueron alejadas a propósito de su familia genealógica a una edad temprana. Una persona con la que hablé una vez compartió una historia de resiliencia ante un rechazo desgarrador. Fue expulsada de su familia a los dieciocho años, su madre retiró sus fotos del álbum familiar, su padre le ofreció dinero para que cambiara de nombre y se mudara fuera del estado y, muchos años después, no figuraba como superviviente en las esquelas de sus padres. En resumen, sus padres hicieron todo lo posible por borrar su existencia de la historia familiar. En cuanto a mi pregunta sobre lo que las pruebas de ADN podrían significar para la comunidad LGBTQIA+, me dijo: «Para algunas personas *queer*, las pruebas de ADN son la única forma de averiguar algo sobre su herencia genética». La persona que compartió esto conmigo está casada desde hace muchos años y tiene una familia amorosa de elección, creada por lazos sentimentales en lugar de sangre. Su historia familiar es tan válida e importante para la documentación de la experiencia humana como la de una persona heterocis.

Todas estas situaciones hablan de la importancia de las pruebas de ADN para quienes desean explorar sus raíces pero no tienen acceso a su familia y sus historias. También se refuerza que debemos considerar la historia de cada persona y su deseo de registrar los hechos de su vida tal y como existen. Este caso, y el de otros que viven circunstancias similares, nos recuerda que hay muchas formas de tener una familia, todas válidas, y cada una representa un lugar en el hermoso espectro de cómo existen las familias. Cada una es digna de ser registrada para que el futuro mire hacia atrás, igual que hacemos nosotros ahora.

Hay otros factores a tener en cuenta y, aunque no tengo todas las respuestas sobre cómo manejarlos, animo a cada genealogista a que piense detenidamente en lo que funcionará mejor y servirá para el mayor bien de todos los implicados. Lo más importante es recordar que siempre debemos respetar los deseos de aquellos sobre los que documentamos y escribimos. He aquí un ejemplo y una pregunta que debemos considerar:

Algunas personas cambian legalmente el sexo que se les asignó al nacer en su certificado de nacimiento y en otros documentos legales después de realizar la transición. El cambio contribuye a la afirmación del género, entre otras cosas; sin embargo, no cambia los hechos genéticos. Una mujer trans XY seguirá llevando en su genética el ADN-Y que representa la línea paterna de su padre, por ejemplo. Surge entonces la pregunta: ¿cuál es la mejor manera de representar a un individuo transexual en un árbol genealógico? La respuesta corta es que los represente de la forma que ellos elijan. Si no lo sabe, ¡pregúntelo! En estos casos, especialmente, la genética debe pasar a un segundo plano, y la persona y su derecho a existir en su árbol genealógico y en el mundo como su yo innato deben tener prioridad.

La conclusión de todo esto es que cada uno de nosotros debe hacer un esfuerzo concertado y sincero para escribir de forma que incluya a cada persona de la manera que elija y como se identifique. Los hechos genéticos son importantes y no pueden cambiarse, pero, junto con la ciencia de la historia familiar, están los aspectos de la vida cotidiana que hay que tener en cuenta. Conviene recordar que, para contar plenamente una historia, las personas que la componen deben estar representadas como su verdadero y real yo; de lo contrario, la historia no tendrá nada de verdad, ¿no le parece?

COMUNICACIÓN CLARA

La mejor forma de manifestar una energía de comunicación clara y concisa es comprometerse mágicamente con ella. Infundir un lapislázuli con esta intención, para luego mantenerlo cerca de usted mientras trabaja, ayuda a cumplir este compromiso.

Materiales:

—*Lapislázuli.*
—*Vela amarilla de carillón/hechizo.*
—*Espray limpiador.*

Instrucciones:

Cree un espacio sagrado con un espray de limpieza y la intención de que el espacio se llene de amor y energía positiva. Encienda la vela y sostenga el lapislázuli con ambas manos. Después, diga lo siguiente:

Me esfuerzo por comunicarme siempre con claridad y eficacia desde un lugar de honestidad y compasión. Que mis palabras lleven siempre consigo amor y verdad.

Coloque el lapislázuli delante de la vela y deje que esta se consuma. Mantenga el cristal junto a su lugar de trabajo, quizá cerca de su cristal de cuarzo transparente.

Historia familiar

«Si no puede deshacerse del esqueleto familiar, puede hacerlo bailar».

George Bernard Shaw.

¿Cuál es la historia de su familia? Esta es la primera pregunta que hago a cada cliente. Antes de crear un plan dedicado a las pruebas de ADN y a la investigación, siempre evalúo los conocimientos del individuo sobre su historia familiar tal y como la conoce. La historia del origen de una familia suele transmitirse de generación en generación, pero, al igual que en el viejo juego del teléfono, hay matices que se pierden por el camino, se hacen suposiciones y a menudo ocurre que la realidad de las raíces de una familia no siempre coincide con la historia que ha trascendido.

Soy un buen ejemplo de alguien que ha vivido con un relato familiar lamentablemente falso. Me crie en Nueva Orleans con acceso ilimitado a la familia de mi madre y a sus historias sobre nuestras raíces; en cambio, no tuve una conexión regular con mi padre ni con su rama de parientes. Como resultado, crecí con poco conocimiento de mi familia paterna, pero con un fuerte sentido de pertenencia cultural en la región del sureste de Luisiana, en la que muchas de mis líneas ancestrales maternas han vivido desde su llegada en 1721. Las historias familiares transmitidas por mi abuela materna, las «viejas tías» (sus hermanas), los primos mayores y otros miembros de la familia me hicieron creer que era mayoritariamente francesa y acadiana, con una pizca de escocesa, irlandesa e inglesa, y que descendía directamente del presidente Zachary Taylor.

Por otro lado, lo poco que sé sobre la parte de mi padre me lo contó mi abuela. Ella dijo que tenía cierta ascendencia alemana y que tal vez fuera descendiente de la Confederación de los Pies Negros. Tenía el pelo largo, liso y oscuro; la piel, bronceada, y sus ojos eran oscuros; así que todo el mundo pensaba que podía ser cierto. No me identificaba culturalmente con los nativos americanos, pero tampoco cuestioné nada de esta historia ancestral durante muchos años. Aún no tengo ni idea de su origen. ¿De dónde oyó exactamente mi abuela que descendía de la Confederación de los Pies Negros? Como ella ya no vive, se lo pregunté a mi madre, pero no supo responderme.

Tras la llegada de las pruebas de ADN directas al consumidor en EE. UU., me hice mis propias pruebas y comencé una profunda reexploración de todas las ramas de mi árbol. Sospechaba que había algunas inexactitudes en las historias de mi familia sobre nuestros orígenes más profundos. También realicé pruebas de ADN a varios miembros de mi familia. Finalmente, descubrí secretos que hicieron estallar parte de mi historia familiar en mil pedazos y me causaron muchos dolores de cabeza. Compartiré más sobre eso más adelante.

Esta foto mía de pequeña (con mi hermanita Kelly y nuestro perro Ángel) y otras parecidas que me muestran con la piel oscura se esgrimían a menudo como «prueba» de que descendía de un antepasado nativo americano por parte de padre.

Algunas personas, ya sea por adopción o por otra circunstancia que las haya alejado del conocimiento de su propio árbol genealógico familiar, pueden no tener ninguna historia. Mi marido creció con un conocimiento nulo de su familia biológica porque, como ya he mencionado anteriormente, fue dado en adopción al nacer. La primera vez que conoció a una persona genéticamente emparentada con él fue en el nacimiento de nuestra hija mayor. Su historia familiar y su sentido de la identidad proceden de la familia que lo adoptó. El lado de su padre adoptivo es francés; el lado de su madre adoptiva es mayoritariamente inglés, irlandés y escocés, una mezcla que parece darse con frecuencia en quienes tienen raíces apalaches. Mediante pruebas de ADN, acabamos descubriendo que sus raíces genéticas recientes se encontraban en el norte de Estados Unidos, en Chicago, pero no siente ninguna atracción por esa parte del país ni por su cultura. Su sentido cultural de sí mismo se forjó en Nueva Orleans y sus alrededores, y está muy integrado en su tejido, a pesar de no tener conexiones genealógicas estrechas en el sureste de Luisiana. Él y otros adoptados, al igual que todos aquellos que crecieron lejos de su familia de nacimiento, son ejemplos de la poderosísima magia que encierra la familia de influencia.

La expulsión de la familia genealógica es uno de los muchos escenarios que se dan y que alejan a las personas del relato verbal de la historia familiar, y les impide hacer preguntas, mirar fotos, participar en las tradiciones familiares y, en ocasiones, sentirse parte de la cultura. Una de las bellas particularidades de las pruebas de ADN es la reconexión que proporciona con nuestro patrimonio. Esto es de vital importancia para las personas que, por el motivo que sea, se han alejado de las fuentes que arrojan información sobre su herencia, sus raíces, su propia historia familiar.

En cuanto a las historias familiares inexactas, la más común con la que me encuentro en Estados Unidos, y la que se defiende con más ahínco, es la afirmación de que un antepasado (un bisabuelo o un tatarabuelo) era «nativo americano de pura cepa», normalmente cherokee. Como ya he mencionado, según el relato de mi abuela, también en mi familia hubo un antepasado nativo americano por parte de padre; aunque estoy casi segura de que eso es incorrecto, al menos en lo que concierne a mi genética. No obstante, tuve una experiencia a este respecto bastante impactante que siempre recordaré y que me hizo dudar. A principios de la década de 2000, trabajé como enfermera itinerante. Una asignación me llevó al suroeste, donde permanecí muchas semanas. Trabajé en la UCI, y había una anciana y curandera navaja en plantilla que hacía la ronda diaria con cada paciente que era miembro de la tribu local. La suya era una labor importante que marcaba una gran diferencia en la forma en que las familias afrontaban la enfermedad crítica y en cómo los pacientes se recuperaban de ella. Un día en el que yo atendía a uno de sus pacientes, ella se acercó a mí para comentarme algo sobre él, y la conversación acabó derivando hacia lo espiritual, como suele ocurrir entre personas mágicas. Durante nuestra charla, me dijo que yo tenía «sangre nativa». Por aquel entonces, lucía el pelo muy largo, casi negro, aunque, cuando trabajaba, lo llevaba recogido en una larga trenza. Le comenté que mi aspecto a veces hacía pensar a la gente que era nativa americana, pero que en realidad no lo era. Ella se rio y dijo: «Pero eres nativa». Le pregunté cómo lo sabía y me contestó: «Sé que tienes sangre nativa porque veo a tus antepasados detrás de ti y me lo dicen». Su charla conmigo, que guardo en mi corazón y en mi mente como valiosas palabras de sabiduría, aún me hace reflexionar. El resto de cosas, más privadas, que me dijo, efectivamente, se han cumplido. También tengo líneas por parte de madre que son «muros de ladrillo», es decir, que están bloqueadas y me impiden pasar de cierto antepasado. Son relativamente recientes (tatarabuelos) y proceden de una zona de Luisiana en la que a menudo se encuentra entre la gente una mezcla de herencia francesa, nativa americana y africana. Yo tengo una parte minúscula, y consistente, de mi resultado étnico que es de África, y también tengo algo de francesa, así que quizás desciendo de un antepasado que llevaba esa mezcla particular de ADN y simplemente no he heredado la parte indígena. Sin embargo, eso es una exageración sin pruebas, y no sé si alguna vez lo sabré con certeza. Lo que sí reconozco es que, culturalmente hablando, no me identifico como tal, y cuido conscientemente mis frases y acciones para no apropiarme de prácticas espirituales, vestimenta o cualquier otra cosa que se considere nativa americana. Sin embargo, debido a las palabras de aquella anciana, guardo un pequeño trozo de tierra en mi altar para representar y rendir respeto a los nativos americanos que podrían estar en mi ADN energético (nos extenderemos sobre esto más adelante).

He tenido clientes que han descartado totalmente sus pruebas de ADN como erróneas o falsas porque la parte de etnicidad no mostraba ningún porcentaje de ADN procedente de las Américas indígenas. Hay dos razones por las que una estimación de etnicidad puede no mostrar ningún porcentaje procedente de las Américas indígenas: no hay suficiente ADN heredado de un antepasado nativo americano para que aparezca en los resultados de etnicidad, o no hay realmente un antepasado nativo americano. En mi experiencia, es probable que sea esto último, pero, como en mi propio caso, a veces simplemente no lo sabemos. Es importante recordar que la ausencia de una etnia concreta en nuestros resultados no significa necesariamente que no descendamos de determinadas personas. También debemos tener en cuenta que obtener un resultado positivo de etnia no nos da derecho a reclamar esa cultura y sus particularidades como propias. Las estimaciones de etnicidad son solo eso: estimaciones. La ciencia está mejorando, pero aún no ofrece datos exactos. Los resultados sobre etnicidad solo se consideran precisos a nivel continental. No nos dan nunca permiso para apropiarnos de una cultura que no es aquella en la que nos criamos o formamos. Yo también tengo ADN galés, bastante, pero no soy galesa. Soy estadounidense con ascendencia galesa. Tengo un porcentaje pequeño y consistente de etnia africana, pero eso no significa que pueda apropiarme de prácticas espirituales o de otro tipo que estén asociadas a la cultura africana. Debemos tener siempre presentes estas distinciones.

Para los estadounidenses, la falta de conexión con la tierra en la que vivimos muchos de nosotros como descendientes de colonos y colonizadores causa un verdadero dolor emocional y contribuye a la insistencia de muchas personas en que están genéticamente conectadas con las Américas indígenas. Tengo una teoría sobre por qué ocurre esto: los descendientes de colonos y colonizadores no tienen ningún sentido de conexión espiritual con esta tierra. Nuestras historias ancestrales más profundas se desarrollaron en tierras que están a miles de kilómetros de distancia. Cuando nuestros antepasados emigraron de sus localidades natales a Estados Unidos, perdimos esa conexión con las tierras de nuestro propio pueblo porque dejaron atrás sus propiedades, sus muertos, su cultura. Se trajeron mucho con ellos, pero se perdió o se mezcló con costumbres y culturas de otros lugares. Como resultado, perdimos el vínculo con la cultura, perdimos el sentido general de pertenencia a la corriente de conciencia más amplia que fluye de la tierra hacia su gente. Para algunos, este sentimiento de pérdida los lleva a buscar una relación genética con los pueblos indígenas de América y, cuando esta no se manifiesta, se ven obligados a sintonizar realmente con la pérdida.

Hay formas de gestionar esto que no invaden la apropiación. Conectar mediante pruebas de ADN con la herencia genética que cada uno tenemos es un primer paso. Aprender más sobre la familia genética y nuestras raíces a través de la genealogía tradicional es otro, ya que, en última instancia, nos lleva a buscar los lugares desde los que viajó nuestra propia gente. Cuando descubrí por primera vez que tengo un profundo pozo de lazos ancestrales con Italia, mi intensa curiosidad por la brujería italiana cobró más sentido para mí. Soy lo que comúnmente se conoce como un «chucho americano», expresión que se utiliza para indicar que tengo ascendencia de muchos lugares. Mis investigaciones reflejan que esto es así, y hasta ahora puedo rastrear antepasados en Inglaterra, Escocia, Irlanda, Gales, Cornualles, Francia, Alemania, Polonia e Italia. Yo también he tenido sentimientos de desconexión con la tierra en la que me crie, y lo cierto es que esa sensación no es para nada extraña, ya que lo han compartido conmigo muchas otras personas que también descienden de antepasados que viajaron.

Una forma de gestionar estos sentimientos es a través de mis propios viajes, y tengo el privilegio de poder hacerlo. Me autodenomino «viajera del árbol», ya que la mayoría de mis viajes están planeados en lugares hasta los que he trazado una línea ancestral. La sensación de pisar el suelo por el que caminó un antepasado en años pasados es asombrosa y hace aflorar ese sentimiento de conexión. Disfruto paseando por los cementerios de esos lugares y presentando mis respetos a los difuntos. Apoyo su cultura gastando mi dinero en alojamiento, comida y artesanía hecha por manos de los lugareños. Intento coger respetuosamente un puñadito de tierra, un pequeño guijarro o una hoja caída, para colocarlo todo en mi altar cuando vuelvo a casa. Esto me permite mantener el vínculo emocional con ese lugar y me recuerda que siempre lo llevo dentro de mí. De alguna manera, nuestra sangre y nuestros huesos lo reconocen en su memoria.

DIARIO MÁGICO: LA HISTORIA DE SU FAMILIA

Escribir sobre la familia, tanto sobre lo que sé como sobre lo que no sé, me resulta estimulante y esclarecedor. Para este ejercicio mágico, quiero que documente lo que sabe y lo que no sabe en este momento sobre su propia familia. Saque su diario y su bolígrafo. Encienda su vela, sostenga su cristal de escritura en la mano dominante y recuerde abrir esta sesión con esta breve oración o con una de su propia cosecha:

Amados antepasados, os llamo ahora y os pido vuestro amor y sabiduría mientras recorro este camino de magia genealógica. Bendigan este trabajo, para que me abra a la corriente de conciencia del conocimiento ancestral y sirva al bien más elevado para mí y para los demás. Que así sea.

Coloque el cristal de escritura cerca del lugar donde esté escribiendo, o póngalo en un bolsillo o bolso si le resulta más cómodo. Comience a escribir las historias que le han contado sobre su familia. Empiece por la línea de su madre. ¿Dónde nació su madre? ¿Sus padres? ¿Sus abuelos? ¿Sus bisabuelos? ¿Hay historias de matrimonio? ¿Historias de guerra? ¿Ocupaciones interesantes? ¿Hay alguna herencia particular a la que pertenezcan (irlandesa, alemana, igbo, china, judía, italiana, siria, por ejemplo)? Haga las mismas preguntas para su línea paterna. Trabaje lentamente a través de sus recuerdos. Si no está seguro o sospecha que algo puede no ser exacto, escríbalo de todos modos para poder explorar sus recuerdos en el futuro. Dependiendo de sus conocimientos, este ejercicio puede llevarle bastante tiempo.

Anote también lo que no sepa. Por ejemplo, podría decir: «No sé nada sobre el bisabuelo de mi padre. Siempre ha sido un misterio y me gustaría saber más». Para algunos de ustedes, escribir los recuerdos de una historia familiar puede no llevarles mucho tiempo porque tienen poca o ninguna información. Si ese es el caso, tómese este tiempo para escribir una historia sobre usted mismo, sobre dónde cree que pueden estar sus profundas raíces ancestrales. Reflexione sobre cualquier conexión que sienta con cierta parte de su ascendencia genealógica, o con cualquier tierra o tradición espiritual a la que se haya sentido llamado sin saber por qué. Como ya he mencionado, durante muchos años sentí la llamada a explorar la brujería italiana, aunque no tenía antepasados italianos conocidos. Más tarde, descubrí a través de pruebas de ADN algunos secretos familiares que, finalmente, me condujeron a una bisabuela que provenía del sur de Italia.

La belleza de la genealogía y de las pruebas de ADN es que nos permiten reconectar con nuestras raíces al proporcionarnos pistas. Para todos nosotros, y especialmente para aquellos que son adoptados, o que están desconectados de su familia genealógica de origen por otro motivo, recibir los resultados de una prueba de ADN puede ser una experiencia mágica. Si se ha sometido a una prueba de ADN y dispone de resultados étnicos a los que pueda remitirse, piense en cómo los resultados coinciden, o no, con su historia familiar. ¿Qué le resulta conocido? ¿Hubo algo que le sorprendió? Si es así, responda a qué y por qué. Escriba sobre sus sentimientos y experiencias en su diario. Si son negativos, también está bien anotarlos. Más adelante en el libro hablaremos de la magia que rodea el dejar ir.

La maravilla de la historia familiar es cómo sus propias palabras nos conectan con el pasado y con las personas de las que descendemos, con todas sus formas de ser y las lecciones que nos han transmitido y que se han filtrado hasta nosotros en retazos de sabiduría que, probablemente, no reconozcamos como procedentes de ningún lugar en particular. Para quienes no tienen una historia familiar o carecen de ella en parte de su árbol genealógico, esta pérdida de herencia puede ser dolorosa o dejarnos un poco perdidos respecto a cómo encajamos en el tejido más amplio de la humanidad. A menudo he oído decir: «La sangre no hace la familia». Es cierto —existen muchas formas de crear una familia—, pero para muchas personas resulta vital poder acceder a su herencia genealógica, incluso cuando no tienen contacto con la familia biológica.

ESPEJO DE CONEXIÓN

En mis propios escenarios de búsqueda he utilizado varias herramientas mágicas, pero una de ellas en particular, un espejo negro en un marco que sirve como una especie de portal y que se ha convertido en esencial para mí. Este espejo de conexión es fundamental para ayudarme a tender la mano y establecer conexiones, y me alivia el corazón poder hacerlo sin conocer los nombres de aquellos a quienes busco. Antes de comenzar cada sesión de investigación, enciendo una vela y utilizo el espejo para contemplar y reflexionar, y para enviar y recibir mensajes a/de los antepasados cuya identidad estoy trabajando para descubrir.

Materiales:

—*Un marco independiente con cristal del estilo y tamaño que prefiera (yo utilicé un marco ornamentado de 5 x 7).*
—*Pintura en espray negra, brillante.*

Instrucciones:

Retire con cuidado el cristal del marco, límpielo con limpiacristales y déjelo secar bien. Agite el bote de pintura en espray para mezclar. Justo antes de pulverizar la pintura, exhale su aliento muy suavemente sobre el lado del cristal que va a pintar; luego, diga estas palabras:

Bendice mis manos mientras realizan este trabajo, y bendice este espejo, para que sirva de conexión entre el presente y el pasado, entre lo que está por venir y lo que se ha ido, entre mí y aquellos de cuya sangre desciendo. Solo aquello que sirva al bien más elevado para todos está permitido que atraviese este portal, y solo cuando sea abierto por mí.

Rocíe ligeramente el cristal varias veces con la pintura en espray hasta que quede totalmente oscurecido y no brille la luz. Déjelo secar y vuelva a montar el cristal y el marco con el lado pintado hacia la parte posterior de dicho marco.

Tenga en cuenta que es imprescindible trabajar con responsabilidad. Asegúrese de definir claramente los límites de su espejo y lo que está permitido que pase a través de él. Como he creado mi espejo para que sea una conexión bidireccional, soy muy estricta con su uso. Estas son mis normas básicas y no negociables:

—Comience siempre cada sesión de espejo de forma que indique que es el momento de abrir.
—Termine siempre cada sesión de espejo de forma que indique que es hora de cerrar.
—Limpie la zona antes y después de su uso con un espray limpiador de su elección.
—Cuando no lo utilice, mantenga el espejo cubierto con un paño o guárdelo en un cajón o caja.

Una buena higiene mágica es muy importante con cualquier objeto que se utilice para facilitar las conexiones con el plano espiritual. Mis experiencias siempre han sido excelentes, y creo que eso se debe a que no ofrezco la oportunidad de que nada salga mal.

Para abrir el espejo de la conexión

Limpie su zona con un espray de limpieza, encienda su vela de trabajo genealógico de siete días y diga estas palabras:

La puerta está abierta, el camino está despejado. Doy la bienvenida a los mensajes de amor enviados con buena intención. Estoy buscando a _____.

Describa su solicitud detalladamente. Por ejemplo: «Busco los nombres de mis quintos bisabuelos de la línea Carroll/O'Heron». Siéntese con su espejo y mírelo. Si le apetece, queme incienso o llene el espacio con música de fondo. Imagine mentalmente su árbol genealógico y las zonas en las que falta información. Tenga a mano su diario y anote todo lo que le venga a la mente, por aleatorio que parezca.

Cuando haya terminado con el espejo, asegúrese de cerrar la sesión. Apague la vela y diga estas palabras:

La puerta ya está cerrada. Gracias por su orientación
y adiós por ahora.

Cubra el espejo con un paño o guárdelo en un cajón o caja. Limpie la zona con un espray limpiador.

Añada una piedra de sangre limpia a su caja de herramientas de genealogía y utilícela para representarse a sí mismo, a su familia genealógica de origen o a ambos durante el trabajo de genealogía. Colóquela cerca de su espejo de conexión cuando esté abierto y busque información.

5

Tres árboles

«Llámelo clan, llámelo red, llámelo tribu, llámelo familia.
Lo llame como lo llame, sea quien sea, necesita uno».

Jane Howard.

¿Qué tan bien conoce su árbol genealógico? Esta es la segunda pregunta que hago a cualquier cliente que acude a mí en busca de ayuda para sus búsquedas genealógicas. La mayoría de la gente está familiarizada con el nombre y la fecha demográficos de sus parientes más cercanos: madre, padre, hermanos. Conocen sobre todo información sobre sus abuelos. A veces, como me ocurrió a mí, están mucho más informados sobre un lado de su familia. En cambio, observo una caída brusca de los conocimientos cuando se trata de los bisabuelos, sobre todo en lo que se refiere al apellido familiar (de soltera) de las mujeres.

Pongamos a prueba sus conocimientos sobre su árbol genealógico de origen. Encienda su vela de trabajo genealógico, añada al espacio su piedra de palma de cuarzo transparente y sus cristales de piedra de sangre. Puede que quiera abrir su espejo de conexión para este ejercicio, para ver si su subconsciente le recuerda cosas que le han contado y que ha olvidado. Empiece por usted mismo y, utilizando solo la memoria y sin remitirse a ninguna nota o investigación, cree un árbol genealógico de cuatro generaciones lo mejor que pueda. Asegúrese de utilizar el apellido anterior al matrimonio para sus antepasadas femeninas. Si conoce las fechas de nacimiento, matrimonio y defunción, añádalas. Si utiliza su espejo, asegúrese de cerrarlo una vez que haya terminado de rellenar el árbol. Aquí tiene un ejemplo de cómo debe disponer a las personas en su árbol. No tiene por qué ser artístico ni estar perfectamente alineado, lo importante es que nos proporcione una visión esquemática general de nuestros vínculos familiares.

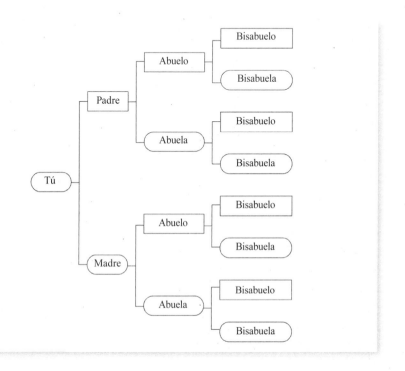

¿Ya lo tiene? ¿Cómo le ha ido? ¿Ha podido averiguar el apellido prematrimonial de sus antepasadas más recientes? ¿Y las fechas y lugares de nacimiento? ¿Fechas de matrimonio? Este tipo de datos se pierden con el paso del tiempo y, si podemos acceder a ellos, es importante registrarlos para la posteridad y facilitar futuras investigaciones. Para algunos de ustedes, el único nombre en el árbol será el suyo propio. Para otros, puede ser demasiado doloroso escribir los nombres de las personas de las que se ha desconectado por cualquier motivo. Y también podemos encontrarnos con árboles distintos a un árbol genealógico basado en la línea de sangre que le dan un sentido de conexión y pertenencia.

Muchas personas tienden a pensar que su árbol es un sistema cerrado, una especie de mentalidad de «Este es mi árbol y ese es el tuyo». Los árboles se ven desde una perspectiva estrictamente personal, y la puerta de conexión con el árbol cósmico más grande permanece cerrada. Se habla mucho entre la gente mágica de sentirse espiritualmente conectados, pero las pruebas de ADN y su representación de nosotros en lo físico parecen manifestar una especie de posesividad. Aquellos con los que estamos más estrechamente conectados genéticamente son también aquellos con los que compartimos muy pocas asociaciones genéticas desconocidas. Sin embargo, es probable que más de un conjunto de sus terceros bisabuelos tenga muchas líneas de descendientes además de la suya. Estas conexiones más lejanas nos sirven para recordar que nuestros árboles genealógicos individuales forman parte de un vasto bosque con raíces entrelazadas que se unen y conectan de muchas maneras, la mayoría de las cuales probablemente nunca conoceremos. Todos somos una diminuta parte de un gran tejido cósmico, que cambia continuamente a medida que entran nuevas vidas y se van las antiguas.

Cuando la gente piensa en un árbol genealógico, se le viene a la cabeza la familia genealógica de origen, o las personas de las que desciende inmediatamente: padres, abuelos, bisabuelos. A medida que la genealogía se ha hecho más popular en las últimas décadas, especialmente con la llegada de las pruebas de ADN, el conocimiento y la aceptación de lo que constituye la familia están empezando a evolucionar. Hay muchas formas de definir una familia. Lo que no es tan fácil es llegar a un consenso sobre cómo documentar la familia. De la forma genealógica típica, nuestro árbol genealógico refleja a nuestros padres genéticos y a sus antepasados directos. ¿Qué ocurre con el árbol del niño que es adoptado? ¿Qué árbol hay para una persona que ha sido apartada de su familia genealógica y, en su lugar, ha creado una familia unida por lazos sentimentales en lugar de sangre? ¿La pareja gay casada? ¿La persona con un progenitor donante desconocido, ya sea por óvulos, esperma o ambos? Puede complicarse rápidamente, por eso me encanta la idea de que cada uno de nosotros posea tres árboles: linaje, herencia e influencia. Cada uno de ellos puede ser independiente o ser subconjunto del otro. Ofrecen vías para que cada persona tenga un árbol que pueda ser investigado y que sea significativo y esté lleno de conexiones importantes que nos permitan estar arraigados.

EL ÁRBOL DEL LINAJE

Este árbol genealógico es muy sencillo. En pocas palabras, es el árbol genealógico que muestra nuestros antepasados biológicos directos en cada línea, remontándonos tan lejos como podamos llevarlo con una investigación aguda. Es el árbol que muestra el panorama general de todas nuestras líneas ancestrales. También es el que con más frecuencia presenta problemas para las personas que quedan fuera de los parámetros que dictan cómo introducimos la información en el árbol. Las personas adoptadas, por ejemplo, no suelen tener acceso a la información que les habla de su linaje genealógico. Quienes descubren secretos familiares pueden perder partes de este árbol y necesitarán investigar para rellenar esas secciones. Quienes desciendan de personas esclavizadas quizá no puedan encontrar ninguna información sobre algunos antepasados anteriores al censo de 1870. Lo que es absoluto, sin embargo, es que cada uno de nosotros tiene uno de estos árboles, aunque la información contenida en él nos sea desconocida. Hay unos pocos individuos afortunados para los que este árbol está muy completo y rebosante, con documentación que respalda las adiciones al mismo; aunque, a decir verdad, esos casos son raros. La mayoría, como yo, tiene mucho éxito en algunas líneas bien documentadas, pero, en otras, no puede pasar de cierta persona (es lo que llamo «encontrarse con un muro de ladrillo»). Otros no tienen ninguna información.

A continuación, les presento como ejemplo mi propio árbol genealógico, de cinco generaciones (contándome a mí como la primera generación), actualizado en el momento de escribir esto.

Puede ver que se remonta por completo a mis tatarabuelos. Me ha llevado muchos años llegar a este punto, principalmente porque las pruebas de ADN descubrieron secretos familiares que eliminaron dos ramas principales y tuve que trabajar mucho para reconstruirlas. Más allá de esa quinta generación, sin embargo, empiezo a tener lagunas. Aún no he encontrado la documentación que me permita situar firmemente a mis tatarabuelos paternos James y Cecelia en Irlanda, donde, según la información encontrada en artículos de periódico y registros censales, se presume que nacieran. Solo tengo una suposición sobre el nombre del padre de Cecelia. Aparece como «Patrick O'Heron» en su obituario

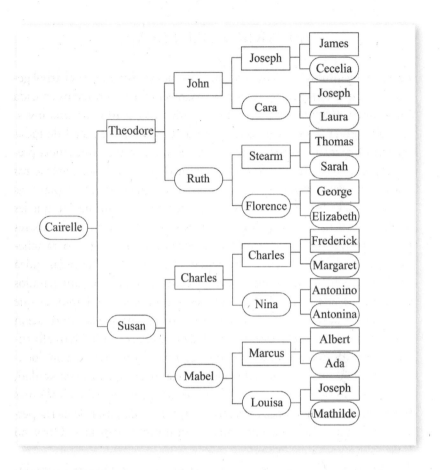

y como «Michael O'Heron» en su certificado de defunción. Aún no he visto el nombre de su madre. No sé casi nada de James, aparte de que murió unos treinta y cinco años antes que Cecelia. No encuentro documentación sobre el padre de Mathilde, aparte de su nombre en su certificado de defunción y en un censo que también indica que nació en Francia hacia 1808. Si tengo esa ascendencia nativa americana que me aseguró la curandera navaja, es probable que esté en la línea de Joseph, el marido de Mathilde, o posiblemente en la de la madre de Albert, que también constituyen muros de ladrillo persistentes para mí.

El árbol genealógico es la forma más sencilla de conectar con sus antepasados del pasado cercano y lejano. Si desea conectar su árbol con los de los demás, debe tener, como mínimo, un árbol en línea accesible y público que esté rellenado hasta el nivel de sus bisabuelos, con el apellido familiar para las mujeres y las fechas de nacimiento, matrimonio y defunción incluidas.

Para mejorar sus posibilidades de enlazar con los árboles de primos más lejanos, debería «repoblar» su propio árbol. Esto significa añadir los hermanos de sus antepasados y, a continuación, los descendientes de esos hermanos. Se trata de un proceso interminable —yo llevo años trabajando en el mío y nunca terminaré—, pero he descubierto que, al asegurarme de que mi árbol está «repoblado», puedo establecer conexiones con primos lejanos. Empiece por las generaciones más cercanas —sus padres, abuelos y bisabuelos— y agregue después a tías, tíos, primos, tías abuelas y tíos abuelos, primos segundos, y así sucesivamente. Asegúrese de tener toda la información que pueda encontrar de cada uno de ellos en relación con los descendientes de cada línea. Una vez hecho esto, empiece a trabajar en cada línea para construirla hacia atrás y hacia los lados.

En general, el árbol genealógico proporciona el mayor marco exterior para crear y añadir a nuestra historia familiar. Es el lugar donde nos abastecemos de documentos y apuntalamos las verdades de nuestra herencia genealógica. También puede ser el más incómodo de trabajar para algunas personas, ya que a menudo es fuente de dolor. Independientemente de cómo decida trabajar con este árbol, siempre debe contener la verdad según su leal saber y entender.

EL ÁRBOL DE LA HERENCIA

Este segundo árbol genealógico es genético y se sitúa como un subconjunto dentro del árbol del linaje. Representa la línea materna del ADN mitocondrial y la línea paterna del ADN-Y, así como el ADN autosómico que heredamos de algunos de nuestros antepasados, pero no de todos. Este concepto de herencia genética solo de algunos antepasados confunde a algunas personas, ya que creen que tienen ADN autosómico físico de todos y cada uno de los antepasados de su árbol. Esto no es así. Aunque descendemos de todos nuestros antepasados, no llevamos ADN autosómico físico, medible, de cada uno de ellos. Por ejemplo, estoy emparentado con una octava bisabuela paterna porque desciendo de una línea recta que se extiende desde ella hasta mí. Sin embargo, a lo largo de las generaciones de recombinación del ADN autosómico, los trozos de ella que se transmitieron habían desaparecido todos en el momento en que mi genética se emparejó a partir de mi madre y mi padre. Bueno, ha desaparecido por lo que soy capaz de saber a partir de mi ADN analizado. Existen limitaciones en cuanto a la información que pueden proporcionarme los resultados del ADN, y puede que simplemente no haya encontrado a un primo que también comparta el ADN de esta abuela que la descartaría como antepasado genético (en contraposición a un antepasado genealógico).

He aquí un ejemplo de árbol genealógico.

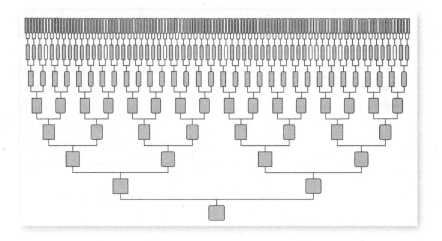

Por supuesto, así no será exactamente para cada persona, ya que nuestros patrones de herencia resultan aleatorios y no serán los mismos. Las zonas sombreadas del árbol representan antepasados de los que existe herencia de la forma física del ADN autosómico. Las que no están sombreadas representan antepasados de los que no hay herencia de ningún ADN físico y que, en cambio, están representados dentro del aura como ADN energético, que no es medible por métodos científicos. Una vez más, esto no significa que no descendamos de los antepasados de los que no llevamos ADN físico; esto es absolutamente incorrecto. Lo que sí significa es que, durante las generaciones entre ellos y nosotros, su ADN simplemente no logró pasar por las múltiples volteretas del ADN autosómico que se mezcla y recombina cada vez que se crea una nueva generación. Cabe destacar que esta herencia de antepasados más lejanos no se aprecia inmediatamente con una prueba de ADN. Se necesita mucha investigación utilizando los resultados de las pruebas de ADN para iniciar el proceso de añadir al árbol genealógico los antepasados más allá de nuestros tatarabuelos. Este suele ser el árbol que menos gusta a la mayoría de la gente para trabajar y rellenar, principalmente porque puede ser difícil de hacer y requiere mucho tiempo de investigación y un trabajo intensivo con los resultados de genealogía genética de las pruebas de ADN.

No tiene que rellenar este árbol. Lo más importante es que sepa que este árbol existe y que sea consciente de que no lleva el ADN autosómico físico de cada uno de sus antepasados. Algunas personas descubren que están muy conectadas con ciertos antepasados de su árbol genealógico. Hay otros con los que puede que realmente no sienta ninguna conexión. ¿Cómo puede determinar qué antepasados pertenecen al árbol genealógico? Una forma son los emparejamientos entre primos.

A continuación, propongo un ejemplo:

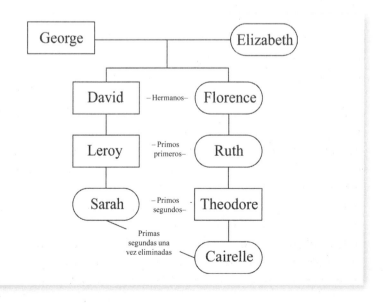

El ADN autosómico compartido se mide en centimorgans, abreviado como cM. Cuanto mayor sea el número, más comparten y más estrechamente emparentados están. (Véase el capítulo 7: «ADN autosómico: el manto»). Mis resultados en Ancestry me dicen que comparto 155 cM de ADN con Sarah, lo que nos sitúa aproximadamente en la categoría de parentesco de primos segundos/terceros. Cuando miro su árbol en línea, veo una pareja familiar, George y Elizabeth, que son dos de sus bisabuelos. En mi propio árbol, George y Elizabeth son dos de mis tatarabuelos, son los padres de mi bisabuela Florence. Esto me dice dos cosas: Sarah y yo estamos separadas por una generación y somos primas segundas. Cuando sigo su línea ancestral en su árbol y luego sigo la mía, veo que nos conectamos en un punto compartido al conjunto común de antepasados, George y Elizabeth. Esto no significa al cien por cien que solo estemos emparentadas a través de este conjunto de abuelos, pero, con la investigación completada para descartar otras formas de estar emparentadas, me siento bastante segura de que esta pareja es nuestra conexión genética, nuestros «antepasados comunes más recientes» (MRCA). Para apuntalar mi teoría, también he confirmado que ambas tenemos coincidencias de ADN con otras personas que también se remontan a esta pareja. Con la información obtenida de la combinación de la investigación tradicional y las coincidencias de ADN compartidas, puedo situar a George y Elizabeth en mi árbol genealógico.

Esperaba plenamente, debido a la cercanía de esta pareja ancestral conmigo, que cayera dentro de mi árbol genealógico. Usted descubrirá, cuando trabaje con parejas ancestrales más remotas, incluso tan cercanas como los tatarabuelos (3x), que empezarán a ser más difíciles de confirmar. Dado que este tipo de investigación y rastreo debe repetirse para cada pareja ancestral de su árbol, puede ver que lleva mucho tiempo. También es importante tener en cuenta que descender de una población endogámica, en la que los miembros se casan dentro del mismo grupo étnico, cultural, social, religioso o tribal, aumenta las posibilidades de que descienda de una pareja ancestral de múltiples maneras, o que podría estar emparentado con alguien pero no necesariamente a través del antepasado o antepasados comunes que cree que comparte, sino de otro. (A fin de cuentas, todos tenemos antepasados de los que descendemos de múltiples maneras.) Otra consideración se conoce como «colapso de pedigrí», que se produce cuando un individuo ancestral o, más típicamente, una pareja ancestral, ocupa dos o más espacios de abuelos en el árbol genealógico. Puede que comparta este individuo o pareja con otra persona, pero no en la misma línea de ascendencia. Puede complicarse rápidamente. Afortunadamente, existen varios métodos, como calculadoras y programas de genealogía, que pueden ayudarle a resolver las cosas y ponerlas en orden. Aquí es también donde entra en juego la educación genealógica. Crear un árbol de cuatro generaciones es fácil cuando se tiene acceso a la información, y puede estar seguro de que, si todas las conexiones de paternidad/maternidad están intactas, compartirá ADN con todas las personas de ese árbol. Es al momento de retroceder en la investigación cuando empezamos a ver lagunas.

¿Qué pasa con los antepasados que caen en estas lagunas, cuyo ADN autosómico no heredamos físicamente? Siguen siendo nuestros antepasados, por supuesto, y creo que seguimos llevándolos con nosotros, junto con el acceso a sus conocimientos y sabiduría en forma de ADN energético, que reside dentro de nuestra aura. Mientras que el árbol de la herencia contiene solo a los antepasados con los que compartimos una conexión genética, recuerde que el árbol del linaje abarca a todos nuestros antepasados genealógicos, sin importar si su ADN está presente dentro de nosotros física o energéticamente.

EL ÁRBOL DE LA INFLUENCIA

El tercer tipo de árbol genealógico es el árbol de influencia. Este árbol está reservado a las personas de su vida que han tenido un efecto profundamente positivo en usted de alguna manera. No todo el mundo tiene un hijo biológico, pero todo el mundo puede ser una influencia positiva en la vida de un niño y, por tanto, puede convertirse en un antepasado de influencia. También influimos en la vida de los demás, esperemos que de buena manera, y eso nos coloca en su lista de familiares influyentes. El árbol de influencia puede mantenerse por sí solo como el árbol singular con el que usted se identifica únicamente, o puede ser otro subconjunto del árbol de linaje, como el árbol de herencia. Normalmente, el árbol de influencia estará menos estructurado y será más informal, con personas que generalmente encajan en o junto a los lugares típicamente reservados para la madre, el padre, el hermano, el primo o el abuelo.

¿Qué significa tener un antepasado influyente? Compartiré un ejemplo de dos de los míos. Una persona de mi árbol de influencia es mi mejor amiga, Christine. Tengo hermanas biológicas, una con la que estoy muy unida, y también pongo a Christine en la categoría de «hermana» porque así es como la identifico en mi vida. Mis hijos la han conocido durante la mayor parte de su vida, y yo a ella, y mis nietos la llaman tía Christine. Su influencia en mi vida ha sido profunda, desde sus sabios consejos (bueno, quizá no siempre tan sabios, pero aun así...) hasta su presencia constante cuando he necesitado apoyo. Siempre está al otro lado del teléfono cuando la llamo. Y lo que es más importante, nos reímos. ¡Muchísimo! No puedo imaginar mi vida sin ella a mi lado.

Otra persona de mi árbol de influencia ocupa un puesto junto a mi padre. Mi padre y mi madre se divorciaron cuando yo tenía tres años. Debido a ciertas circunstancias, entre los cuatro y los siete años viví con mi padre y una madrastra cerca de Washington D. C. Recuerdo ir con mi padre en el coche, cantando con él al son de la radio, mientras me señalaba lugares de interés y me hablaba de ellos. Era un hombre divertido, amable y brillante, con aptitudes para las matemáticas y un profundo amor por la historia y la política. También luchó contra el alcoholismo, y quizá a causa de esa adicción no siempre fue el mejor padre que podría haber sido. Después de los siete años, y tras mi regreso a casa en Nueva Orleans, lo vi exactamente cinco veces antes de que muriera, cuando yo tenía cuarenta y siete años y él setenta. Falleció en diciembre de 2014, y me pregunto cómo de diferentes habrían sido las cosas para mí si hubiera tenido a mi padre en mi día a día mientras crecía. Me quería mucho, lo sé sin duda, y mi yo adulta ha sufrido dolorosamente su pérdida, a pesar de que apenas nos veíamos. De niña, en cambio, supe gestionar mejor nuestra separación. Los niños son bastante resistentes, y yo no era diferente. Durante mis años en el norte, «conocí» a Fred Rogers una mañana cuando me topé con el programa infantil *El barrio del Sr. Roger*. El Sr. Rogers era de voz suave, amable y cariñosa; me hizo sentir que yo importaba. Tras regresar a Nueva Orleans, y con la ausencia de mi padre en mi vida cotidiana, Fred Rogers se convirtió de alguna manera en mi padre «real» en mi mente de niña pequeña.

Me sentía desolada cada vez que me perdía un programa. Por supuesto, al final reconocí y acepté que era una personalidad de la televisión y no mi padre, pero sus lecciones de bondad, compasión y aceptación han resonado en mí a lo largo de los años. A través del medio televisivo, se convirtió en una persona importante e influyente en mi vida. Algunos niños, como yo, crecen sin la presencia de uno de sus padres. No todos los niños tienen la suerte de que su progenitor y cuidador principal se asocie con una persona que predique con el ejemplo, que les proporcione lo necesario para una vida estable y que demuestre amor y afecto genuinos por un niño que no es genéticamente suyo. Múltiples estudios han demostrado el efecto negativo que esta falta de un progenitor tiene en la autoestima, el consumo de drogas y alcohol, así como el potencial de ingresos penitenciarios a lo largo de la vida, entre otras cosas. En mi propio caso, sustituí a Fred Rogers en mi mente infantil como figura paterna. Su influencia ha permanecido conmigo a lo largo de toda mi vida hasta el punto de que me digo: «¡Busca a los ayudantes!», su frase mítica, cada vez que ocurre algo terrible (como el huracán Katrina). Lloré lágrimas amargas cuando murió, y ocupa un lugar de honor en mi altar de antepasados. Es un maravilloso ejemplo de persona que forma parte de un árbol de influencia.

Otras personas pueden provenir de circunstancias en las que han optado por alejarse totalmente de la esfera de su familia genealógica, o fueron expulsadas, y han descubierto el amor y el apoyo de personas que pueden no estar genéticamente emparentadas con ellas. Esto ocurre con demasiada frecuencia con las personas LGBTQIA+, ha sucedido con jóvenes madres solteras, con quienes no siguen una línea religiosa y con muchos otros por diferentes motivos.

A la luz de su desconexión a menudo total con la familia genealógica, los adoptados suelen tener un árbol de influencia muy completo. Y a pesar de que defiendo lo importante que es tener un conocimiento multigeneracional de la propia historia familiar genealógica, aunque solo sea para el historial médico, considero igual de relevante documentar a las personas que son familia elegida.

El árbol de influencia suele tener una forma extraña, quizá se parezca a un arbusto o solo tenga un par de ramas. Puede parecer torpe o irregular. No pasa nada. Lo importante es que nos demos cuenta de lo mucho que importa este árbol. La curación ancestral es una parte integral de la magia genealógica, y el árbol de influencia ayuda a trabajar con esa energía curativa. Nos lleva a un lugar de pertenencia, nos conecta con la corriente de conciencia más amplia que fluye a través de todos nosotros y nos recuerda que formamos parte de un esquema más grande que el que encontramos en nuestra familia genealógica inmediata.

Para mí, el árbol de influencia constituye un subconjunto de mi árbol de linaje, como mi árbol de herencia.

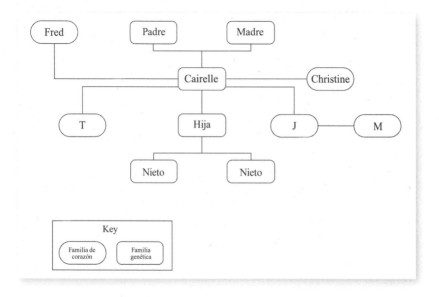

En este ejemplo abreviado de mi árbol, he colocado a mi familia de influencia dentro de óvalos, y a mi familia de linaje, en rectángulos. La clave está en el modo en que represente a estos sujetos dentro de su árbol, de modo que cualquiera que lo vea puede adivinar que estas personas rodeadas por círculos, aunque no estén necesariamente emparentadas genéticamente conmigo, son muy importantes para mí y que las considero tan parte de mi familia como mis parientes genealógicos. Fred Rogers ocupa un lugar de «padre de corazón», y a Christine la he añadido como «hermana de corazón». Mi hija tiene una amiga, T, desde la primera infancia, a la que quiero mucho. Me llama «Mamá Deuce». Ella está en mi árbol como «hija del corazón». También hay dos jóvenes en mi vida, J y

M, que han sido importantes para mí desde su primera infancia; otros de mis «hijos del corazón».

La belleza del árbol de influencia reside en su capacidad para extenderse más allá de los confines de la familia genealógica y genética. Creo que es el árbol más preciso para representar nuestra historia familiar, ya que puede albergar tanto a la familia genealógica como a la genética, y se expande maravillosamente para albergar a aquellos que hemos decidido llamar «familia». Cada persona que ocupa un lugar en él cuenta la historia de nuestras vidas, a quién amamos, quién influye en nosotros, a quién miramos en esos momentos problemáticos o llenos de tristeza. Son las personas con las que mantenemos nuestros vínculos más entrañables.

MANIFESTAR EL CRECIMIENTO CON UN HECHIZO DE SEMILLAS

Una forma mágica en la que me gusta fomentar el crecimiento de mis árboles es hacer un hechizo de semillas. Se trata de una manera sencilla y dulce de llevar la energía de la expansión al trabajo de genealogía, y el resultado final es un poco de la belleza de la naturaleza en su maceta y, si planta la flor adecuada, ¡un toque delicioso a sus ensaladas!

Antes de realizar este trabajo, limpie el espacio con un espray de limpieza y, mientras lo hace, mantenga en mente la intención de que su árbol florezca y crezca junto con las semillas.

Materiales:

—*Una maceta en la que poner las semillas y la tierra, a su elección de tamaño y estilo.*
—*Un poco de grava para la base interior de la maceta, para ayudar al drenaje.*
—*Un suelo adecuado para nutrir y apoyar nutricionalmente a las semillas/plantas.*

—*Semillas de su elección. En mi caso, prefiero utilizar algo de crecimiento rápido que produzca una flor comestible, como la capuchina o el aciano.*
—*Un trozo de papel orgánico en el que se pueda escribir y luego enterrar.*
—*Un bolígrafo.*
—*Agua.*

Instrucciones:

Ponga la grava en el fondo de la maceta y añada tierra hasta que la maceta esté medio llena. En el trozo de papel orgánico, escriba detalles sobre el árbol que desea hacer crecer. Por ejemplo, diría:

Quiero hacer crecer mi árbol del linaje con información sobre la línea paterna de mi padre.

O puede expresarlo de una manera más concreta:

Quiero saber el nombre de los padres de Louis para poder hacer crecer esa rama en mi árbol de la herencia.

Sea específico y redáctelo de la forma que prefiera. Yo tiendo a ser muy directa al escribir; a otros, en cambio, les gusta rimar y ser un poco más poéticos. Coloque el papel en la maceta y cúbralo con tierra hasta alcanzar las tres cuartas partes de dicho recipiente.

Ahora, añada algunas de las semillas y cúbralas con el cuarto de tierra que falta para llenar la maceta. A continuación, riegue la tierra hasta que esté saturada y colóquela en un alféizar soleado.

A partir de ese momento, riegue siguiendo las instrucciones del paquete de semillas. Cada vez que lo haga, visualice el crecimiento sano de sus plantas y, al mismo tiempo, el crecimiento de su árbol. Tal vez desee mantener la planta cerca de su lugar de trabajo.

Mantenga un cuarzo transparente «guardián de registros» en su espacio de trabajo para ayudarle a conectarse con las líneas ancestrales y amplificar su acceso a la información mientras investiga. Colóquelo cerca de su planta para añadir poder a su intención de hacer crecer su árbol genealógico.

Nuestro ADN

«Heredamos de nuestros antepasados dones que tan a menudo damos por sentados. Cada uno de nosotros contiene en su interior esta herencia del alma. Somos vínculos entre las épocas, que contienen expectativas pasadas y presentes, recuerdos sagrados y promesas futuras».

Edward Sellner, La fabricación del alma.

Cada uno de nosotros es una amalgama de piezas más pequeñas que forman un todo. La belleza de nuestra genética se basa en que cada individuo es completamente único, incluso los gemelos idénticos tienen ligeras diferencias. Sin embargo, dentro de esa belleza hay piezas de un rompecabezas biológico que pueden dejar a la gente un poco confusa. Al igual que cuando se construye una casa y primero se ponen los cimientos para sostener todas las piezas que se asientan sobre ella, deberíamos hacer lo mismo cuando trabajamos con la genealogía y la magia. Para disfrutar de las experiencias más profundas y del potencial más elevado, primero debemos saber todo lo que podamos sobre los fundamentos genéticos de nuestro cuerpo físico antes de pasar a integrarlo con una práctica mágica que se centre en él. Sin embargo, evocar la serie *Biología 101* no es del gusto de todo el mundo. Para comprender realmente la mezcla de la genealogía con la magia, es necesaria una comprensión básica de los elementos. Probablemente esto no sea lo más emocionante que lea hoy, pero es importante, así que coja esa taza de té y acomódese. Tómese un rato para leer estos fundamentos del ADN, para que pueda maniobrar más fácilmente en el mundo de la genealogía genética y la magia, y así obtener una comprensión más completa de su lugar dentro del árbol del mundo.

BIOLOGÍA SIMPLIFICADA

En el cuerpo humano, la célula es la unidad básica de la vida. Estamos formados por billones de células, cada una haciendo su trabajo para contribuir a la armonía y el bienestar de nuestro conjunto. Dentro de cada célula hay un núcleo, también conocido como el centro de control de la célula, y dentro del núcleo hay un material genético llamado «ácido desoxirribonucleico». La mayoría de nosotros lo conocemos por su acrónimo común, ADN, y cada molécula de ADN está ensamblada de una forma muy específica.

El **ADN** (ácido desoxirribonucleico) es la doble hélice que vemos tan a menudo como símbolo para representar la genealogía. Se trata de una molécula de «doble hebra» formada por dos cadenas de nucleótidos. Estas cuerdas se enrollan una alrededor de la otra en forma de espiral retorcida, como una escalera, y se mantienen unidas por pares de nucleótidos enlazados. El ADN actúa como un manual de instrucciones y dirige la mayoría de las funciones de la célula, desde su inicio, cuando sus células progenitoras se dividen, hasta su muerte, cuando la célula deja de funcionar por completo.

Los **nucleótidos**, como millones de piezas más pequeñas ensartadas, componen una molécula de ADN. Quizá recuerde haberlos visto representados con las letras A, C, G y T. Esas letras juntas, ACGT, conforman un acrónimo que significa, respectivamente, adenina, citosina, guanina y timina. En el ADN, la adenina se empareja con la timina, y la citosina se une con la guanina. Juntas, la AT y la CG se conocen como «pares de bases» y se mantienen unidas por enlaces de hidrógeno dentro de la espiral del ADN.

Los **genes** son un segmento muy diminuto de ADN que, a través de una «región codificante» que actúa como una especie de plano, dan a nuestras células instrucciones para realizar ciertas acciones especializadas, como crear las proteínas que ayudarán a mantener nuestro cuerpo sano. Los genes también tienen diferentes variaciones, conocidas como «alelos», y heredamos estos alelos por pares, uno de cada progenitor. Múltiples genes trabajan juntos de formas que aún no se comprenden del todo, pero la ciencia está en continua evolución.

Los **cromosomas** se crean cuando dos moléculas de ADN se entrelazan y conectan formando una estructura de doble hélice. El núcleo de cada célula tiene un total de noventa y dos moléculas que forman cuarenta y seis cromosomas de doble hélice. Cuando uno de los cuarenta y seis cromosomas se conecta con otro cromosoma similar, se crean veintitrés pares de cromosomas diferentes. En cada par, una copia de cada cromosoma ha sido heredada de cada progenitor.

Además del núcleo de la célula y todo su contenido mencionado anteriormente, hay otra estructura dentro de la célula que contiene su propio ADN, un orgánulo llamado «mitocondria». Hay muchas mitocondrias dentro de cada célula, y su responsabilidad es crear la energía que nuestras células necesitan para funcionar. En el interior de cada mitocondria hay miles de copias de una cadena circular de ADN muy pequeña. Este ADN en particular se hereda únicamente de la madre/ progenitor XX que transmite una réplica exacta de su ADN mitocondrial a toda la descendencia.

¿Me sigue? Lo sé, todo esto resulta bastante complicado, y también puede ser algo difícil de visualizar y entender. Lo importante de esta breve lección es que nuestros cuerpos están gloriosamente construidos, pieza a pieza, con un número casi infinito de trocitos microscópicos que se unen todos de una forma única, gracias a nuestros antepasados y el ADN que heredamos de ellos. ¡Ahí reside la magia!

SUS CINCO ELEMENTOS SAGRADOS

Cada persona tiene cuatro tipos diferentes de ADN físico: ADN autosómico (ADNat), ADN mitocondrial (ADNmt), ADN-X y ADN-Y. Estos tipos de ADN se heredan por vías diferentes de cada progenitor y se transmiten de forma similar.

Aunque no se encuentra en ninguna de las discusiones basadas en la ciencia dominante de las que tengo conocimiento, las personas mágicas suelen estar familiarizadas con el aura. Dentro del aura está contenido el ADN ancestral antiguo, no heredado, que tiene forma energética.

Cada tipo de ADN tiene correspondencias mágicas y elementales.

ADN autosómico

El ADN se refiere a los pares de cromosomas que se encuentran en el núcleo de cada célula. Recuerde que tenemos veintitrés pares de cromosomas. Veintidós de estos pares son ADN autosómico (autosomas) y el vigésimo tercer par es un combo de ADN X/Y (cromosomas sexuales) que nos designa como genéticamente femeninos o masculinos. Una copia de cada cromosoma se hereda del progenitor madre/XX y una copia se hereda del progenitor padre/XY. Una sección de ADNat es lo que se examina con la mayoría de las pruebas de ADN comerciales directas al consumidor. Los resultados revelan información sobre las líneas materna y paterna. Este es el ADN que contribuye a la estimación de la etnia que se encuentra en los resultados de las pruebas genealógicas de ADN más populares, como Ancestry.

El ADN autosómico se corresponde con el manto y el elemento aire.

ADN mitocondrial

El ADNmt hace referencia al ADN que se encuentra en el interior de las mitocondrias, que son un tipo de orgánulo que se encuentra en casi todas las células complejas. Se las conoce como las centrales eléctricas de la célula porque suministran una enzima o, más exactamente, una coenzima, conocida como «trifosfato de adenosina» (ATP). Este ATP es la fuente de la energía química que necesita una célula para realizar una amplia gama de funciones. El ADN mitocondrial se transmite por línea materna de la madre/progenitor XX a su descendencia genética. Cada pocos miles de años, se produce una pequeña mutación que provoca un ligero cambio en la línea que continúa. Estas mutaciones se clasifican en haplogrupos, que a su vez se organizan en haplogrupos, que se agrupan en un árbol filogenético, que es como un árbol genealógico para el ADN mitocondrial. Este ADN no contribuye ni aparece en el resultado de la estimación de la etnia.

El ADN mitocondrial se corresponde con la corona y el elemento fuego.

ADN-X

El ADN-X es uno de los dos cromosomas que determinan el sexo. Los varones tienen un cromosoma X procedente de su madre/ progenitor XX (el otro es un cromosoma Y procedente de su padre/ progenitor XY) y pueden obtener información sobre su línea materna a partir de las pruebas. Las mujeres tienen dos cromosomas X, uno de su madre y otro de su padre, y pueden obtener información sobre las líneas materna y paterna a partir de las pruebas. La información sobre el ADN-X y el emparejamiento se incluye en algunas pruebas de ADN autosómico, pero no contribuye al resultado de la estimación de la etnia.

El ADN-X se corresponde con el cáliz y el elemento agua.

ADN-Y

También conocido como ADN del cromosoma Y, es uno de los dos cromosomas que determinan el sexo, y se presenta como una prueba de ADN independiente. Los varones obtienen un cromosoma Y de su padre/progenitor XY (el otro es un cromosoma X de su madre/progenitor XX), y este se transmite directamente por línea paterna. Las mujeres no heredan ningún ADN-Y de su progenitor masculino. Al igual que ocurre con el ADN mitocondrial, cada pocos miles de años se producirá una pequeña mutación en el ADN-Y de un varón que provocará un ligero cambio en la línea que seguirá transmitiéndose. Estas mutaciones se clasifican en haplotipos, que luego se organizan en haplogrupos, que a su vez se agrupan en un árbol filogenético, que es como un árbol genealógico para el ADN-Y. Este ADN no contribuye ni aparece en el resultado de la estimación de la etnia.

El ADN-Y se corresponde con el bastón y el elemento tierra.

ADN energético

Este tipo de ADN no es algo que vaya a encontrar en una discusión sobre ADN basada en la ciencia. Es de naturaleza energética, es decir, contiene los ecos del pasado cercano y lejano, y es una recopilación de los trozos genéticos de los antepasados que no heredamos físicamente. Aunque no llevamos este ADN en nuestro cuerpo físico, está con nosotros en forma de energía contenida en nuestra aura y es una fuente de memoria genética. Este ADN mágico, no científico, no puede analizarse y no aparece en los resultados de las pruebas genealógicas de ADN.

El ADN energético se corresponde con el aura y el elemento del espíritu.

HAPLOGRUPOS, HAPLOTIPOS Y ÁRBOLES FILOGENÉTICOS

El ADN mitocondrial y el ADN-Y se clasifican en haplogrupos. La wiki de la Sociedad Internacional de Genealogía Genética (ISOGG) define un «haplogrupo» de la siguiente manera:

Grupo genético de población de personas que comparten un antepasado común en la patrilínea o la matrilínea. A los haplogrupos de nivel superior se les asignan letras del alfabeto, y los refinamientos más profundos consisten en combinaciones adicionales de números y letras. Para el ADN-Y, un haplogrupo puede mostrarse en la nomenclatura de forma larga establecida por el Consorcio del Cromosoma Y puede expresarse en una forma corta utilizando un polimorfismo de nucleótido único (SNP) más profundo conocido […]. Los haplogrupos del cromosoma Y y del ADN mitocondrial tienen diferentes designaciones de haplogrupo. Los haplogrupos pueden revelar orígenes ancestrales profundos que se remontan a miles de años, o con pruebas recientes de ADN-Y de secuencia completa pueden ser relevantes para las últimas generaciones.[7]

Las personas del sexo femenino/XX tienen un haplogrupo porque tienen ADN mitocondrial, pero no ADN-Y. Los varones/XY tienen dos haplogrupos porque tienen tanto ADN mitocondrial como ADN-Y.

Un haploárbol es un gráfico o un diagrama que muestra los diferentes linajes dentro de un mismo haplogrupo.

Un árbol filogenético es un gráfico o un diagrama que muestra los distintos haplogrupos de nivel superior para el ADN mitocondrial y el ADN-Y.

Por ejemplo, tengo una designación de haplogrupo mitocondrial de H1. Mi H1 es una rama en el haploárbol del haplogrupo H más grande. El haplogrupo H es una rama en el árbol filogenético más grande para el ADN mitocondrial que muestra cómo están relacionados todos los haplogrupos.

Este es un ejemplo de árbol filogenético simple para los distintos haplogrupos mitocondriales. H es una de las ramas. Mi haplogrupo, H1, se asienta en la rama H como una de sus ramitas. Las otras ramas representan vagamente a los demás haplogrupos. (Bigstock).

---

7   Glosario de genética ISOGG: https://isogg.org.

PRUEBAS DE ADN

Cada uno de nosotros está hecho de forma única de fragmentos genéticos que nos han transmitido las generaciones que nos precedieron, y el primer paso para trabajar con la genealogía genética es hacer una prueba de ADN directa al consumidor. Recordemos que cada uno de nosotros tiene cuatro tipos de ADN que pueden analizarse. Esto se hace mediante tres tipos diferentes de pruebas de ADN directas al consumidor: ADNat (incluye el ADN-X), ADNmt y ADN-Y. Hay varias opciones disponibles. Para quienes acaban de iniciar el camino de las pruebas de ADN, todo puede parecer un poco desalentador. En los próximos capítulos encontrará más detalles sobre las pruebas, pero aquí tiene un breve resumen para orientarse.

—**Ancestry** realiza pruebas de ADNat y cuenta con la mayor base de datos de coincidencias de ADN. También dispone de un gran repositorio de documentos, así como acceso a árboles de coincidencias de ADN, por una cuota mensual adicional. A menudo se pueden encontrar ofertas especiales y descuentos. Esta es la primera prueba que recomiendo a la mayoría de la gente.

—**23andMe** analiza el ADNat y también los haplogrupos de nivel superior de ADNmt para personas XX y XY, y de ADN-Y para personas XY. También proporciona alguna información básica sobre la salud por un precio adicional. Si el presupuesto se lo puede permitir, sugiero esta prueba junto con Ancestry como una buena forma de iniciar su trabajo de genealogía genética.

—**MyHeritage** realiza pruebas de ADNat y su base de datos para cotejos es cada vez mayor. Este sitio también permite cargar datos de ADN sin procesar que se hayan descargado de otro sitio, como Ancestry. La visualización de los resultados es gratuita. Existe una tarifa nominal para utilizar después las herramientas del sitio para trabajar con los resultados de ADN cargados.

—**Family Tree DNA** realiza pruebas de ADNat; ADNmt de secuencia completa para personas XX y XY; pruebas de ADN-Y, desde una muy básica Y-37 hasta la completa Big-Y 700 para personas XY, y también permite una carga de datos de ADN en bruto para ADNat. La consulta de los resultados es gratuita; el uso de las herramientas del sitio para trabajar con los resultados de ADNat cargados tiene un coste nominal. Si planea hacerse la prueba de ADNmt o ADN-Y, o ambos, en Family Tree DNA, considere que quizá no necesite hacerse la prueba en 23andMe, a menos que sea alguien que busque familia genealógica.

—**Living DNA** analiza el ADNat y da un haplogrupo de nivel superior para el ADNmt para las personas XX y XY, y un haplogrupo de nivel superior para las personas ADN-Y para personas XY. Según mi experiencia actual, esta prueba ofrece la estimación étnica más detallada si la persona que se somete a la prueba es descendiente de europeos del NO. También ofrecen información sobre «bienestar» y cotejo de ADN.

Si le interesa profundamente el tema, lo mejor es que esté en todas las bases de datos disponibles para el ADNat, ya que nunca se puede saber qué lugar elegirán otras personas para hacerse la prueba. También le sugiero que suba sus datos brutos de ADNat a un sitio web llamado GEDmatch, que recopila otros datos cargados de las distintas compañías. Aquí podrá ver las coincidencias con personas que se han sometido a pruebas en otras empresas y luego han registrado sus datos de ADN. Además, la plataforma ofrece una amplia gama de herramientas que pueden ayudarle a comparar su ADN con el de sus coincidencias.

Cabe destacar que siempre hay que leer detenidamente los términos y condiciones de las pruebas de cada sitio web, especialmente en lo que respecta a la privacidad, y asegurarse de que son aceptables para usted. Las fuerzas del orden y otras organizaciones forenses utilizan algunas bases de datos para construir árboles para sus casos sin resolver. No pueden acceder a sus resultados de ADN personales y no pueden ver su ADN. Solo se fijan en las coincidencias de ADN con sus casos sin resolver, y utilizan esa información para construir un árbol que, con un poco de suerte, conducirá a la resolución de un crimen o a la identificación de una persona fallecida que no tiene nombre. Personalmente, no he tenido ningún problema con la privacidad, ni ninguna otra preocupación, a lo largo de casi una década de realizarme pruebas a mí misma y a mi familia; aunque lo cierto es que estaría encantada de que mi ADN contribuyera a la resolución de un caso. Claro que no todo el mundo es de mi misma opinión. Se trata de un asunto personal que cada uno debe valorar a la hora de decidir sumarse, o no, a una base de datos.

ADN autosómico: el manto

«Los genes son como la historia, y el ADN es la lengua en la que está escrita la historia».

Sam Keán.

El ADN autosómico (o ADNat, para abreviar) se refiere, como ya hemos dicho, a los pares de cromosomas que se encuentran en el núcleo de cada célula. En total tenemos veintitrés pares de cromosomas: veintidós de estos pares son ADN autosómico (autosomas), y el vigésimo tercer par es un combo de ADN XX o XY (cromosomas sexuales) que nos designan como genéticamente femeninos o masculinos. Una copia de cada cromosoma se hereda de la madre/progenitor XX, y otra copia se hereda del padre/progenitor XY. Una sección de ADNat es lo que se examina con la mayoría de las pruebas de ADN comerciales directas al consumidor, y los resultados revelan información sobre las líneas materna y paterna. El ADN autosómico es el ADN probablemente más conocido, y es el tipo de ADN que se examina en las pruebas de ADN que pueden realizar tanto hombres como mujeres para estimar la etnia y obtener coincidencias con personas con las que se comparte el ADN en cantidades variables.

CÓMO HEREDAMOS EL ADN AUTOSÓMICO

Heredamos el ADN autosómico en partes iguales, aproximadamente el 50 % de cada uno de nuestros padres. Dado que solo heredamos aproximadamente la mitad del ADN de cada uno de nuestros progenitores, esto significa que hay mucho espacio para la variación. El ADN autosómico es el motor de la herencia genética. Con cada concepción, se transmite un patrón aleatorio de ADN autosómico. Aunque estadísticamente es posible, es muy improbable que usted comparta un patrón de ADN idéntico con otra persona. Los gemelos idénticos son la excepción, por supuesto. Incluso los hermanos completos, incluidos los gemelos fraternos, pueden tener patrones de herencia del ADN autosómico muy diferentes. La recombinación es la responsable de estas diferencias. Considere las contribuciones de ADN de sus padres a usted como las pelotas de *ping-pong* en una lotería. Cada uno de ellos tiene cien pelotas de *ping-pong* para darle, pero el límite de su contribución solo puede ser de cincuenta pelotas de *ping-pong*. Al igual que en una lotería, un 50 % aleatorio de su ADN va a pasar a usted, mientras que otro 50 % aleatorio puede pasar a cualquier otro descendiente genético. Esta es la razón por la que los hermanos pueden tener un aspecto tan diferente y también tener coincidencias de ADN distintas a las de sus hermanos. Si tenemos en cuenta que el ADN de sus propios padres también es una combinación aleatoria de sus padres y de los antepasados que les precedieron, ¡podrá ver cómo existe una combinación casi infinita de genética que puede transmitirse!

Podemos utilizar un sencillo problema matemático para comprenderlo mejor: 50 + 50 = 100.

Apliquemos la analogía de la lotería a ese problema matemático:

50 pelotas de ping-pong (ADN autosómico) de mamá/progenitor XX.
+
50 pelotas de ping-pong (ADN autosómico) del padre/progenitor XY.
=
100 pelotas de ping-pong (100 % de ADN autosómico).

Cada uno de nosotros necesita cien pelotas de *ping-pong* de ADN autosómico en total para crear nuestra herencia completa de ADN autosómico. Obtenemos cincuenta de cada progenitor. Nuestra madre/progenitor XX tiene cien pelotas de *ping-pong* individuales para darnos, pero solo podemos tomar cincuenta de ella, que son completamente aleatorias, como un sorteo de lotería de cincuenta pelotas de *ping-pong* entre cien. Nuestro padre/progenitor XY también tiene cien pelotas de *ping-pong* individuales para darnos, pero, de nuevo, solo podemos coger cincuenta, y lo que obtenemos también está aleatorizado como un sorteo de lotería en el que nos tocan cincuenta pelotas de *ping-pong* de cien.

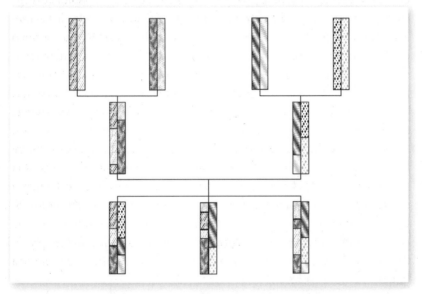

Este es un gráfico simplificado para mostrar cómo podría ser la herencia autosómica en un conjunto de hermanos. Una cosa a tener en cuenta es que, a efectos de demostración, los abuelos se presentan como un solo patrón, pero en realidad cada antepasado tiene su propia variación única de ADN autosómico. Considérelo y quizá pueda imaginar cómo el ADN de nuestros antepasados más lejanos puede perderse fácilmente en la confusión generacional.

¿CUÁNTO ADN AUTOSÓMICO HEREDAMOS?

Cada persona hereda de cada uno de sus padres alrededor del 50 % de su ADN autosómico. Esto significa que usted comparte más o menos la mitad de su genoma, su conjunto completo de genes, con su madre/progenitor XX, y la otra mitad, con su padre/progenitor XY. Dado que solo heredó cerca de la mitad del ADN autosómico de cada progenitor, eso también significa que aproximadamente la mitad del ADN de ambos progenitores no llegó a usted. En la unidad de medida para expresar la distancia genética, llamada «centimorgan» (cM), compartimos alrededor de 3400 cM con cada progenitor. Ligeras variaciones en las pruebas de ADN pueden hacer que esa cifra se desvíe ligeramente, por lo que, si compara su ADN con el de sus padres, podría ver que no es exactamente un reparto al 50/50 entre los progenitores. Según Ancestry, comparto 3442 cM con mi madre. Según Family Tree DNA, comparto 3595 cM con mi padre. Según las estadísticas de la herramienta Proyecto de cM compartidos de DNA Painter, la media para una coincidencia padre/hijo es de 3485 cM, con un rango de 2376 cM a 3720 cM. Personalmente, nunca he visto una coincidencia padre/hijo por debajo de 3300 cM.

A partir de ahí, puede esperar que el ADN compartido disminuya alrededor de un 50 % en cada generación sucesiva. A medida que se aleja de un antepasado, aumentan las posibilidades de que no haya heredado ADN autosómico de él. A grandes rasgos, un individuo puede esperar haber heredado ADN autosómico de sus dos padres, de sus cuatro abuelos, muy probablemente de sus ocho bisabuelos y posiblemente de sus dieciséis tatarabuelos, aunque también cabe el caso de que usted no lo haga. A partir de ahí, la cosa se pone delicada. Un individuo puede esperar haber heredado ADN autosómico de la mayoría de sus terceros bisabuelos, pero no es algo seguro. Un individuo puede haber heredado ADN de algunos de sus quintos a octavos bisabuelos, pero, de nuevo, no es ningún hecho. Así es como los antepasados se pierden de nuestro árbol de la herencia, pero permanecen en nuestro árbol del linaje. Descendemos de ellos, pero no hemos heredado el ADN autosómico de todos.

Veámoslo desde otra perspectiva. He aquí cómo se desglosa por generaciones el porcentaje de herencia del ADN autosómico:

Porcentaje de ADN heredado

Padres	50 %
Abuelos	25 %
Bisabuelo	12.5 %
CC-Abuelo	6.25 %
CCC-Abuelo	3.125 %

Los porcentajes siguen disminuyendo a partir de ahí, y puede ver cómo, estadísticamente, con el tiempo empezaremos a perder a esos antepasados que he mencionado antes, lo que significa que no heredaremos nada de su ADN autosómico. Sin embargo, este es el desglose técnico. La realidad es algo diferente, y menos estructurada. El ejemplo más fácil de compartir es el que existe entre abuelos y nietos. Técnicamente, se supone que heredamos el 25 % de nuestro ADN autosómico de cada abuelo, como se ha indicado anteriormente. En cambio, la herencia de ADN autosómico de los abuelos podría tener este aspecto para dos hermanos que comparten ambos progenitores:

ADN heredado del nieto 1 y ADN heredado del nieto 2

	Nieto 1	Nieto 2
Abuela materna 1	26 %	27 %
Abuelo materno 2	24 %	23 %
Abuela paterna 3	28 %	21 %
Abuelo paterno 4	22 %	29 %

Así, aunque cada nieto hereda ADN autosómico de cada uno de sus abuelos, lo hace en porcentajes diferentes. ¿Por qué? Recombinación. Ocurre de forma aleatoria durante la meiosis, que se define como «la etapa en la que se forman los espermatozoides y los óvulos». Es durante este proceso cuando los cromosomas autosómicos se recombinan y se producen mutaciones.[8] Recuerde que, aunque cada uno de nosotros obtenga el 50 % de su ADN autosómico de sus padres, un efecto de la recombinación hace que cada hijo no reciba el mismo 50 %. Además, debido a la recombinación, nuestros padres no nos van a dar una división exacta del 25 % del ADN de sus propios padres. Puede ver que el nieto número 1 obtuvo el 26 % del ADN de su abuela materna, pero el nieto número 2 obtuvo el 27 %. La diferencia es más llamativa con el ADN autosómico heredado de los abuelos paternos. Este patrón de disminución aleatoria, hasta que estadísticamente no queda nada que heredar, continúa a medida que cada nueva generación tiene su propia descendencia.

---

8   Glosario de genética ISOGG: https://isogg.org.

Veamos de otro modo cómo los descendientes múltiples heredarán el ADN autosómico de forma diferente. Supongamos que está construyendo un extenso árbol genealógico y se encuentra con un primo cuarto con el que comparte un antepasado común, el ggg-abuelo. Cada uno de ustedes se ha hecho una prueba de ADN; sin embargo, descubren que no comparten ningún ADN autosómico. ¿Significa eso que usted no heredó ningún ADN autosómico del ggg-abuelo? No necesariamente. Aunque podría parecer que usted no heredó ADN autosómico del ggg-abuelo compartido, tal vez ninguno de los dos lo hizo (estadísticamente improbable, pero no imposible). Sin embargo, dado que alrededor del 30 % de los primos cuartos no comparten ningún ADN autosómico en absoluto, aunque desciendan de un antepasado común, lo que probablemente significa es que usted y su primo cuarto no coincidente simplemente no heredaron los mismos segmentos de ADN autosómico, no necesariamente que cada uno de ustedes no tenga ADN de ese antepasado. Por lo tanto, es importante no sacar conclusiones sobre parentescos o posibles rupturas en una línea familiar genética con información limitada.

He aquí un resumen de un ejercicio estadístico realizado mediante el lanzamiento de una moneda al aire para averiguar la probabilidad estadística de no heredar ADN autosómico de las cuatro generaciones de abuelos más cercanas a usted:

—Probabilidad de no heredar ADN autosómico de un abuelo: 1 entre 8,4 millones.
—Probabilidad de no heredar ADN autosómico de un bisabuelo: 1 entre 4096.
—Probabilidad de no heredar ADN autosómico de un tatarabuelo: 1 entre 64.
—Probabilidad de no heredar ADN autosómico de un trastatarabuelo: 1 entre 8.[9]

---

9   De «Ask a Geneticist» en el blog *The Tech Interactive*: https://genetics.thetech.org.

En resumen, como la recombinación se produce en cada generación, hay una cantidad decreciente de ADN compartido entre un antepasado y sus descendientes a medida que aumenta el número de generaciones entre ellos. Puede que oiga referirse a esto como que el ADN autosómico de un antepasado se va borrando a medida que nacen generaciones sucesivas.

RESULTADOS DE LA PRUEBA DE ADN AUTOSÓMICO

Para mí, una de las partes más duras y emocionantes de las pruebas de ADN autosómico es ¡esperar los resultados! Siempre estoy ansiosa por ver cómo quedará la estimación de etnias y conocer quién aparece en las coincidencias de mis clientes, quienes están tratando de construir su árbol genealógico y se encuentran en esa búsqueda, al igual que yo. Aunque es emocionante obtener resultados de las pruebas de ADN, puede resultar confuso y abrumador para las personas que no saben interpretarlos. Les voy a compartir la manera que he establecido para observar y descifrar los resultados de mis pruebas de ADN.

En primer lugar, eche un vistazo a la estimación de la etnia. Recuerde, no obstante, que se trata de una estimación. No puedo dejar de insistir en eso. No va a ver todo lo que quiere ver aquí, y puede que descubra algunas cosas que no desea, así que tenga en cuenta que esta estimación es solo eso. Es divertida y puede ofrecer pistas sobre los lugares de procedencia de nuestros antepasados, pero, en el esquema más amplio de la genealogía, no puede considerarse prueba de nada en realidad. Las estimaciones étnicas solo suelen ser válidas a nivel continental.

Me encantan las estimaciones de etnicidad, sobre todo compararlas con padres y hermanos, si existe esa opción. No deje que las incoherencias le hagan desistir de las pruebas de ADN. Estas estimaciones pretenden dar una idea de las categorías generales en las que podríamos encuadrarnos en cuanto a quiénes eran nuestros pueblos, allá en el tiempo. También merece la pena recordar que tendemos a pensar en los lugares dentro de las fronteras modernas. Esto es un error. Le serviría a mucha gente si se diera a sí misma un curso intensivo sobre la historia de las fronteras en todo el mundo. Además, ¡nuestros antepasados viajaban! Solo hace falta un hombre viajero para crear y dejar tras de sí un gran grupo de descendientes a su paso. Y solo hace falta una mujer para dar a luz a sus hijos en un lugar alejado de donde nacieron, vivieron y murieron sus propios padres.

Una queja que oigo mucho es que las estimaciones étnicas no pueden ser correctas porque son muy diferentes entre hermanos. He realizado pruebas a todos mis hermanos, excepto a uno. De todos ellos, soy la que más en común tiene con mi hermano mayor, con el que comparto ambos progenitores. Esto no es sorprendente porque cada uno de nosotros obtuvo el 50 % de su ADN de las mismas dos personas. También sé que la madre de mis hermanastros es una estadounidense de primera generación con casi el 100 % de ascendencia de Europa del Este, y yo no tengo mucho de eso en la ascendencia reciente conocida de mi madre. Para mí es fácil ver la división bastante clara en nuestra ascendencia materna. Sin embargo, entre mi hermana completa y yo hay muchas similitudes, pero también algunas diferencias significativas, como se muestra aquí.

Cairelle	Kelly
Inglaterra y noroeste de Europa 41 %	Irlanda 24 %
Irlanda 11 %	Inglaterra y noroeste de Europa 21 %
Gales 12 %	Europa germánica 16 %
Sur de Italia 9 %	Suecia y Dinamarca 11 %
Noruega 8 %	Gales 9 %
Escocia 6 %	Francia 7 %
Suecia y Dinamarca 5 %	Noruega 5 %
Francia 3 %	Escocia 4 %
Europa germánica 3 %	Levante 2 %
Norte de África 1 %	Grecia y Albania 1 %
Norte de Italia 1 %	

Las similitudes entre nosotros son bastante evidentes para mí, y las diferencias tienen sentido con lo que sé de nuestra herencia genealógica compartida. He visto otros resultados de hermanos que muestran diferencias mucho mayores, pero que aún entran dentro de lo normal. Una vez más, las estimaciones de etnia son divertidas y pueden proporcionar amplias pistas sobre nuestras raíces. Un punto importante que hay que recordar es que la estimación de la etnia nunca debe utilizarse para determinar si dos personas están emparentadas o no. ¡Guarde eso para el ADN compartido!

Coincidencias de ADN autosómico

Uno de los aspectos más confusos de recibir los resultados de ADN es averiguar quién es quién. Para quienes no son adoptados, las primeras coincidencias suelen ser fáciles de identificar y consisten en parientes bien conocidos, o al menos algo familiares, para nosotros. Sin embargo, una vez que se desplaza por la página, empiezan a aparecer personas desconocidas para usted. Para mí, una de las partes más divertidas de la genealogía es averiguar cuál es mi parentesco con estas coincidencias.

La forma en que se clasifican las coincidencias también puede resultar desconcertante. Dado que puede haber múltiples tipos de relaciones que compartan una cantidad similar de ADN, la mayoría de los sitios web de pruebas optan por defecto por una categoría común y añaden información sobre otras opciones. La expectativa es que la gente haga su propia investigación y llegue a la conclusión de parentesco que sea correcta para su escenario. Esto puede resultar algo confuso para algunas personas, como es el caso de los adoptados, que buscan a uno o varios padres genéticos.

Mientras que la recombinación del ADN autosómico es aleatoria y no tiene un patrón establecido, la cantidad de ADN que compartimos con ciertos parientes es constante dentro de un rango. Independientemente de su origen étnico o de quién crea que son sus padres genéticos, siempre estará relacionado de algún modo con una persona con la que comparta ADN. (La excepción son los pequeños segmentos que se producen al azar simplemente porque todos somos humanos). La cantidad de ADN autosómico compartido puede acotar el modo en que está emparentado con alguien, pero también puede resultar un poco confuso cuando consulte los resultados de las coincidencias de ADN en la plataforma de su empresa de pruebas.

He aquí un gráfico de la herramienta Shared cM Project del sitio web DNA Painter que muestra la media de ADN autosómico compartido para cada parentesco, junto con un rango.

The Shared cM Project – Version 4.0 (March 2020)

Blaine T. Bettinger
www.TheGeneticGenealogist.com
CC 4.0 Attribution License

Cómo leer este cuadro
Tío / Tía → Parentesco
1741 → Media
1201 - 2282 → Rango (min/max)

								Trasbisabuelos	Trastatarios	
						Tatarabuelos	Tataríos			
Medio Tía/Tío bisabuelo 208 / 103 - 284	Bisabuelos 887 / 485 - 1486					Tía bisabuela/ Tío bisabuelo 420 / 186 - 713	1C3R 117 / 25 - 238	2C3R 51 / 0 - 154		Otras relaciones
Medio 1C2R 125 / 16 - 269	Medio Tía/Tío abuelo 431 / 184 - 668	Abuelos 1754 / 984 - 2462				Tía abuela/ Tío abuelo 850 / 330 - 1467	1C2R 221 / 33 - 471	2C2R 71 / 0 - 244	3C2R 36 / 0 - 166	6C 18 / 0 - 71
Medio 2C1R 66 / 0 - 190	Medio 1C1R 224 / 62 - 469	Medio Tía/Tío 871 / 492 - 1315	Padres 3485 / 2376 - 3720		Tío / Tía 1741 / 1201 - 2282	1C1R 433 / 102 - 980	2C1R 122 / 14 - 353	3C1R 48 / 0 - 192	4C1R 28 / 0 - 126	6C1R 15 / 0 - 56
Medio 3C 48 / 0 - 168	Medio 2C 120 / 10 - 325	Medio 1C 449 / 156 - 979	Medio hermano 1759 / 1160 - 2436	Hermano 2613 / 1613 - 3488	Uno mismo	1C 866 / 396 - 1397	2C 229 / 41 - 592	3C 73 / 0 - 234	4C 35 / 0 - 139 5C 25 / 0 - 117	6C2R 13 / 0 - 45
Medio 3C1R 37 / 0 - 139	Medio 2C1R 66 / 0 - 190	Medio 1C1R 224 / 62 - 469	Medio sobrino/sobrina 871 / 492 - 1315	Sobrino/Sobrina 1740 / 1201 - 2282	Hijo 3487 / 2376 - 3720	1C1R 433 / 102 - 980	2C1R 221 / 14 - 353	3C1R 122 / 0 - 192	4C1R 48 / 0 - 126 5C1R 21 / 0 - 80	7C 14 / 0 - 57
Medio 3C2R 27 / 0 - 78	Medio 2C2R 48 / 0 - 144	Medio 1C2R 125 / 16 - 269	Medio sobrino nieto(a) 431 / 184 - 668	Sobrino nieto/ Sobrina nieta 850 / 330 - 1467	Nieto 1754 / 984 - 2462	1C2R 221 / 33 - 471	2C2R 71 / 0 - 244	3C2R 36 / 0 - 93	4C2R 22 / 0 - 93 5C2R 18 / 0 - 65	7C1R 12 / 0 - 50
Medio 3C3R	Medio 2C3R	Medio 1C3R 60 / 0 - 120	Medio sobrino bisnieto(a) 208 / 103 - 284	Sobrino bisnieto/ Sobrina bisnieta 420 / 186 - 713	Bisnieto 887 / 485 - 1486	1C3R 117 / 25 - 238	2C3R 51 / 0 - 154	3C3R 27 / 0 - 60	4C3R 19 / 0 - 60 5C3R 13 / 0 - 30	8C 11 / 0 - 42

El mínimo se estableció automáticamente en 0 cM para relaciones más distantes que Medio 2C, y los promedios se determinaron solo en envíos en los que se compartió ADN.

El mínimo se fijó automáticamente en 0 cM para las relaciones más distantes que la mitad de 2C, y los promedios se determinaron solo para las presentaciones en las que se compartía ADN.

Tómese su tiempo y estudie el gráfico. Podrá ver que hay relaciones que comparten una cantidad similar de ADN autosómico, como media/o tía/tío, 1C (primo hermano) y bisnieto. Las variaciones en las relaciones potenciales dentro de un rango similar de ADN autosómico compartido pueden ciertamente causar confusión. Dado que usted puede estar emparentado con una coincidencia de ADN de más de una manera, la empresa que realiza las pruebas no puede saber cómo clasificar su parentesco, por lo que opta por defecto por una categoría de «primo».

Por ejemplo, si tiene una coincidencia de ADN con la que compartió 852 cM, la empresa de pruebas utilizará por defecto la etiqueta «primo primero-segundo» para describir el parentesco de esta persona con usted. Sin embargo, podría ser cualquiera de estas: bisabuelo/a, tío/a abuelo/a, medio/a tío/a, primo/a (1C), medio/a sobrino/a, sobrino/a bisnieto/a, bisnieto/a. ¿La lección? Aparte de una coincidencia padre/hijo, ¡no tome la etiqueta asignada como la verdadera relación! Debe fijarse en la cantidad de ADN compartido, determinar los distintos parentescos potenciales e investigar. No dejaré de insistir en esto: a menos que conozca a la persona y esté seguro de su vínculo, no se puede asignar un parentesco sin investigar.

Veámoslo una vez más:

Beth comparte 1793 cM (alrededor del 26 %) con Nate y 1839 cM (de nuevo, alrededor del 26 %) con Brian. Sin acceso a su árbol genealógico ni conocimiento de su familia, no puedo decir exactamente qué parentesco tienen con ella. Ancestry los clasifica como «familia cercana-primo primero», pero eso no aclara mucho las cosas. Solo mirando su árbol, puedo ver que Nate es su nieto y que Brian es su hermanastro paterno: comparten padre, pero tienen madres diferentes. Sin un árbol genealógico, tendría que dedicarme a investigar las coincidencias compartidas para intentar determinar el parentesco.

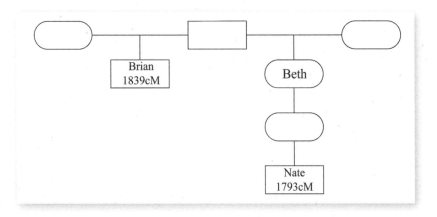

Como ejemplo de una relación confusa designada por la empresa de pruebas, agravada por la complicación de un árbol genealógico desconocido debido a la adopción, utilizaré la coincidencia de ADN entre Cindy, una adoptada, y Dorothy, una de las coincidencias de ADN de Cindy. Cindy era una clienta que acudió a mí en busca de ayuda para descubrir a su familia genealógica de origen. Ahora conozco el parentesco entre Cindy y Dorothy, pero repasaré los aspectos más destacados de cómo determiné su conexión y, al final, compartiré el parentesco real.

La página web de las pruebas de ADN mostró que la cantidad de ADN compartido entre Cindy y Dorothy era de 900 cM. Dado que la empresa que realiza las pruebas no puede saber con exactitud cuál es el parentesco entre ellas, opta por defecto por una categoría generalizada de «primo primero-segundo». Sin embargo, como Cindy es adoptada, no puede decirme cuál es su parentesco real con Dorothy, y no podemos asumir que sea prima primera o segunda de Dorothy. Sin embargo, puedo utilizar su cantidad de ADN compartido con Dorothy y sus coincidencias como pistas para trabajar en la resolución de su misterio.

Aunque los sitios web de pruebas de ADN proporcionan posibles parentescos, prefiero utilizar la herramienta «Shared cM Project» del sitio web DNA Painter. Utilizar esta herramienta es una forma superfácil de conocer las distintas formas en que podría estar emparentada con Dorothy, alguien con quien no está familiarizada. Cuando se introduce en el campo de entrada la cantidad de ADN compartido entre Cindy y Dorothy, estos son los resultados, basados en la probabilidad:

98 % Abuelo/a, t)o/a abuelo/a medio tco/a, 1C (primo/a hermano/a), medio sobrino/a, sobrino/a nieto/a, bisnieto/a.

2 % Tisnieabuelo/a, sobrino/a abuelo/a, medio thy, estos son los resultados, basados en la pro1C (medio primo/a primero/a), 1C1R (medio primo/a primero/a, una vez eliminado/a).

Elijo centrarme primero en la probabilidad del 98 % de que Dorothy entre en una de las relaciones enumeradas para ese porcentaje. Pero ¿cuál? Ahí radica la necesidad de investigar, lo que puede ser complicado y llevar mucho tiempo, pero al final merece la pena el esfuerzo para obtener las respuestas que buscamos. En este caso, Dorothy tiene un árbol genealógico, que es el mejor escenario, siempre, y sus resultados de ADN se anexan a su nombre en este árbol genealógico. Cuando miro el árbol al que se adjunta su ADN, veo que ya ha fallecido y que nació en 1925. Esto me indica que se hizo la prueba antes de morir y que alguien está gestionando su árbol, porque ha sido marcada como fallecida, que es lo que me permite ver su información. Sus hijos aún viven y, por lo tanto, están ocultos por la empresa de pruebas por razones de privacidad, así que no puedo ver ninguna información sobre ellos. Los padres de Dorothy —Lucy y Alvin Sr.— tienen varios hijos, todos ellos fallecidos, y sus nombres aparecen en la lista. A partir de aquí, paso a mi plan de investigación. Quiero descartar algunas relaciones de inmediato, y para ello tengo que hacer ciertas hipótesis iniciales que podrían resultar incorrectas, pero no pasa nada. Esto me dará un punto de partida.

Dado que Dorothy nació en 1925 y Cindy en 1965, mi hipótesis es que pertenece a una o dos generaciones por encima de Cindy y, por tanto, es probable que no sea su prima hermana, media sobrina, sobrina nieta o bisnieta. Esto nos deja como alternativas las categorías de bisabuela, tía abuela o media tía. Dado que solo hay cuarenta años entre el nacimiento de Dorothy y el de Cindy, creo que eso la hace demasiado joven para ser bisabuela. Podría ser una media tía, una hermana que comparte un progenitor con uno de los padres genéticos de Cindy, o podría ser una hermana completa de uno de los abuelos genéticos de Cindy, lo que la convertiría en tía abuela.

La siguiente coincidencia con Cindy que también coincide con Dorothy aparece solo con el nombre de «Usuario MB88», y ella y Cindy comparten 337 cM. No sé cuánto comparte MB88 con Dorothy porque no puedo verlo. Sí tiene un árbol con muy poca información, pero que muestra a su propia madre como Ellen, nacida en 1912. Entonces, recurro de nuevo al DNA Painter para ver cómo Cindy podría estar emparentada con MB88 y obtengo lo siguiente:

48 % Tío/a abuelo/a, medio tío/a abuelo/a, medio 1C, 1C1R, medio sobrino/a nieto/a, sobrino/a nieto/a abuelo/a.

46 % Mitad sobrino/a, mitad tío/a, 2C mitad 1C1R, 1C2R.

5 % 1C3R   Mitad 1C2R, mitad 2C, 2C1R.

<1 %   Tío/a abuelo/a, sobrino/a nieto/a.

Como Ellen, la madre de MB88, nació en 1912, puedo hacer algunas hipótesis más para descartar relaciones que probablemente no encajen. Vuelvo al árbol de Dorothy para ver si encuentro allí alguna información sobre Ellen. El árbol muestra que Dorothy tiene una hermana llamada Ellen que nació en 1912. Si MB88 es hija de Ellen, y Ellen es hermana de Dorothy, eso convierte a MB88 en sobrina de Dorothy.

Dado que Cindy no tiene actualmente ninguna otra coincidencia cercana que comparta ADN con Dorothy, aún no puedo determinar exactamente cuál es su parentesco, pero vuelvo a hacer algunas suposiciones. Presumo que Cindy no desciende directamente de Dorothy porque no comparten suficiente ADN como para ser madre-hija o abuela-nieta, y no creo que Dorothy sea lo suficientemente mayor como para ser la bisabuela de Cindy. Debido a esto, creo que el ADN compartido de Cindy con MB88 hace probable que compartan una relación de primos, y como Ellen es la madre de MB88, y Cindy y MB88 no comparten suficiente ADN para ser madre-hija o hermanas, sé que Cindy no desciende directamente de Ellen. Eso nos deja a uno de los otros hermanos de Dorothy —Alvin Jr., Ivan, Harriet o Melba— como posible antepasado. Sin más coincidencias que sean inmediatamente aparentes como para encajar en el árbol de Dorothy, pero sabiendo que Cindy tiene un antepasado que probablemente esté estrechamente relacionado con ella, me concentro en descubrir más sobre los miembros de su familia y sus descendientes.

Finalmente, aparece otra persona cuyo ADN también coincide con Dorothy y con la que Cindy comparte 1054 cM, pero no hay nombre, aparece como «Usuario DT93», y no hay árbol. Tampoco veo esta coincidencia en ninguna otra base de datos a la que Cindy haya enviado los datos de ADN en bruto o una muestra de su saliva para su análisis. En este punto, pues, mi única opción es enviar un mensaje a la persona coincidente para ver si está dispuesta a ofrecer información que sea útil para la búsqueda de Cindy y esperar una respuesta. A veces, la gente contesta rápidamente, pero también he tenido personas que han respondido a mensajes de consulta ¡desde unos meses hasta unos años después!

Puede ver cómo hacer una investigación para un adoptado o para alguien que simplemente desea reconstruir su árbol genealógico puede convertirse rápidamente en un proceso complicado y frustrante. Hizo falta perseverancia y muchas horas de trabajo para reunir la información suficiente para dar a Cindy su respuesta. Además, tuve que partir de algunos escenarios hipotéticos, que no es lo que más me gusta hacer, pero a veces no me queda otra opción. Las hipótesis me funcionaron en este caso, pero no siempre es así y debo dar marcha atrás. Cuando las coincidencias de ADN no responden a las preguntas, o se niegan a contestar, eso también puede ralentizar o detener la investigación, como ocurrió mientras esperaba a que DT93 me contestara con información útil. Esto puede ser muy frustrante para las personas que se hallan en la búsqueda de parentescos. Finalmente, obtuve una respuesta de DT93 que resultó ser exactamente lo que necesitaba para concretar una respuesta para Cindy.

Si se pregunta qué parentesco tiene Dorothy con Cindy, es la tía abuela de Cindy, hermana de la abuela genética de Cindy, Melba. DT94 es el medio sobrino genético de Cindy, hijo de su medio hermano genético Peter. Aquí hay un árbol que muestra cómo están emparentadas todas estas personas, con el registro de la cantidad de ADN que se comparte entre Cindy y ellos (pero no de ellos entre sí).

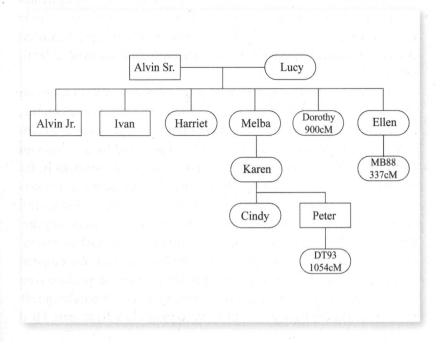

Confundir a los primos: relaciones eliminadas

Dado que la mayoría de las empresas clasifican los resultados de las coincidencias de ADN en categorías de «primos», hay que tener en cuenta la definición de *primo*. ¿En quién piensa cuando oye la palabra *primo*? Para la mayoría de la gente, se trata de los hijos de los hermanos de sus padres, que se denominan «primos hermanos». Sin embargo, ¡hay más de una forma de ser primo! Por ejemplo, ¿cómo definir la relación entre usted y el primo hermano de su madre? Muchas personas razonan que el primo hermano de su madre debe ser su primo segundo, y eso es incorrecto. El primo hermano de su madre es su primo hermano, una vez eliminado, lo que se abrevia como 1C1R en el mundo de la genealogía. El primo segundo para usted en este escenario sería el hijo del primo hermano de su madre.

¿Confuso? No es usted el único. He visto a mucha gente confundirse por las relaciones «removidas» que conlleva ser primo. La relación «removida» es la que causa más desconcierto a la hora de determinar cómo están emparentadas dos personas que comparten ADN autosómico. Es un poco más fácil si piensa en el concepto de «removido» en lugar de «a una generación de distancia». Veamos de nuevo el árbol de Dorothy, Cindy y MB88. Cindy es hija genética de Karen, que es prima hermana de MB88 porque sus madres, Melba y Ellen, son hermanas. Cindy está «a una generación de distancia» de su relación de primos hermanos, por lo que es prima hermana, una vez eliminada, de MB88. Si damos un paso más y consideramos a Peter, el hermanastro materno de Cindy, vemos que también es primo hermano, una vez eliminado. El hijo de Peter, DT93, está a dos generaciones de distancia de la relación de primo hermano entre su abuela Karen y MB88, por lo que es primo hermano, dos veces eliminado, de MB88. Y así sucesivamente. Aquí les muestro una práctica tabla de primos en la que puede fijarse cuando necesite un punto de referencia.

Tus abuelos

Antepasado común	Abuelo	Bisabuelo	Bisabuelo 2°	Bisabuelo 3°	Bisabuelo 4°	Bisabuelo 5°	Bisabuelo 6°	Bisabuelo 7°	Bisabuelo 8°	Bisabuelo 9°	Bisabuelo 10°
Abuelo	**Primo 1°**	Primo 1° eliminado 1x	Primo 1° eliminado 2x	Primo 1° eliminado 3x	Primo 1° eliminado 4x	Primo 1° eliminado 5x	Primo 1° eliminado 6x	Primo 1° eliminado 7x	Primo 1° eliminado 8x	Primo 1° eliminado 9x	Primo 1° eliminado 10x
Bisabuelo	Primo 1° eliminado 1x	**Primo 2°**	Primo 2° eliminado 1x	Primo 2° eliminado 2x	Primo 2° eliminado 3x	Primo 2° eliminado 4x	Primo 2° eliminado 5x	Primo 2° eliminado 6x	Primo 2° eliminado 7x	Primo 2° eliminado 8x	Primo 2° eliminado 9x
2° Bisabuelo	Primo 1° eliminado 2x	Primo 2° eliminado 1x	**Primo 3°**	Primo 3° eliminado 1x	Primo 3° eliminado 2x	Primo 3° eliminado 3x	Primo 3° eliminado 4x	Primo 3° eliminado 5x	Primo 3° eliminado 6x	Primo 3° eliminado 7x	Primo 3° eliminado 8x
3° Bisabuelo	Primo 1° eliminado 3x	Primo 2° eliminado 2x	Primo 3° eliminado 1x	**Primo 4°**	Primo 4° eliminado 1x	Primo 4° eliminado 2x	Primo 4° eliminado 3x	Primo 4° eliminado 4x	Primo 4° eliminado 5x	Primo 4° eliminado 6x	Primo 4° eliminado 7x
4° Bisabuelo	Primo 1° eliminado 4x	Primo 2° eliminado 3x	Primo 3° eliminado 2x	Primo 4° eliminado 1x	**Primo 5°**	Primo 5° eliminado 1x	Primo 5° eliminado 2x	Primo 5° eliminado 3x	Primo 5° eliminado 4x	Primo 5° eliminado 5x	Primo 5° eliminado 6x
5° Bisabuelo	Primo 1° eliminado 5x	Primo 2° eliminado 4x	Primo 3° eliminado 3x	Primo 4° eliminado 2x	Primo 5° eliminado 1x	**Primo 6°**	Primo 6° eliminado 1x	Primo 6° eliminado 2x	Primo 6° eliminado 3x	Primo 6° eliminado 4x	Primo 6° eliminado 5x
6° Bisabuelo	Primo 1° eliminado 6x	Primo 2° eliminado 5x	Primo 3° eliminado 4x	Primo 4° eliminado 3x	Primo 5° eliminado 2x	Primo 6° eliminado 1x	**Primo 7°**	Primo 7° eliminado 1x	Primo 7° eliminado 2x	Primo 7° eliminado 3x	Primo 7° eliminado 4x
7° Bisabuelo	Primo 1° eliminado 7x	Primo 2° eliminado 6x	Primo 3° eliminado 5x	Primo 4° eliminado 4x	Primo 5° eliminado 3x	Primo 6° eliminado 2x	Primo 7° eliminado 1x	**Primo 8°**	Primo 8° eliminado 1x	Primo 8° eliminado 2x	Primo 8° eliminado 3x
8° Bisabuelo	Primo 1° eliminado 8x	Primo 2° eliminado 7x	Primo 3° eliminado 6x	Primo 4° eliminado 5x	Primo 5° eliminado 4x	Primo 6° eliminado 3x	Primo 7° eliminado 2x	Primo 8° eliminado 1x	**Primo 9°**	Primo 9° eliminado 1x	Primo 9° eliminado 2x
9° Bisabuelo	Primo 1° eliminado 9x	Primo 2° eliminado 8x	Primo 3° eliminado 7x	Primo 4° eliminado 6x	Primo 5° eliminado 5x	Primo 6° eliminado 4x	Primo 7° eliminado 3x	Primo 8° eliminado 2x	Primo 9° eliminado 1x	**Primo 10°**	Primo 10° eliminado 1x
10° Bisabuelo	Primo 1° eliminado 9x	Primo 2° eliminado 9x	Primo 3° eliminado 8x	Primo 4° eliminado 7x	Primo 5° eliminado 6x	Primo 6° eliminado 5x	Primo 7° eliminado 4x	Primo 8° eliminado 3x	Primo 9° eliminado 2x	Primo 10° eliminado 1x	**Primo 11°**

(Fila izquierda vertical: Sus abuelos)

Calculadora de primos.

Todo lo que necesita saber para utilizar el gráfico es el parentesco de cada persona con un antepasado común.

En el caso de Cindy de nuevo, utilicemos a Lucy como antepasada común. Sabemos que MB88 es nieta de Lucy a través de su madre, Ellen. Cindy es bisnieta de Lucy a través de su madre, Karen, y de la madre de Karen, Melba. Eligiendo un parentesco por cada lado —nieta por un lado y bisnieta por el otro— y reuniéndonos en el medio, podemos ver de nuevo que Cindy y MB88 son primas hermanas, una vez eliminadas.

Las grandes conclusiones que extraemos de este ejemplo son tres: ¡nunca suponga nada en genealogía, investigue y diviértase! Sobre el tema de las suposiciones, aunque es común hacerlas, lo cierto es que no puede saber con seguridad cómo una coincidencia está relacionada con usted basándose en la designación dada por la empresa de pruebas. Mucha gente hace suposiciones sobre las relaciones basándose en sus sentimientos personales o en una descripción generalizada de la relación. Aunque es difícil dejar eso de lado, debe aprender a ser metódico con cada una de las coincidencias. En las pruebas de ADN surgen sorpresas, y eso puede resultar inquietante. Sus sentimientos, ya sean negativos o positivos, no cambiarán los hechos.

En cuanto a la investigación, si quiere determinar el parentesco de una coincidencia de ADN, debe construir su árbol con familiares directos; luego, ramificarlo hacia los lados y hacia abajo, y, finalmente, colocar los nombres de estos antepasados en la posición adecuada dentro de su árbol. Después, confírmelo. De lo contrario, estará suponiendo, y eso puede ser perjudicial y poco ético, sobre todo si hace una figuración incorrecta que provoque una ruptura familiar.

Por último, aunque es posible que la genealogía les resulte complicada y desordenada, también puede ser divertida. Me encanta el proceso de establecer conexiones, resolver misterios grandes y pequeños, así como descubrir y discutir la ascendencia compartida con primos recién descubiertos. Utilice las hipótesis temporalmente, pero no las convierta en suposiciones permanentes. Investigue y ¡disfrute de la aventura de la genealogía genética!

SU MANTO ANCESTRAL DE ADN AUTOSÓMICO

Dado que el ADN autosómico nos llega en tantas piezas, siempre me ha recordado a un hermoso manto de retazos que se manifiesta por la esencia física de los antepasados de los que heredamos nuestro ADN autosómico. Siento el mío envuelto a mi alrededor, recordándome con frecuencia quién soy y de dónde vengo. En virtud de nuestra herencia de su ADN, cada uno de nosotros somos una manifestación encarnada única de la constitución física y las historias vividas de los antepasados. Tanto si sabemos algo de nuestros antepasados genealógicos como si no, cada uno de nosotros lleva consigo un manto único en su especie compuesto por piezas genéticas de muchos de ellos.

El manto ancestral es un mosaico de energía que representa las firmas genéticas de las personas de las que hemos heredado nuestro ADN, así como la cultura y el patrimonio del que procedían sus propios antepasados. No representan la energía actual y en tiempo real de la familia genealógica viva, por lo que no hay patrones disfuncionales vivos en su interior. El manto toma lo mejor de nuestra ascendencia genética, las partes bellas y positivas de ella, y nos envuelve en una burbuja de amor y protección.

Para algunos de nosotros, el manto es sobre todo de un color, una variación tono sobre tono de matices que representan las variedades de muchos pueblos de un mismo lugar. Por ejemplo, una amiga mía es irlandesa, sus padres son inmigrantes irlandeses y su estimación étnica la muestra como irlandesa en un 98 %. Ella imagina su manto con muchos tonos de verde brillante, como la tierra de sus antepasados, con pequeñas motas de otros colores para representar a los que procedían de otros lugares.

Mi propia estimación étnica y mi investigación genealógica muestran una herencia genética mucho más diversa. Mis antepasados procedían de muchos lugares, eran gentes viajeras que cruzaron continentes y océanos en busca de algo mejor. Imagino que mi manto ancestral es multicolor, en tonos cálidos que recuerdan a los elementos, resistente a las inclemencias del tiempo que a veces encuentran quienes recorren largas distancias.

Para algunos, debido a circunstancias que los alejan del conocimiento de sus antepasados genéticos, puede ser difícil ver o sentir su manto ancestral. ¡Esto no significa que no exista! El manto está ahí, y crear una imagen mental del mismo simplemente requiere echar un vistazo tras la cortina del ADN. Esto puede lograrse con las pruebas de ADN. Incluso quienes no deseen averiguar más sobre las personas concretas con las que están emparentados genéticamente pueden someterse a la prueba para conocer sus raíces. El origen étnico es siempre una estimación, pero aun así puede dar la información necesaria para vislumbrar un manto. Tal vez la información obtenida de una prueba de ADN pueda utilizarse algún día para profundizar en el conocimiento, trabajando con personas cuyo ADN coincida con el suyo con el fin de emprender la investigación necesaria que le proporcione a sí mismo respuestas sobre sus raíces.

DIARIO MÁGICO: SU MANTO AUTOSÓMICO

Necesitará su diario y un bolígrafo, rotuladores o lápices de varios colores, y una vela de siete días. Limpie la energía de su espacio con su aerosol de limpieza y declare la intención de crear una atmósfera llena de amor, creatividad y seguridad en sí misma. Encienda su vela de los siete días. Abra la sesión de su forma habitual.

Mire fijamente la llama de su vela durante unos minutos y reflexione sobre su historia familiar. Piense en sus antepasados. ¿De dónde procedían? ¿Qué culturas representan para usted? Si tiene resultados de ADN, mire su estimación étnica. ¿Representa totalmente lo que sabe sobre su ascendencia, o tiene algunos elementos que no acaban de tener sentido? ¿Cómo podría representar en su manto a los antepasados de los que probablemente nunca sabrá nada? Puede referirse a cualquier árbol que haya creado si eso le ayuda a crear una imagen mental de sus antepasados y sus raíces.

Piense ahora en cómo podría ser para usted un manto ancestral. Se trata de un proceso creativo, y nada es demasiado extravagante. Algunas personas prefieren prendas sencillas y funcionales. Otras (¡como yo!) prefieren prendas que sean un poco más francas en su apariencia. El manto ancestral es una manifestación mental de las energías genéticas positivas que le rodean, que puede atraer mentalmente hacia usted y envolverse en él siempre que lo desee. Su manto es solo para usted, el de nadie más en el mundo será como el suyo, así que visualícelo como quiera.

Escriba una descripción de su manto ancestral. ¿Qué aspecto tiene? ¿Cómo se siente? ¿Hay muchos colores o solo uno? ¿Es largo y vaporoso, o corto y ceñido a la piel? ¿Tiene capucha? ¿Bolsillos? Si le apetece, haga un diseño de su manto sobre papel. No hace falta que sea un dibujo perfecto; solo tiene que servirle como punto de referencia para las veces que quiera consultar sus pensamientos originales sobre cómo le quedaba y le sentaba. Recuerde, este manto solo está construido de energías positivas, así que no permita que la dinámica de la negatividad que pueda estar presente en su vida forme parte de su construcción. Por ejemplo, recientemente he descubierto a un antepasado con el que no me siento precisamente cómoda, y mi curación en torno a esta persona es un trabajo en curso. Lo único positivo que suelo pensar de él es que su color de pelo es muy bonito. Así que su contribución a la construcción energética de mi manto es la energía de la belleza. Eso es todo. Quizá algún día me aporte algo más, pero, por ahora, ¡con eso basta!

Cuando haya terminado de escribir, dibujar o ambas cosas, cree una imagen en su mente de usted mismo con este manto ancestral. Sienta su suave peso sobre los hombros, permita que le envuelva en una burbuja de amor y protección de las personas cuya esencia física lleva en su interior.

Apague su vela, cierre su sesión de diario y despeje su espacio con el espray de limpieza.

LOS BORDES IRREGULARES

El manto ancestral puede parecer o sentirse un poco raído en los lugares donde las energías ancestrales negativas se cuelan en su tejido. Esto no debe permitirse, así que atiéndalo con frecuencia. Considero que mi propio manto es siempre un trabajo en curso, con remiendos necesarios aquí y allá, para mantener su mejor aspecto y sensación. Del mismo modo que algunas personas comprueban si sus escudos protectores están rotos y luego los reparan energéticamente, yo también evalúo mi manto ancestral en busca de bordes deshilachados y puños desgastados, por así decirlo. Mi manto es una manifestación únicamente de los atributos y cualidades positivos de mis antepasados, pero debo trabajar para mantenerlo así. Mi proceso continuo de curación ancestral está ligado a la integridad de mi manto, por lo que siempre busco comprometerme con el proceso de trabajar los patrones ancestrales negativos. De cualquier forma, no permito que la negatividad se asiente energéticamente sobre mis hombros. Puesto que llevo mi manto ancestral como un objeto energético sagrado en el que solo se permite que residan energías positivas, debo trabajar para asegurarme de que siga siendo así.

Recuerde, su manto ancestral es una manifestación energética de los aspectos positivos de los antepasados cuyo ADN lleva dentro de usted. Utilice la imagen mental de su manto como recordatorio de quién es usted, de dónde viene, y deje que le ayude a mantenerse erguido dentro de su propia soberanía mientras vive la vida a propósito y con intención, a su particular y hermosa manera.

ADN mitocondrial: la corona

«Su cuerpo es tan antiguo como la arcilla del universo
de la que está hecho; y sus pies en el suelo son una conexión
constante con la tierra. Sus pies ponen en contacto su arcilla privada
con la arcilla madre y antigua de la que surgió por primera vez».

John O'Donohue.

E l ADN mitocondrial se refiere al ADN que se encuentra en el interior de las mitocondrias, que son un tipo de orgánulo que se encuentra en casi todas las células complejas. Se las conoce como las centrales eléctricas de la célula porque suministran una enzima o, más exactamente, una coenzima, conocida como trifosfato de adenosina (ATP). Este ATP es la fuente de la energía química que necesita una célula para realizar una amplia gama de funciones. Antaño, las mitocondrias funcionaban independientemente de la célula huésped, pero, hace unos dos mil millones de años, formaron una relación simbiótica, y las mitocondrias se trasladaron a la estructura de la célula huésped. Las mitocondrias proporcionan energía a la célula huésped, y esta proporciona refugio a las mitocondrias.

Las mitocondrias tienen su propio ADN, distinto y separado. Está fuertemente enrollado y, cuando se desenrolla, es una estructura circular de doble hélice. El ADN mitocondrial (ADNmt) está presente tanto en hombres como en mujeres; sin embargo, se hereda estrictamente por línea materna y, por lo tanto, solo las mujeres, o las personas XX, pueden transmitirlo a sus hijos. Los hijos de una mujer tendrán su ADNmt. Los hijos de un varón no tendrán su ADNmt, sino que tendrán el ADNmt de la mujer/progenitor XX que proporcione el óvulo para su concepción, y que luego lo geste y dé a luz. (En el caso de los embarazos subrogados, no hay transferencia de ADN en la subrogación gestacional. Además, como se señala en el capítulo 3, «El lenguaje de la genealogía», los individuos de tres progenitores concebidos por transferencia mitocondrial quedan fuera del ámbito de este libro). Las mitocondrias de la hembra están contenidas en grandes cantidades en el interior del óvulo a la espera de ser fecundado. Las mitocondrias del varón contribuyen a la creación de un embrión produciendo la energía necesaria para impulsar la cola de los espermatozoides mientras nadan para fecundar el óvulo, pero este propulsor genético no entra en el óvulo en el momento de la fecundación.[10]

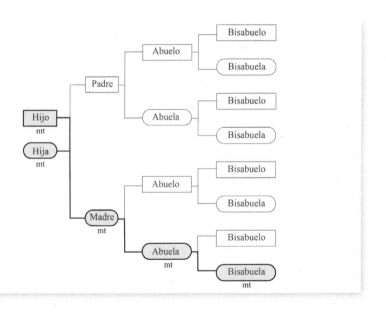

El ADN mitocondrial se transmite exclusivamente de la línea madre/maternal/XX a la descendencia genética XX y XY. La línea directa de herencia del ADN mitocondrial se conoce como línea madre o línea materna.

---

10   Existe un estudio de un caso de 2004 que sugiere una herencia mitocondrial mixta, tanto materna como paterna, debido a una mutación de etiquetado en el ADN autosómico. Esta posibilidad es objeto de debate en la comunidad científica y su discusión queda fuera del ámbito de este libro.

Hay una asombrosa cantidad de magia y poder en nuestra mitocon-dria. Su estructura independiente de ADN me ha fascinado desde que descubrí su capacidad para manifestar energía para la célula. El micros-cópico trozo circular de sustancia genética que vive en el interior de la mitocondria de cada una de nuestras complejas células nos conecta a lo largo de nuestra línea materna con un linaje de mujeres que tiene miles y miles de años de antigüedad. Deténgase a pensar en la enormidad de esto por un momento. Su mitocondria, transmitida a usted por la madre/progenitor XX de cuyo óvulo fue concebido, es una réplica exac-ta de la misma mitocondria que se ha transmitido durante incontables generaciones.

LAS MADRES MITOCONDRIALES Y EL RELOJ MOLECULAR

Las madres mitocondriales son mujeres antiguas que representan mo-mentos en el tiempo. Desde la madre ancestral singular cuya mitocon-dria sirve de fuente a todos los humanos vivos hoy en día, hasta las múltiples madres ancestrales cuyas mutaciones genéticas marcaron un cambio genético para sus descendientes, cada una de nosotras recibe la energía de su existencia simplemente por ser mujeres. Las líneas de san-gre de las antiguas madres evolucionaron en grupos distintos a lo largo de los milenios con pequeñas mutaciones genéticas que se clasifican en haplogrupos. Estos forman su propia especie de árbol, muy parecido a un árbol genealógico.

Dado que las mitocondrias tienen su propio ADN, separado del ADN de la célula principal que reside en el núcleo celular, esto las con-vierte en un recurso excelente para los biólogos moleculares y evolutivos. ¿Por qué? El ADN mitocondrial no experimenta una presión evolutiva para recombinarse de forma regular como el ADN autosómico, que se baraja en cada generación. El ADN mitocondrial se transmite de mujer/progenitor XX a descendencia sin cambios, salvo por mutaciones (cam-bios diminutos, normalmente inofensivos) que se producen a un ritmo muy lento y predecible. Debido a este ritmo de cambio excesivamen-te lento, el ADN mitocondrial proporciona lo necesario para lo que se conoce como un «reloj molecular». La idea que subyace a este reloj es que las mutaciones aleatorias se suman a un ritmo relativamente constante a lo largo del tiempo. Dado que los científicos han determinado la tasa media de mutación (la frecuencia con la que se producen estas mutaciones) del ADN mitocondrial, son capaces de extrapolar cuánto tiempo hace que dos personas compartieron un antepasado común. Esto no puede hacerse de forma fiable con el ADN autosómico porque, a diferencia del ADN mitocondrial, experimenta una presión evolutiva para cambiar y se recombina con cada generación, por lo que es más difícil de rastrear a lo largo del tiempo. Entonces, ¿qué significa exactamente todo esto? Me utilizaré a mí misma como ejemplo.

He realizado una prueba de ADN mitocondrial con Family Tree DNA, y se ha determinado que pertenezco al haplogrupo mitocondrial H1. Este ADN mitocondrial H1 me lo transmitió mi madre, y ella lo obtuvo de su madre, y así sucesivamente, hasta la mujer que fue la primera H1. ¿Cómo fue ella la primera? En la explicación más sencilla, su madre era H, y, cuando esta hija H1 fue concebida, se produjo una mutación en su ADN mitocondrial que provocó un ligero desplazamiento, y así dio lugar a que ella fuera la primera hija H1 y, finalmente, madre. Los científicos que estudian el ADN mitocondrial utilizan su técnica de reloj molecular para determinar estos desplazamientos, y así se sigue desarrollando el árbol filogenético del ADN mitocondrial. Mi H1 (y todos los que son H1) está situado en el haploárbol del haplogrupo H de nivel superior, que forma parte del árbol filogenético del ADN mitocondrial que muestra todos los haplogrupos de nivel superior.

Esta progresión puede determinarse porque los científicos han utilizado el reloj molecular para rastrear la migración femenina humana y pueden señalar los antepasados de una madre de haplogrupo, de la misma forma que podemos utilizar un árbol genealógico para rastrear nuestros propios antepasados.

En otro ejemplo, el haplogrupo mitocondrial de mi marido es H1c1b. Él también pertenece al nivel superior del haplogrupo H y está situado en el haploárbol H, pero su rama está situada un poco más abajo que la mía. Esto significa que ambos compartimos un antepasado H1, pero su línea femenina ha sufrido desde entonces mutaciones que la reclasifican en H1c1b, mientras que yo sigo siendo H1. Asimismo, ambos descendemos de la primera mujer que tuvo un haplogrupo H y de todos sus predecesores, que finalmente desembocaron en L.

Existen antiguas poblaciones continentales asociadas a grupos de haplogrupos mitocondriales. El origen de todos ellos se encuentra en África con Lucky Mother y su haplogrupo L. Surgieron nuevos haplogrupos a lo largo de muchos miles de años a medida que la gente migraba lentamente por la tierra.

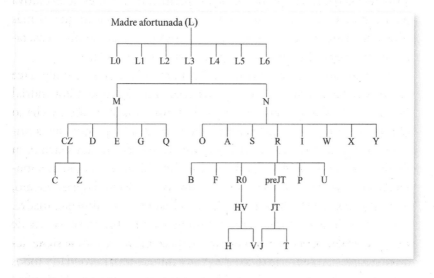

El árbol filogenético actual para el ADN mitocondrial (PhyloTree mt Build 17, Feb 2016). Las letras representan los principales haplogrupos y los superhaplogrupos N, M y R. El árbol muestra cómo todos ellos descienden del haplogrupo L, que pertenecía a la madre ancestral común para todos los humanos vivos en la actualidad. Dado que la ciencia y los conocimientos de los científicos siguen evolucionando, es probable que la estructura de este árbol cambie con la próxima actualización de la compilación.

MADRE AFORTUNADA

El linaje del ADN mitocondrial puede ser un poco amorfo y complicado, pero la explicación sencilla es que todos los humanos vivos hoy en día descienden de una mujer. Me refiero a ella como «Madre Afortunada» porque ese fue el nombre preferido por los científicos que la descubrieron. Allá por 1987, tres científicos, Rebecca Cann, Mark Stoneking y Allan

Wilson, descubrieron que todos los humanos vivos en la actualidad descienden de una sola mujer. Cuando la gente oye esto, es habitual escuchar la respuesta: «¿Cómo es posible que solo hubiera una mujer viva?». Pues bien, no solo había una mujer viva en aquella época. Esta antigua madre formaba parte de una población que tenía diferentes tipos de ADNmt, pero esos otros tipos acabaron extinguiéndose porque los descendientes de esas otras mujeres no tuvieron descendencia o solo tuvieron descendencia masculina. Su ADN mitocondrial particular sobrevivió y mutó en los muchos tipos diferentes que se encuentran actualmente en el mundo. Desde luego, no tenía ni idea de que sería la antepasada de una línea de ADN mitocondrial que se propagaría y sobreviviría durante miles y miles de años. Cuando se conoció la noticia del descubrimiento de Lucky Mother (o Madre Afortunada), los principales medios de comunicación la apodaron «Eva mitocondrial» (mtEve), lo que no hace sino aumentar la confusión, ya que ahora se la suele confundir con la Eva bíblica. No son la misma. Mark Stoneking compartió lo siguiente:

> *Esta extinción aleatoria de linajes, unida a un único origen del ADN, es suficiente para garantizar que toda la variación de todos nuestros genes tiene que remontarse a un único antepasado común en algún momento del pasado. Y aunque todos nuestros genes tienen antepasados, nuestro antepasado de ADNmt no fue el antepasado de todos nuestros otros genes: ellos remontan su ascendencia a individuos diferentes (e incluso a especies diferentes), que vivieron en épocas diferentes en lugares diferentes.*
> *Esta es la razón por la que la denominación «mtEve» es incorrecta: Allan Wilson prefería el término «Madre Afortunada» para enfatizar el papel del azar en la supervivencia de los linajes de ADNmt a lo largo del tiempo, pero supongo que no era un término tan pegadizo como Eva mitocondrial.*[11]

En otras palabras, no puede ser la Eva bíblica porque nuestros distintos tipos de ADN —mitocondrial, Y, X y autosómico— tienen

---

11   Gizmodo: «Los científicos detrás de la Eva mitocondrial nos hablan de la "Madre Afortunada" que cambió la evolución humana para siempre», por Alasdair Wilkins: https://gizmodo.com.

fuentes diferentes. Lucky Mother es la fuente original de nuestro ADN mitocondrial.

SU CORONA DE ADN MITOCONDRIAL

Experimenté por primera vez la magia de mi línea materna cuando mi hija daba a luz a su primer hijo. Debido a una complicación médica que afectaría a su capacidad para empujar durante el parto y otra que aumentaba enormemente las probabilidades de muerte fetal después de treinta y siete semanas de gestación, junto con el hecho de que mi nieto venía de nalgas (con los pies por delante), le programaron una cesárea tres semanas antes de la fecha prevista para el parto. No era lo ideal, ya que esas últimas semanas son críticas para el desarrollo final de los pulmones del feto, pero era necesario. Llegó el día y nos fuimos al hospital.

Además de la pareja de mi hija, me permitieron estar en el quirófano porque trabajaba en el mismo hospital, en la Unidad de Cuidados Intensivos Quirúrgicos, y conocía al personal del quirófano, así que pude mover algunos hilos. El resto de nuestra familia estaba en la sala de espera. Me senté al lado del hombro de mi hija y su pareja se colocó junto al otro; los tres, detrás de un paño quirúrgico para ocultar los detalles de la operación en curso, ya que la visión de eso puede ser bastante desconcertante para muchas personas. El primer indicio de que algo iba mal fue cuando el obstetra pidió a la enfermera circulante que llamara a su compañero para que lo ayudara en el parto. Como enfermera diplomada que había trabajado anteriormente en partos, reconocí la urgencia en su tono. Pude asomarme por encima del paño y me di cuenta de que había una gran cantidad de esponjas laparoscópicas saturadas de sangre (pequeños paños estériles que se utilizan durante la cirugía para absorber la sangre) en varias bandejas. Mi hija tenía una hemorragia.

Llegó el segundo obstetra y mi nieto nació rápidamente. Fue sostenido por encima del paño para que lo viéramos y luego entregado al personal de la sala de neonatos. Esperamos el llanto habitual tras el parto, que no se produjo de inmediato. Esta vez, me levanté por encima del paño para observar brevemente a los dos obstetras, cuyas manos volaban para cauterizar vasos sangrantes y suturar la incisión de mi hija para cerrarla;

luego, miré al otro lado de la habitación y me percaté de que mi nieto estaba azul y no respondía, y que el personal de la enfermería lo estaba reanimando. Volví a sentarme y vi los preciosos ojos grises de mi hija mirándome, y me preguntó: «¿Va todo bien?». Sonreí y asentí con la cabeza para indicarle que sí, que todo iba bien, y empecé a rezar en silencio.

Entonces, miré mi reloj —había pasado más de un minuto desde su alumbramiento y aún no había llorado— y mentalmente seguí murmurando mi oración, pidiendo fuerzas para afrontar lo que pudiera estar por venir. Mi hija y su pareja seguían mirándome con ojos grandes; su miedo era evidente. Mientras acariciaba el pelo de mi hija, sentí un tirón en mitad de la espalda. Me giré para ver qué había sido eso, pero no había nada tras de mí. De repente, sentí como si hubiera recibido una inyección de energía de fuego puro y, de algún modo, supe que las mujeres de mi línea materna —la madre de mi madre, su madre y su madre, y más allá— habían llegado. La presencia de mi abuela era mucho más fuerte, pero podía sentir a muchas mujeres en la sala. Percibí los eslabones de nuestra cadena materna que nos conectaba, vientre a vientre, extendida a través del tiempo. Estaban allí en ese quirófano con nosotras mientras el eslabón más nuevo de nuestra cadena, mi hija, daba a luz a su propio hijo, como cada una de ellas había hecho en los años, siglos y milenios anteriores a nosotras. Pasara lo que pasara, bueno o malo, estaban allí con nosotros. Cerré los ojos, aspiré profundamente su poderosa energía y coloqué mi mano sobre el hombro de mi hija mientras exhalaba en silencio, para compartirla con ella. En ese momento, mi nieto empezó a llorar y, seguidamente, todos lo hicimos con él. Mi hija era madre y yo era abuela.

Poco después, el moisés de mi nieto fue trasladado en silla de ruedas a la sala de neonatos y su padre lo siguió. La enfermera anestesista que administraba la epidural de mi hija me hizo un gesto con las cejas para que saliera del quirófano. Asentí con la cabeza, mientras mi hija iba cayendo poco a poco en el sueño con la ayuda de un sedante para que pudiera completarse su operación. Antes de salir de la habitación, volví a asomarme por encima del paño y me estremecí al ver los cuencos de esponjas impregnadas de sangre. En ese momento no era una enfermera, sino una madre, y temía por mi hija. Miré a su obstetra, que me dijo: «Todo está bien. De verdad». Opté por confiar, besé la frente de mi hija y salí a la sala de espera para compartir la bendita noticia de que el nuevo miembro de nuestra familia había llegado y tanto la madre como el hijo estaban bien. (Mi hija estuvo muy débil después del parto por la pérdida de sangre, pero se recuperó sin incidentes, y mi nieto es ahora un joven adolescente sano y responsable).

La magia de ese momento, de estar rodeada energéticamente por mi línea materna mientras mi propia hija daba a luz, me cambió a nivel celular. Me sentí revitalizada, como si mi mente se hubiera abierto a una parte desconocida de mí misma que siempre había estado ahí. Fue espectacular, y me fascinó el concepto de esta cadena milagrosa y casi interminable de madres. Había trabajado durante años con mis antepasados femeninos casi exclusivamente, pero procedían de todo mi árbol, tanto del lado materno como del paterno. Por supuesto, siempre supe que tenía una línea femenina directa, pero nunca había considerado realmente la magnitud de la misma ni la profunda magia que encerraba.

En 2013, cuando reorganicé mi enfoque de la genealogía y empecé a incorporar intencionadamente la magia en mi trabajo, también empecé a investigar más sobre el ADN mitocondrial. Su naturaleza independiente me resultaba fascinante. Al recordar mis primeros años, me di cuenta de que, en mi familia, siempre había un gran alboroto cada vez que uno de los hombres tenía un hijo, pero nunca se celebraba nada porque una mujer tuviera una hija (aparte de las habituales felicitaciones por el nacimiento), por lo que nunca se me había ocurrido que mi propia línea materna también era bastante significativa.

Después de saber más sobre la estructura física y la forma de nuestra mitocondria, en mi mente la asemejé con una corona. Me pareció un símbolo bastante pomposo para atribuírmelo a mí misma y a mi ADN mitocondrial, pero, cuando empecé a pensar en lo que representa la corona —realeza, poder, legitimidad, riqueza, victoria, divinidad, gloria—, se me quedaron grabadas tres palabras:

—**Divinidad**: la magia de la línea materna transporta la alquimia divina de lo sagrado femenino a nuestro ser físico.
—**Legitimidad**: nuestro ADN mitocondrial legitima nuestra existencia y nuestro derecho innato a estar aquí tal y como fuimos creados.

—**Potencia**: la mitocondria potencia literalmente la función corporal.

Mi corona mitocondrial es divina, legítima y poderosa. Se erige como un símbolo ardiente de las mujeres a través del tiempo que han dado a luz a las hijas que luego han transmitido este ADN esencial a sus propios hijos. Cada función de mi cuerpo, tanto voluntaria como involuntaria, está alimentada por las mitocondrias de cada célula. Cada respiración que tomo es un resultado directo de mi reciente y antigua línea materna, mujeres que criaron hijos en sus vientres que crecieron para dar a luz a los suyos. La corona también representa mi realeza —soy la reina de mi reino personal—, y su riqueza, mi cuerpo y su ser físico y mental. La victoria simbolizada por mi corona es el resultado de mis batallas por ser escuchada, por ser vista; de mi lucha por estar sana y mover mi cuerpo a pesar de sus limitaciones; de mi viaje por la vida mientras me esfuerzo por vivirla en toda su extensión. Todos tenemos derrotas, por supuesto, pero la victoria reside en los esfuerzos que hacemos por ser mejores personas y ofrecer nuestra mejor versión.

DIARIO MÁGICO: SU CORONA MITOCONDRIAL

Necesitará su diario y un bolígrafo, rotuladores o lápices de varios colores, y su vela naranja de siete días. Limpie la energía de su espacio con su espray limpiador y declare la intención de crear una atmósfera llena de amor y creatividad. Encienda su vela. Abra la sesión de la forma habitual.

Mire fijamente la llama de su vela durante unos minutos y piense en su línea materna. Pregúntese de dónde procede usted y qué culturas le representan. Si tiene resultados de ADN autosómico (como Ancestry), mire su estimación étnica. ¿Puede atribuir ciertas partes a la ascendencia de su línea materna? Si tiene una designación de haplogrupo mitocondrial de 23andMe o Family Tree DNA, mire su ubicación en el árbol filogenético del ADN mitocondrial. ¿Cuántas mutaciones importantes de haplogrupo se han producido en su línea materna que le llevan de vuelta a Lucky Mother (o Madre Afortunada)?

Investigue en Internet sobre su haplogrupo mitocondrial. ¿Dónde se originó? Piense en los lugares en los que vivieron las antiguas madres durante las muchas vidas anteriores a la suya. ¿Cómo podría representar en su corona a estas antiguas madres? ¿A su madre? ¿A usted y a su propia divinidad, legitimidad y poder? Puede referirse a cualquier árbol que haya creado, si eso le ayuda a crear una imagen mental de su línea materna y sus raíces. Si siente que necesita omitir a las madres que conoce en esta vida y pasar a las madres del pasado, hágalo.

Piense ahora en el aspecto de su corona. Al igual que con el manto, se trata de un proceso creativo. Su corona es un símbolo energético de su propio ser divino, de la legitimidad de su existencia y del poder que lleva dentro que enciende su mente y su cuerpo e impulsa a ambos por el camino de su vida. Escriba una descripción de su corona. ¿Qué aspecto tiene? ¿Cómo es su textura? ¿Es pesada o ligera? ¿De qué está hecha? ¿De flores? ¿Metales preciosos? ¿Tiene muchos colores o solo uno? ¿Es sencilla o adornada? Si le apetece, haga un diseño de su corona. No tiene por qué ser un dibujo perfecto; solo tiene que servirle como punto de referencia para las veces que quiera referirse a sus pensamientos originales sobre cómo le quedaba y cómo se sentía. Recuerde que, al igual que el manto, su corona está construida únicamente con energías positivas, así que no permita que la dinámica de la negatividad que pueda estar presente en su vida forme parte de su construcción.

Cuando haya terminado de escribir, dibujar o ambas cosas, cree una imagen en su mente de usted misma llevando su corona. Sienta su peso sobre la cabeza, sienta cómo alimenta su energía con su antiguo poder materno.

Apague su vela, cierre su sesión de diario y despeje su espacio con el espray de limpieza.

ASTILLAS Y GRIETAS

Al igual que la energía del manto ancestral puede sentirse raída, la corona puede parecer o sentirse astillada o agrietada en lugares donde las energías ancestrales negativas se cuelan a través de su superficie. De nuevo, esto no debe permitirse, así que atiéndala con frecuencia.

Mi corona energética necesitará ocasionalmente ser remendada, y lo hago con un proceso continuo de sanación ancestral que está ligado a la integridad de mi corona. No permito que la negatividad se asiente energéticamente sobre mi cabeza. Mi corona es una representación sagrada de las energías de mi línea materna y trabajo para mantenerla clara y limpia.

Su corona es una manifestación energética positiva del poder de las madres mitocondriales. Utilice la imagen mental de su corona como recordatorio de que usted es divina; que su vida y su expresión personal son legítimas, y que lleva la energía de una soberana dentro de su ser, alimentada por las madres ancestrales.

HONRAR LA LÍNEA MATERNA

Considere este breve ritual para rendir homenaje a las personas de su línea materna directa. Quizá conozca muchos nombres, ninguno o solo unos pocos. Con el tiempo, todos llegamos al punto de no conocer el nombre de la siguiente mujer ancestral de nuestra línea. Tanto si no conoce a ninguna, a una, a varias o a muchas, tómese el tiempo necesario para imaginar y honrar a las madres de antaño.

Materiales necesarios:

—*Vela roja de carillón/hechizo o vela cónica.*
—*Pétalos de una flor roja, como una rosa o un clavel.*
—*Un trozo de piedra lunar.*
—*Una pequeña bolsa de tela.*
—*Diario y bolígrafo.*

Instrucciones:

Limpie la energía de su espacio con su espray de limpieza. Espolvoree los pétalos de flores rojas alrededor de la base de su vela. Mientras lo hace, cierre los ojos, aquiete la mente y visualice su línea materna. Los nombres y los rostros no son necesarios, la línea materna existe dentro de cada uno de nosotros tanto si podemos visualizarlos como si no. Si siente cualquier negatividad en el momento, cualquier prueba o tribulación, intente dejarlas a un lado y simplemente imagine la sangre moviéndose dentro de usted, a través de usted. Visualice las antiguas y sabias mitocondrias impulsando cada respiración, cada movimiento.

Abra los ojos y encienda su vela. Si hay nombres de su línea materna directa que le gustaría honrar específicamente, dígalos ahora. Si no conoce ningún nombre, no pasa nada. Si prefiere no decir nada en absoluto y simplemente honrar en silencio a la divinidad que hay en su interior, hágalo. Me utilizaré a mí misma y a mi línea materna como ejemplo. Por favor, sustituya los nombres de su propia línea materna si los conoce y piensa decirlos en voz alta:

Enciendo esta vela en honor de mis antepasadas de línea materna conocidas: Susan, Mabel, Louisa, Mathilde, Celeste, Eurasie, Nanette, Françoise, Anna María y Anna María, y en honor de aquellas que desconozco por su nombre, cuya energía llevo dentro de mí.

O bien, si desconoce los nombres de las mujeres que componen su línea materna, puede expresar lo siguiente:

Enciendo esta vela en honor de mis antepasados de la línea materna, cuya energía llevo dentro de mí.

Mientras arde su vela, siéntese en silencio y piense en su conexión con su línea materna. Si ha estado en el lugar de origen conocido de su línea materna, deléitese con el recuerdo. Si no, imagínese allí, caminando sobre las mismas huellas de esas mujeres que pisaron la tierra antes que usted. Si lo prefiere, sumérjase en los recuerdos acuosos del útero y de lo sagrado femenino. Escuche los latidos del corazón y el circular de la sangre que fluyó a través de usted mientras era bellamente construida, célula a célula. Inspire y espire, sienta cómo el poder de más de ciento cincuenta mil años se mueve a través de usted desde la raíz hasta la coronilla. Usted es un ser glorioso y una manifestación del antiguo conocimiento materno. Es una melodía genética, una canción de sangre, agua, fuego, tierra y cielo, posicionada de forma única en este mundo para manifestar un destino de su elección.

Cuando haya terminado, deje que las velas se consuman. Recoja los pétalos de flores y colóquelos en la bolsita. Póngalos bajo la almohada y acuéstese con la intención de soñar con las antiguas madres. Asegúrese de colocar su diario y su bolígrafo junto a la cama. Cuando se despierte, escriba inmediatamente todo lo que recuerde de su momento onírico.

EL FINAL DE LA LÍNEA

Todos conocemos a mujeres que tienen y dan a luz hijos, y también sabemos de otras que no los tienen, por diversas razones. Las personas que no tienen descendencia genética no están menos vivas que las que sí la tienen; sin embargo, permanecer sin hijos es la única forma definitiva de no transmitir ningún tipo de ADN, incluido el ADN mitocondrial. Todas las personas vivas hoy en día son descendientes de Lucky Mother; en cambio, para las mujeres que no tienen descendencia femenina propia para transmitir su ADN mitocondrial, su rama personal de su línea mitocondrial termina. No obstante, eso no significa que termine el haplogrupo, solo la línea en la que no hay más descendencia femenina. Del mismo modo que varias líneas mitocondriales de la época de Lucky Mother se extinguieron lentamente hasta que la suya fue la única que quedó con descendientes vivos, también siguen haciéndolo en la actualidad.

El sondeo y la última hija del ADNmt

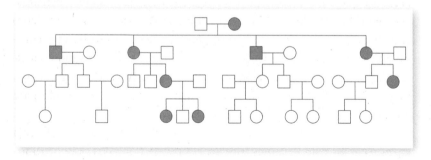

María y sus descendientes que heredaron su ADN mitocondrial están en gris. Observe que no todos sus bisnietos tienen su ADNmt, ya que no se pudo transmitir a través de los hijos varones de María, o bien porque la cadena se cortó cuando una de las nietas de María, hija de su hija, no tuvo descendencia.

Me pondré a mí misma como ejemplo adicional de una línea materna/materna que probablemente haya terminado. Di a luz a dos hijas que llevan una réplica exacta de mi haplogrupo H1 en su ADN mitocondrial. Sin embargo, mi hija mayor ha optado por no tener hijos. Mi hija menor tiene dos hijos que, aunque también son portadores de mi ADN mitocondrial H1, son varones y no pueden transmitirlo a sus hijos. A menos que una de mis hijas dé a luz a una hija que, a su vez, dé a luz a otra hija, y así sucesivamente, mi línea de H1 ha terminado. Quizá mi supuesta nieta podría tener una mutación en su H1 que provocara un ligero ajuste en el ADN, iniciando así una nueva rama. Por desgracia, sin más descendencia femenina, esto no ocurrirá en mi línea directa. Mi hermana también es H1, tiene tres hijas, y quizá una de ellas dé a luz una hija que continúe nuestra línea H1. Si eso ocurre, es lo más cerca que estaré de una continuación de mi línea materna directa, a través de mi hermana, porque compartimos la misma madre y la misma línea materna directa. Si sus hijas no engendran ninguna hija, la siguiente descendiente femenina más cercana de mi línea materna es a través de una prima de mi madre, que tiene una hija y nietas. He aquí un gráfico para aclarar un poco las cosas.

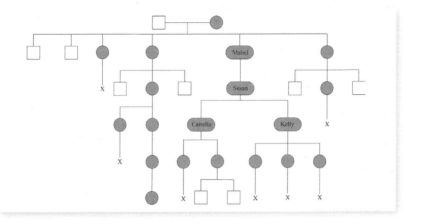

Por supuesto, hay miles y miles de otras líneas mitocondriales H1 en el mundo. El final de mi línea no supone una gran pérdida para la continuación general de la línea H1. Sin embargo, puede ver cómo estas podrían acabar borrando una línea de la existencia. Evidentemente, también tengo mis propios sentimientos personales sobre el final de mi línea femenina directa. Aunque soy madre de dos hembras y me siento conectada a esas madres de mi línea, es decir, las mujeres que, retrocediendo en el tiempo, dieron a luz a una hija que daría a luz a la siguiente hija, hasta llegar a mí, es probable que no tenga una continuación posterior de mi línea personal de ADN mitocondrial, y me entristece un poco que algún día no haya una nieta en línea directa que mire hacia atrás, hacia mí, del mismo modo que yo miro hacia atrás a mi propia Anna María, que cruzó un océano para tener la oportunidad de una vida mejor y ¡dio a luz en un barco en ruta! Murió apenas tres años después de su llegada a las duras condiciones de la primitiva Luisiana, pero aun así la siento como una fuerte presencia energética en mi vida; es una hermosa joya en mi corona y un recordatorio de la fuerza y la perseverancia de las mujeres que me precedieron.

Se me ocurrió entonces que debía reconocer mis sentimientos de tristeza con un breve ritual para marcar el final de mi línea materna. Por supuesto, eso no altera nada, ni tampoco deseo impulsar un cambio y que, de repente, me convierta en abuela de una niña, puesto que hacerlo significaría ir en contra de las decisiones de mis hijas sobre sus propios cuerpos y vidas. Sin embargo, me ayuda a asimilar ese cierre.

RECONOCER EL FINAL DE UNA LÍNEA MATERNA

Materiales:

—*Dos velas rojas con forma de vulva. Si no las encuentra, puede utilizar velas rojas de tipo taper y talle una XX en cada una de ellas.*
—*Aceite de unción.*
—*Espray limpiador.*
—*Un trozo de kunzita.*
—*Una olla o caldero ardiendo.*
—*Un pequeño trozo de papel en el que haya escrito a mano los nombres de sus antepasados por línea materna directa. Si no los sabe, escriba: «Mi línea materna directa».*

Instrucciones:

Limpie su espacio con su espray de limpieza. Unja sus velas de arriba abajo, tres veces cada una, y visualice a las mujeres de su línea materna directa que le precedieron. Coloque la kunzita en medio de las dos velas. Encienda la primera vela y diga lo siguiente:

> *Os honro a vosotras, madres recientes y antiguas de mi línea particular, a las que conozco por su nombre y a aquellas cuyos nombres se han perdido en las brumas del tiempo. Honro la esencia de vuestro ser físico que vive en mí y potencia mi ser. Honro los sacrificios realizados que aseguraron su supervivencia desde ustedes hasta mí. Reconozco y honro la carga y la alegría de tu maternidad. Honro su vida, por breve o larga que haya sido.*

Encienda la segunda vela y diga:

> *Soy (o mi hija es) la última hija de esta línea materna en particular. Me presento aquí como orgullosa representante de todos los que me han precedido. Bendíceme mientras*

recorro mi camino y hago el trabajo que contribuirá a la continuidad de otras líneas maternas sagradas. Gracias por tu esencia que alimenta mi ser.

Encienda el papel con el nombre y déjelo arder en el caldero. Deje que ambas velas se consuman. Conserve la kunzita junto a una foto enmarcada de un antepasado femenino en su línea directa, o una foto suya. Tómese tiempo para sentarse con ella de vez en cuando para recordarle que su tiempo aquí en la Tierra es poderoso en muchos sentidos, y que usted contribuye al legado de las mujeres de todo el mundo con el trabajo que realiza.

Añada la kunzita a su caja de herramientas de genealogía para tenerla a mano cuando necesite encontrar la paz en su corazón en relación con cualquier tipo de final.

ADN-X: el cáliz

«Sepan que, cuando mi vida termine, como un río que fluye hacia el mar, fluiré hacia ustedes».

Patti Tuck, El amor fluye como un río.

El ADN-X es el que parece confundir más a la gente, principalmente por su patrón de herencia. Tanto el ADN-X como el ADN-Y son cromosomas sexuales que, en una de dos configuraciones, formangenéticamente masculino o femenino. Por ello, a veces se presume que el ADN-X se asocia solo a las mujeres porque el ADN-Y se asocia solo a los hombres, en el sentido de que solo pueden recibirlo de su padre/progenitor XY y transmitirlo únicamente a sus hijos varones. Sin embargo, el ADN-X lo lleva todo el mundo y se transmite a lo largo de un intrincado y hermoso camino de varias generaciones en un orden preciso. Fluye desde los antepasados hasta nuestro ser físico, llevando consigo los ingredientes que podemos utilizar para manifestar una vida mágica.

Como casi todo lo demás en la genealogía por ADN, el ADN-X también puede colocarse en forma de árbol que muestra los antepasados potenciales de los que podemos ser portadores de ADN-X. Al igual que el ADN autosómico, la probabilidad de portar ADN-X de estos antepasados potenciales disminuye con cada generación que se aleja de ellos. El patrón de herencia del ADN-X también es diferente para mujeres y hombres, a diferencia del ADN autosómico, que se hereda de forma similar.

Esto parece complicado al principio, pero, cuando se hace visual en forma de árbol, se vuelve un poco más claro. Como cromosoma sexual, la presencia o ausencia de ADN-X de nuestro padre/ progenitor XY es lo que nos determina genéticamente como mujer/XX o varón/ XY. Recuerde que los varones obtienen el ADN-Y de su padre, y las mujeres adquieren el ADN-X de su padre. Las madres transmiten el ADN-X a todos sus hijos. Es un poco más enredado que eso; sin embargo, podemos usar ese simple problema matemático que empleamos con el ADN autosómico para que sirva de nuevo como una manera fácil de pensar en ello: 50 + 50 = 100.

Siempre obtenemos cincuenta cromosomas X del óvulo de nuestra madre/progenitor XX. Que obtengamos o no otros cincuenta cromosomas X de nuestro padre/progenitor XY depende de si el espermatozoide fecundante lleva X o Y al óvulo durante la fecundación. Considere estos dos escenarios, que darán como resultado una descendencia femenina/ XX o masculina/XY:

50 cromosomas X de mamá (progenitor XX) + 50 cromosomas X de papá (progenitor XY) = 100 cromosomas XX.

50 cromosomas X de mamá (progenitor XX) + 50 cromosomas Y de papá (progenitor XY) = 100 cromosomas XY.

Solo la descendencia femenina recibirá ADN-X del padre/progenitor XY, lo que la convertirá en una persona XX. Los varones reciben una Y de él en lugar de una X, lo que los convierte en una persona XY. La forma más fácil de pensar en la herencia del ADN-X es considerar de nuevo la analogía de la lotería. Cada uno de nosotros necesita cien pelotas de *ping-pong* en total para crear nuestro XX o XY. Obtenemos cincuenta de cada progenitor. Nuestra madre/progenitor XX tiene cien pelotas de *ping-pong* individuales para darnos, pero solo podemos coger cincuenta de ella. Las mujeres son las que mueven los hilos del ADN-X, así que lo que obtenemos de ella es completamente aleatorio, muy parecido a un sorteo de lotería, y similar a cómo nuestro ADN autosómico se transmite de ambos progenitores.

Nuestro padre/progenitor XY también tiene cien pelotas de *ping-pong* individuales para repartir. Sin embargo, no hay aleatoriedad en la forma en que sus X e Y se transmiten a su descendencia. Sus cien pelotas de *ping-pong* se dividen en dos conjuntos con cincuenta pelotas de *ping-pong* en cada uno, un conjunto etiquetado X y el otro conjunto etiquetado Y, que no se pueden separar. Cada persona recibe un juego de cincuenta pelotas de *ping-pong* X o un juego de cincuenta pelotas de *ping-pong* Y. El juego X, una vez transmitido en copia exacta a cada hija mujer/XX, puede ser roto por ella para transmitirlo aleatoriamente a sus propios hijos, tanto mujeres como hombres. El juego Y, sin embargo, permanece intacto cuando se pasa a un hijo varón/XY, que entonces lo pasará intacto a todos sus hijos varones.

Dado que los machos y las hembras no heredan el ADN-X de la misma manera, echemos un vistazo a los patrones de herencia de cada uno.

El árbol que aparece a continuación muestra cómo las mujeres acceden al ADN-X a través de su madre y su padre. La herencia del ADN-X a través de la línea paterna/XY, además del ADN autosómico, es otra forma que tienen las mujeres de acceder al masculino divino de la línea paterna de su padre y de otros antepasados varones.

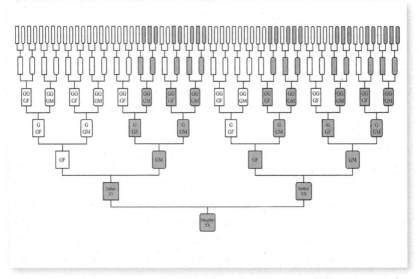

Herencia femenina del ADN-X.

El siguiente árbol muestra cómo los varones solo pueden acceder al ADN-X a través de su madre/progenitor XX. La otra mitad de su cromosoma sexual procede del ADN-Y que heredaron en copia exacta a través de su línea paterna/XY. La herencia del ADN-X de su madre es otra vía, además del ADN autosómico y mitocondrial, por la que los hombres acceden al sagrado femenino.

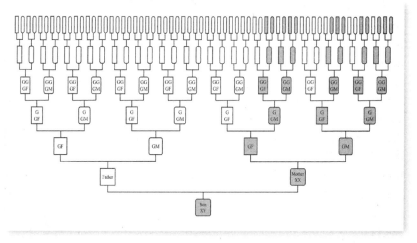

Herencia masculina del ADN-X.

LA HERENCIA DE LO SAGRADO FEMENINO Y LO DIVINO MASCULINO

Las mujeres son la razón por la que el ADN-X es único dentro de cada persona. Cada vez que crean una nueva vida, agitan su ADN-X y lo transmiten a todos los niños en un patrón que, aunque estadísticamente podría reproducirse al azar en otra persona (gemela no idéntica), generalmente es considerado como una configuración única. Pueden transmitir la magia del femenino sagrado y el masculino divino de sus propios padres. Las mujeres/XX no tienen acceso al masculino divino de su padre a través del ADN-Y y la línea paterna directa, ya que ese ADN se transmite y hereda únicamente en un linaje de hombre a hombre.

Sin embargo, pueden acceder a la esencia de esa energía y llevar una cantidad significativa del masculino divino de su padre en su interior, a través de su herencia del ADN-X de él. Esto abre una puerta energética a la esencia del masculino divino del padre tal y como le fue dada por su propio padre genético, así como de la madre genética del padre y todas las energías del masculino divino que ella heredó a lo largo de sus propias líneas X ancestrales.

Los hombres/XY no transmiten el ADN-X a sus hijos varones/XY, sino solo a sus hijas mujeres/XX. Sin embargo, sí tienen acceso al sagrado femenino de ambos progenitores. Aunque su padre no puede transmitirles el ADN-X, sí es portador de la firma energética del ADN-X de las líneas X ancestrales de su madre. Esto se transmite energéticamente a la descendencia masculina/XY. Esta magia importa. Además del ADN autosómico y mitocondrial, el ADN-X infunde a los hombres una poderosa energía de lo femenino sagrado, así como de lo masculino divino de las líneas X femeninas ancestrales. Cuando se abraza esta energía, los hombres experimentan relaciones a todos los niveles que son equilibradas y sanas, sin miedo a expresarse de la forma que mejor les sirva y sin preocuparse por las ocasiones en que se les etiquete de forma negativa por ello. Esta apertura y este equilibrio contribuyen a un linaje descendiente sano, ya sea genético o influyente.

Además, el ADN-X de la madre de un varón le es dado en una forma que debe transmitirse intacta a cualquiera de sus descendientes hembras/XX. Esto es poderoso. Deténgase a pensarlo un momento. Las nietas tienen una copia exacta del ADN-X que su abuela paterna dio a su padre. A modo de ejemplo, mi padre tiene tres hijas: yo y mis dos hermanas, una de las cuales comparte madre conmigo, mientras que la otra no. El 50 % de nuestro ADN-X nos llegó de nuestra madre de forma recombinada. Cada una de nosotras lleva exactamente el mismo 50 % de ADN-X procedente de nuestra abuela paterna. Este paquete genético de ADN-X asegura la magia de sus líneas X ancestrales, y la esencia del masculino divino de su linaje nos fue dada por nuestro padre. Las mujeres provocan cambios en el ADN-X porque agitan su ADN-X y transmiten una mezcla aleatoria, pero los hombres aseguran una herencia consistente de las líneas de ADN-X de su propia madre en todas sus hijas. El ADN-X no se realiza por sí solo como prueba independiente; se incluye en las pruebas de ADN autosómico. Algunas empresas de pruebas disponen de lo que se conoce como «navegador cromosómico», que permite ver comparaciones del ADN autosómico propio y el ADN-X compartido con otra persona. Esto puede arrojar luz sobre las líneas ancestrales compartidas, ya que usted solo compartirá el ADN-X según los patrones de herencia mostrados anteriormente en el capítulo. Estadísticamente, los hermanos varones/XY podrían tener idéntica herencia de ADN-X de su madre, o podrían no compartir ninguno. Sin embargo, lo más probable es que compartan algo de ADN-X. Las hermanas hembras/XX que comparten padre siempre tendrán un 50 % de ADN-X idéntico, ya que la copia de X que transmite a sus hijas es siempre la misma que heredó de su propia madre. Al igual que sus hermanos varones, las hembras que tienen la misma madre podrían compartir estadísticamente una herencia idéntica de ella, o podrían no compartir ninguna, pero lo más probable es que se sitúen en algún punto intermedio.

La supresión y la incomprensión, intencionada o no, de lo sagrado femenino y lo divino masculino han creado toda una división política y social a lo largo de la historia. Las mujeres han sufrido horriblemente a causa de, y siguen luchando contra, las normas patriarcales que les niegan la igualdad en casi todos los ámbitos de la vida. Los varones también tienen su propia batalla, en el sentido de que se espera de ellos que «sean un hombre» y exhiban con mayor intensidad lo que la sociedad considera un comportamiento masculino, y cualquier expresión de lo sagrado femenino a menudo se menosprecia o es motivo para etiquetarlos de una forma que pretende menospreciarlos. Estas normas, junto con el enorme abismo que ahora nos separa, no es como estábamos destinados a ser. Sí, existen diferencias físicas y genéticas entre las personas XX y XY, pero la capacidad de manifestar realmente nuestra magia innata ha estado demasiado tiempo, y exasperantemente sigue estando, definida por personas con agendas financieras, políticas o religiosas, o las tres cosas a la vez. Necesitamos que el mundo cambie su forma de ver la humanidad; necesitamos que acoja la divinidad que hay dentro de cada persona tal y como se manifiesta de forma natural. A las mujeres/XX se les debería permitir abrazar su masculino divino, y los hombres/XY deberían poder expresar su femenino sagrado, todo ello sin repercusiones ni miedo. Cada uno de nosotros somos una expresión única del yin y el yang de la humanidad. Existimos en un espectro, no en extremos, y nuestro ADN es prueba de ello.

SU CÁLIZ DE ADN-X

La magia del ADN-X reside en sus patrones de herencia. Como un río, se retuerce y fluye a través de las generaciones en un patrón entrecruzado, agitando nuestra composición genética y transportando una magia acuosa que, como el ADN autosómico, es única para cada persona. De esta corriente de ADN-X, los hombres reciben una fuerte dosis de lo femenino sagrado de sus antepasadas femeninas, incluida su línea materna directa. Como las mujeres también reciben una X de su padre, pueden captar de él una esencia que, aunque no es exacta al ADN-Y transmitido de padres a hijos, abre, sin embargo, una puerta energética al masculino divino que se transporta por la línea paterna directa. También accede a esa energía masculina de otros antepasados varones a lo largo de las líneas de herencia del ADN-X.

Esta mezcla de lo sagrado femenino y lo divino masculino es necesaria para dar equilibrio a cada persona. Incluso en nuestro mundo actual de horrenda opresión patriarcal y marginación, siempre debemos hacer todo lo posible por estar abiertos a lo divino y lo sagrado dentro de nosotros mismos y en los demás. En su forma más pura, cada uno es un ingrediente necesario que ofrece equilibrio a la totalidad del ser. Lo masculino no es más ni menos que lo femenino, y viceversa, y ninguno de los dos puede descartarse sobre el otro sin crear un desequilibrio importante. Más bien, debemos encontrar la manera de incorporar ambas energías a nuestro ser y a nuestra vida cotidiana. Ser consciente de nuestros ancestros de ADN-X y trabajar con ellos es una forma de aprovechar la esencia de ambas energías y permitir que el flujo de energía venga a nosotros.

Este flujo de ADN y la forma en que cada uno de nosotros lo recibimos siempre me han traído a la mente un cáliz. En muchos caminos mágicos, el cáliz representa el elemento del agua, el útero de la diosa, lo sagrado femenino. Recoge esta magia y luego es capaz de dispersarla a través de la bebida de su contenido, tanto literal como metafóricamente.

Cuando pensamos en nuestro ADN-X como el cáliz, podemos entonces abrirnos a las formas en que cada uno de nosotros es capaz de participar de la magia acuosa y dadora de vida que nos diferencia y nos ofrece la esencia de lo sagrado femenino y lo divino masculino de una forma adecuada a nuestro ser físico único. Cada uno de nosotros, como individuos únicos y maravillosos, recibimos en nuestro propio cáliz la magia colectiva del río de la herencia genética.

DIARIO MÁGICO: SU CÁLIZ X

Necesitará su diario y un bolígrafo, rotuladores o lápices de varios colores, y su vela de siete días. Limpie la energía de su espacio con su espray limpiador y declare la intención de crear una atmósfera llena de amor, creatividad y seguridad en sí misma. Encienda su vela de siete días. Abra la sesión de la forma habitual.

Mire fijamente la llama de su vela durante unos minutos y considere los antepasados de los que ha heredado el ADN-X. Si es necesario, utilice la tabla de ADN-X adecuada y compárela con su propio árbol genealógico, si ha creado uno. Si no, considere el flujo de la herencia del ADN-X desde sus antepasados hasta usted. ¿Cómo podrían manifestarse en usted el sagrado femenino y el divino masculino gracias a ellos? ¿Tiene su historia alguna influencia en la forma en que usted representa externamente esa herencia? ¿Qué opina de sus sentimientos hacia lo sagrado femenino y lo divino masculino? ¿Se siente más atraído por uno que por otro? ¿Cómo podría abrirse más a uno u otro, o a ambos?

Piense ahora en cómo podría ser este cáliz para usted. De nuevo, esto es un proceso creativo, no hay nada correcto o incorrecto. Se trata de una manifestación mental de las energías genéticas positivas que fluyen desde los ancestros de ADN-X hasta usted, una imagen que puede conjurar para captar mentalmente esa energía y sorber de ese cáliz de divinidad sagrada. Su cáliz es solo para usted, ya que no puede haber otro en el mundo como el suyo porque ¡nadie más en el mundo es usted!

Escriba una descripción de su cáliz. ¿Qué aspecto tiene? ¿Cómo es su textura? ¿Tiene muchos colores, o solo uno? ¿Está adornado? Si lo desea, puede hacer un dibujo de su cáliz. Recuerde que solo tiene que servirle como punto de referencia para las veces que quiera referirse a sus pensamientos originales sobre cómo le parecía y se sentía. Al igual que con el manto y la corona, este cáliz está construido únicamente con energías positivas, así que no permita que las dinámicas de negatividad que puedan estar presentes en su vida formen parte de su construcción.

Cuando haya terminado de escribir o dibujar, o ambas cosas, cree una imagen en su mente de usted mismo sosteniendo su cáliz. Sienta su peso en la mano, imagíneselo lleno de un delicioso néctar de energía ancestral que podrá sorber como desee, para permitir que la esencia de esta magia fluya en su interior.

Apague su vela, cierre su sesión de diario y despeje su espacio con el espray de limpieza.

FUGAS EN EL CÁLIZ

El cáliz puede tener grietas por donde se cuelan energías ancestrales negativas, por lo que debe atenderse con frecuencia. Considero mi propio cáliz como una parte de mi magia que, de vez en cuando, necesita remiendos aquí y allá para mantener su aspecto y que funcione lo mejor posible. Del mismo modo que algunas personas comprueban si sus escudos protectores tienen roturas y luego los reparan energéticamente, yo también evalúo mi cáliz en busca de fisuras, por así decirlo. Considero que mi cáliz es una manifestación solo de los atributos positivos y las cualidades de mi sagrado femenino y mi divino masculino, y debo hacer el trabajo de mantenimiento para que siga funcionando.

Al igual que el manto y la corona, su cáliz es una manifestación energética de los aspectos positivos de los ancestros cuyo ADN-X lleva dentro de usted. Utilice la imagen mental de su cáliz como recordatorio de lo sagrado femenino y lo divino masculino que hay en su interior, y deje que le ayude a expresar cada uno de ellos de la forma que mejor le convenga.

UN RITUAL DE CONSAGRACIÓN Y CONEXIÓN

Tengo un cáliz en forma física que utilizo para trabajar con mis antepasados de ADN-X. Lo utilizo cuando necesito investigar sobre esos antepasados en particular, o cuando necesito tomar una dosis de sabiduría y quiero utilizar un proceso físico para hacerlo. No pretendía tener un cáliz físico para esto, pero casualmente encontré uno que se parecía y se sentía como el que había manifestado en mi mente. Si desea utilizar un recipiente tipo cáliz para su propio trabajo con los antepasados, aquí tiene un ritual de consagración y conexión. Normalmente no me importa limpiar y utilizar herramientas mágicas para diversos fines, pero mantengo separadas mis herramientas de genealogía. Si puede, le sugiero que conserve también este cáliz estrictamente para el trabajo ancestral, de modo que su energía permanezca intacta y centrada en su propósito, que es conectarle energéticamente, a través del contenido del cáliz, con sus antepasados de ADN-X.

Materiales:

—*Cáliz, limpiado a la manera que usted elija.*
—*Cinco objetos que pueda sostener que representen los cinco elementos: espíritu (ancestros), aire, agua, fuego y tierra. A mí, personalmente, me gusta utilizar cristales; en particular, amatista (espíritu), lapislázuli (aire), ágata azul de encaje (agua), citrino (fuego) y madera petrificada (tierra). También puede elegir visualizar cada elemento, lo que solo requiere un trabajo mental.*
—*Piedra de luna para representar lo sagrado femenino.*
—*Ojo de tigre para representar lo divino masculino.*
—*Vela blanca en forma de cono.*
—*Aerosol limpiador.*
—*Pequeño mantel blanco para el altar.*
—*Bebida de su elección.*

Instrucciones:

Empiece limpiando su espacio sagrado con un espray de limpieza. Mientras lo hace, con su mente establezca la intención de que el espacio sea amoroso, abierto y positivo. Disponga el mantel blanco sobre una superficie sólida. Coloque el cáliz en el centro de la tela; ahora, ponga la vela hacia el lado que se alinea con su mano no dominante (esto es para que no esté extendiendo la mano por encima o alrededor de la llama mientras trabaja) y, a continuación, coloque los cinco cristales elementales hacia el lado dominante de su espacio sagrado, para que pueda alcanzarlos fácilmente. Sujete la piedra lunar y el ojo de tigre en su mano dominante, y exhale lentamente una larga bocanada de aire sobre ellos. Esto infunde la energía de su ADN en ellos y sirve para establecer una conexión energética entre usted, el cáliz y sus antepasados X. Coloque la piedra lunar y el ojo de tigre delante del cáliz.

Dado que mis propias asociaciones direccionales y elementales difieren de la mayoría en Estados Unidos en que yo conecto el Norte con el aire, el Este con el fuego, el Sur con el agua, el Oeste con la tierra y el Centro/Diosa/ancestros con el espíritu, muchos descubrirán que necesitan ajustar el ritual a sus propias correspondencias direccionales personales. Yo también sigo un camino inspirado en la Diosa y utilizo esa terminología en muchos de mis propios rituales. Como con cualquier magia, debería alterarla para que se adapte a su propia práctica, incluso cambiando las palabras, los materiales utilizados o ambas cosas. Este es su cáliz, así que mezcle el ritual para hacerlo suyo, de forma que sea significativo para su práctica.

Encienda la vela. Tome el cáliz con la mano no dominante, coja el lapislázuli con la otra mano y colóquelo suavemente en el interior. Luego, diga:

> *Diosa del Norte,*
> *señora del aire,*
> *consagro este cáliz X*
> *y cárguelo con sus energías.*
> *Que me conecte con los ancestros.*

Continúe sosteniendo el cáliz. Coja el citrino y colóquelo suavemente en el interior. Luego, diga:

> *Diosa del Este,*
> *señora del fuego,*

> *consagro este cáliz X*
> *y cárguelo con sus energías.*
> *Que me conecte con los ancestros.*

Continúe sosteniendo el cáliz. Coja el ágata de encaje azul y colóquela suavemente en el interior. Luego, diga:

> *Diosa del Sur, señora del agua,*
> *consagro este cáliz X*
> *y cárguelo con sus energías.*
> *Que me conecte con los ancestros.*

Continúe sosteniendo el cáliz. Recoja la madera petrificada y colóquela suavemente en el interior. Luego, diga:

> *Diosa del Oeste,*
> *señora de la tierra,*
> *consagro este cáliz X*
> *y cárguelo con sus energías.*
> *Que me conecte con los ancestros.*

Continúe sosteniendo el cáliz. Recoja la amatista y colóquela suavemente en el interior. Luego, diga:

> *Bajo la mirada amorosa de la Diosa,*
> *de infinitos nombres,*
> *de infinito saber,*
> *consagro este cáliz X*
> *y cárguelo con las energías claras*
> *y oscuras de la conciencia celestial.*
> *Que me conecte con los antepasados.*

Continúe sosteniendo el cáliz. Coja su piedra lunar y su ojo de tigre infundidos con ADN y colóquelos suavemente en el interior. Luego, diga:

Este cáliz ha sido bendecido por las energías de los elementos
y consagrado a su propósito a los ojos de la Diosa, y ahora
está conectado por sangre y lazos con mis antepasados X.
Que sus energías sabias y positivas fluyan siempre hacia su
contenido, y luego hacia mí. Que así sea.

Termine el ritual de la forma habitual. Deje que la vela se consuma. Retire los cristales y enjuague su cáliz según sea necesario. Después, añada la bebida de su elección. Siéntese y beba un sorbo de su cáliz para finalizar el vínculo entre él y usted. Si lo desea, escriba en su diario sus sentimientos y los planes y objetivos de investigación que tenga para trabajar con las energías de sus antepasados X.

ADN-Y: el bastón

«Durante miles de años, padre e hijo han estirado el cañón del tiempo».

Alan Valentine.

El ADN-Y (también conocido como ADN cromosómico Y) es uno de los dos cromosomas que determinan si seremos una persona genéticamente masculina/XY, y constituye por sí solo una prueba de ADN independiente.

Las personas XY obtienen un cromosoma Y de su progenitor masculino/XY (el otro es un cromosoma X de su progenitor femenino/XX), y este se transmite directamente por línea paterna. Las mujeres/XX no heredan ningún ADN-Y de su progenitor varón. Al igual que ocurre con el ADN mitocondrial, cada pocos miles de años se producirán pequeñas mutaciones no perjudiciales en el ADN-Y de un varón que provocarán un ligero cambio en la línea que luego seguirá transmitiéndose. Estas mutaciones se clasifican en haplotipos individuales, que luego se organizan en haplogrupos, que a su vez se agrupan en un árbol filogenético, que es como un árbol genealógico para el ADN-Y.

El ADN-Y lleva en sí una magia poderosa y constante. Durante milenios, desde el primer humano moderno, los hombres han transmitido una réplica exacta de su ADN cromosómico Y (con una pequeña mutación ocasional) a su descendencia masculina/XY. Este pequeño trozo de cromosoma los conecta unos con otros, de padre a hijo, de varón a varón, de persona XY a persona XY, a través de las brumas del tiempo. Dinastías familiares, reinos, naciones y más han sido arraigados en la herencia paterna durante generaciones; los apellidos familiares se transmiten por línea masculina en muchas culturas occidentales, y durante miles de años la idea de familia ha girado en torno al varón como su protector y proveedor.

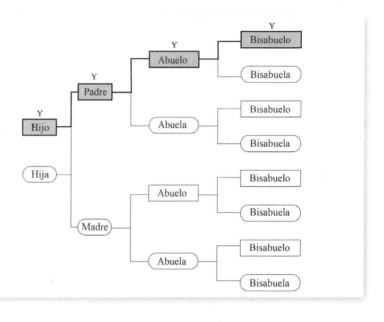

El ADN-Y se transmite exclusivamente de la línea paterna/XY a la descendencia genética de hijo/macho/XY. La línea directa de herencia del ADN-Y se conoce como «línea paterna» o «línea del padre».

LOS PADRES CROMOSÓMICOS Y Y EL RELOJ MOLECULAR

Los padres del ADN-Y son hombres antiguos que representan momentos en el tiempo. Desde el singular padre antiguo cuyo ADN-Y sirve de fuente para todos los humanos vivos hoy en día, a los múltiples padres antiguos cuyas mutaciones genéticas marcaron un cambio genético para sus descendientes, cada uno de nosotros lleva un recuerdo genético del poder y la belleza de su existencia. Las líneas de sangre de los antiguos padres evolucionaron en grupos distintos a lo largo de los milenios con pequeñas mutaciones genéticas que se clasifican en haplogrupos. Estos forman su propia especie de árbol, muy parecido a un árbol genealógico.

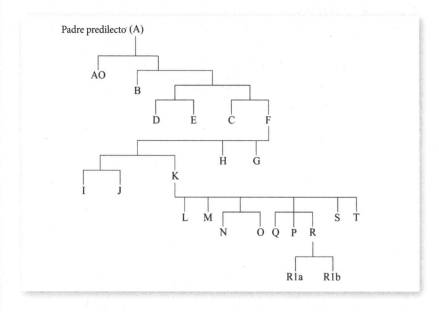

El árbol filogenético del ADN cromosómico Y. Las letras representan los principales haplogrupos y el árbol muestra cómo todos ellos descienden del haplogrupo A, que pertenecía al Padre Predilecto, el padre ancestral común para todos los humanos vivos en la actualidad. A medida que la ciencia evolucione y se descubra más información, es probable que este árbol cambie.

Al igual que las madres mitocondriales, los padres cromosómicos Y aparecen a lo largo de un camino bastante preciso entre el antiguo padre del que descienden todos los humanos vivos y nosotros. Los científicos son capaces de aproximar cuándo surgieron nuevos haplogrupos teniendo en cuenta el ritmo medio al que el ADN-Y muta. El ADN cromosómico Y se transmite de las personas de sexo masculino/XY a la descendencia de sexo masculino/XY sin cambios, salvo por mutaciones (cambios diminutos, normalmente inofensivos) que se producen en una línea temporal predecible. Debido a esta lenta tasa de cambio, el ADN-Y proporciona la información necesaria para un «reloj molecular» de forma parecida a como lo hace el ADN mitocondrial. De nuevo, la idea que subyace a este reloj es que las mutaciones aleatorias se suman a un ritmo relativamente constante a lo largo del tiempo. Dado que los científicos han determinado la tasa media de mutación (la frecuencia con la que se producen estas mutaciones) del ADN-Y, son capaces de extrapolar cuánto tiempo hace que dos personas compartieron un antepasado común. Esto no puede hacerse de forma fiable con el ADN autosómico porque, a diferencia del ADN-Y, experimenta una presión evolutiva para cambiar y se recombina con cada generación, por lo que es más difícil de rastrear a lo largo del tiempo.

PADRE PREDILECTO

El linaje del ADN cromosómico Y puede ser complicado y difícil de entender, pero la explicación sencilla es que todos los humanos vivos hoy en día descienden de un hombre. Generalmente, se le conoce como «Adán cromosómico Y», pero «Padre Predilecto» es un nombre de mi propia creación. Pienso en él de ese modo porque su línea, por razones genéticas, de suerte o ambas, es la que persevera y resulta favorecida. No había un solo hombre vivo en la época en que él caminó sobre la tierra; formaba parte de una población que tenía diferentes tipos de ADN-Y, pero los otros especímenes acabaron extinguiéndose porque los descendientes de esos otros machos o no tuvieron descendencia, o esta solo fue femenina. El ADN-Y particular del Padre Predilecto sobrevivió y mutó en los muchos tipos diferentes que se encuentran actualmente en el mundo. Por supuesto, el Padre Predilecto, un hombre primitivo y antiguo, no tenía ni idea de que su línea de ADN-Y se propagaría y sobreviviría durante miles y miles de años. Del mismo modo que a menudo se confunde a la Madre Afortunada con la Eva bíblica, también se equipara al Padre Predilecto con Adán. Al igual que con la Madre Afortunada y Eva, el antepasado común de ADN-Y y el Adán bíblico no son lo mismo.

PRUEBAS DE ADN-Y

A diferencia de la sencilla prueba de ADN mitocondrial para la que existe una opción, los detalles de la prueba de ADN-Y pueden ser un poco complicados. En términos más sencillos, existen tres tipos de pruebas: Y-STR (repeticiones cortas en tándem), Y-SNP (polimorfismo de nucleótido único), que se realiza junto con la prueba Y-STR, o después de ella, y la secuenciación del ADN-Y, en la que se analizan grandes partes del ADN-Y.

Repeticiones cortas en tándem

La prueba Y-STR es lo que obtendrá si elige una prueba de marcadores Y-37, Y-67 o Y-111 en Family Tree DNA. Esta prueba examina segmentos muy cortos de ADN-Y a lo largo de secciones particulares del cromosoma Y, y con qué frecuencia se repiten. El análisis muestra un haplotipo estimado de ADN-Y, que es una agrupación de todos los marcadores analizados que caracterizan a la persona que se somete a la prueba. Cuantos más marcadores STR tenga en común un varón con otro, más estrecho será su parentesco. Los grandes grupos de hombres que comparten marcadores STR similares y un antepasado común, antiguo, se colocan entonces en un haplogrupo general. Esta prueba es buena para observar la ascendencia por línea paterna temprana.

Polimorfismo de nucleótido único

La prueba Y-SNP es similar, pero examina más específicamente puntos individuales a lo largo del cromosoma Y. ¿Recuerda los nucleótidos A, T, C y G que se enganchan como bloques de construcción del ADN? Cuando se replican, a veces se produce un error al copiar el código. La prueba SNP está comprobando esas erratas en las cadenas de letras A, T, C y G de esos bloques de construcción. ¿Ve la errata en el siguiente patrón?

AATGGTAATGGTAATC GT

Estas erratas suelen ser algo normal y crean variaciones en el ADN-Y. Observar esta información y luego compararla con una línea de base proporciona lo necesario para ser más específico a la hora de determinar a qué rama concreta de un haplogrupo pertenece un hombre. Estas pruebas pueden realizarse con solicitudes específicas basadas en los resultados del Y-STR, pero puede ser difícil averiguar qué SNP es mejor analizar a continuación. Si elige hacerse la prueba con Family Tree DNA, en cuanto estén disponibles los resultados iniciales de la prueba de ADN-Y, le sugiero que se una a un grupo del sitio llamado «proyecto de haplogrupo». Asegúrese de elegir uno que refleje la designación del haplogrupo, por supuesto. Las personas que dirigen esos grupos están muy bien informadas y pueden guiar a los miembros por el camino correcto para realizar más pruebas. Las mujeres que hayan realizado pruebas a familiares varones, o que gestionen sus pruebas, o ambas cosas, también son bienvenidas y se les anima a unirse. Gestiono las pruebas de ADN-Y de mi difunto padre, mi marido y mi nieto, y estoy en grupos para los tres proyectos que corresponden a sus haplogrupos individuales. Las pruebas Y-SNP son buenas para ver la ascendencia por línea paterna más reciente.

Pruebas de secuencias de ADN-Y

Esta prueba examina aproximadamente doce millones de pares de bases del cromosoma ADN-Y e incluye la identificación tanto de los Y-STR como de los Y-SNP. Es una prueba de ADN-Y muy avanzada que sirve para revisar la ascendencia por línea paterna más reciente. Para algunos, puede no ser atractiva, principalmente por el coste, pero también porque no siempre aporta valor en términos de lo que se desea como resultado. Por ejemplo, mi marido se ha sometido a pruebas a este nivel y tiene exactamente una coincidencia: un hombre de Alemania con el que comparte un antepasado de hace unos 2500 años. Eso no le resultó útil para la investigación genealógica de las últimas generaciones. Por otro lado, mi nieto también se ha hecho la prueba a este nivel y tiene un apellido común que también coincide con él en el ADN autosómico, y con esa información pude determinar su antepasado compartido, un hombre que vivió en el siglo XIX. Los hombres que consideran que tienen suficiente información sobre su línea paterna con la prueba de 23and-Me, mucho menos costosa, también podrían pensar que no necesitan un desglose detallado de su genética de ADN-Y. Sin embargo, para los que están interesados en conocer su genealogía, este nivel de pruebas de ADN-Y puede ser inestimable para resolver misterios relacionados con la paternidad a lo largo de la línea masculina directa, y para los hombres adoptados que buscan información sobre su línea paterna.

Creo que es importante que los varones/XY se hagan una prueba de ADN-Y, al menos a un nivel básico. En 23andMe, obtendrá una idea básica de dónde se sitúa en el árbol Y. Si decide hacerse la prueba en Family Tree DNA, hágalo al nivel más alto que pueda permitirse. Esta prueba documenta el haplogrupo de la línea paterna; a veces puede dar pistas sobre la historia del apellido de esa línea, dependiendo de la prueba elegida, y puede ayudar a encontrar primos lejanos, y a veces cercanos, a lo largo de la línea paterna directa. También permite una interacción más personal con la magia de la línea de ADN-Y.

Es difícil saber qué prueba elegir. La prueba de 23andMe tiene un precio mucho más bajo (y también ofrece resultados sobre el ADN autosómico, mitocondrial y X), pero de nuevo tiende a ser muy general y suele limitarse a un haplogrupo ascendente o de nivel superior. No es incorrecto, pero no es todo lo específico que podría ser, mientras que el Big Y-700 de Family Tree DNA, que es la prueba de secuenciación, ofrece un desglose mucho más detallado. Sin embargo, realmente depende de lo que usted quiera. A algunas personas les basta con conocer el haplogrupo general de nivel superior, otras quieren más información. Piense en su objetivo con las pruebas de ADN-Y y parta de ahí.

El haplogrupo Y estimado de mi marido era R-M269, revelado con una antigua prueba Y-STR del Proyecto Genográfico de National Geographic (ahora, descatalogada) que compré para él como regalo allá por 2006. En realidad, ni siquiera sabía lo que estaba probando, pero fue emocionante para un adoptado como él aprender más sobre su antigua herencia. Como haplogrupo principal, el R-M269 es muy común en hombres con profundas raíces europeas, pero, aunque es agradable saberlo, no me dice demasiado sobre su ascendencia paterna en particular, especialmente en los siglos más recientes. En 23andMe, el haplogrupo Y asignado a mi marido es R-L23, que apunta a un antepasado por línea paterna que nació hace unos 4400 años cerca del mar Caspio. Se trata de una evaluación más detallada de su ADN-Y porque también se fijan en los SNP, lo que proporcionará más información. En Family Tree DNA, donde se le ha realizado la secuenciación del ADN-Y con una prueba Big Y-700, su haplogrupo Y asignado es R-BY192456.

Todas sus designaciones de haplogrupo-R-M269, R-L23 y R-BY192456 son correctas. ¿Cómo? R-M269 es una rama mayor en el árbol R y se detecta con la prueba Y-STR. La prueba de 23andMe, que también examina los Y-SNP, lo sitúa además en la rama menor de R-L23, que se encuentra en la rama mayor de R-M269, pero no lleva las pruebas más allá. La prueba Big Y-700 de Family Tree DNA es la prueba de consumo más precisa hasta la fecha, y lo lleva a la ramita precisa de R-BY192456 en la rama R-L23, que forma parte de la rama mayor R-M269 del árbol del haplogrupo R para el ADN-Y. Solo comparte esa ramita con otro hombre que se ha sometido a la prueba; comparten un antepasado paterno común de hace unos 2500 años.

MALINTERPRETACIONES + SUPOSICIONES
= Y PROBLEMAS

El ejemplo de cómo los resultados de las pruebas de ADN-Y pueden parecer diferentes, pero ser los mismos, muestra un problema potencial, enorme, que se deriva de una mala interpretación y una mala comprensión de cómo funcionan las asignaciones de haplogrupos. Utilicemos los tres resultados diferentes de mi marido como representación de un abuelo, un padre y un hijo que se hacen una prueba de ADN-Y. El abuelo hace una prueba Y-37 (Y-STRs) con Family Tree DNA; el padre hace una prueba con 23andMe (Y-STRs y Y-SNPs), y el hijo decide hacer una Big-Y 700 (secuenciación de ADN-Y) en Family Tree DNA. Es probable que muestren lo que parecen ser resultados diferentes (y recuerde, como abuelo, padre e hijo en línea directa, se supone que son idénticos). El abuelo mostraría el haplogrupo R-M269; el padre, el haplogrupo Y R-L23, y el hijo, el haplogrupo Y R-BY19246. Si no supieran que la designación del haplogrupo Y del hijo es una versión más refinada de la del padre, cuya designación del haplogrupo Y también es más refinada que la del abuelo, podrían hacerse suposiciones incorrectas sobre la paternidad a lo largo de la línea que serían un error, y eso podría ser destructivo y acarrear muchos problemas dentro de una familia. He visto suceder esto más de una vez. Muchas familias se han visto destrozadas, temporalmente, por malentendidos sobre cómo interpretar los resultados de las pruebas de ADN. Afortunadamente, existen grupos en línea que ayudan a poner las cosas en su sitio, pero me estremezco al pensar en las personas que no tienden la mano y, en su lugar, asumen que ha habido un engaño por parte de un miembro de la pareja que ha dado lugar a una atribución errónea del parentesco. Lo mismo puede ocurrir con las pruebas de ADN autosómico y mitocondrial, pero no es algo que haya visto que sea un problema como los desajustes percibidos con el ADN-Y.

La conclusión resumida de todo esto es que nunca debe hacer suposiciones sobre los resultados de las pruebas de ADN. Si no tiene mucha experiencia, consulte con alguien que sí la tenga. Aquí es donde un mentor de genealogía puede ser útil, y también los miembros de muchos grupos en línea que se centran en la genealogía genética. Además, siempre debe esforzarse por ampliar su comprensión de los resultados de las pruebas de ADN y cómo se aplican a usted y a los demás. Esto no solo mantiene la historia familiar en el terreno de las verdades, sino que también enfoca la magia en la dirección correcta.

SU BASTÓN DE ADN-Y

Desde mi punto de vista como mujer, la línea paterna es una criatura nebulosa. Mientras que yo sabía que había dado a luz a la siguiente generación porque llevaba a cada uno de ellos dentro de mi cuerpo, no todos los hombres saben cuándo han contribuido a la creación de una nueva persona. Veo esto reflejado todo el tiempo en las «sorpresas genealógicas» que aparecen en los resultados de ADN de los clientes. Inevitablemente, hay un progenitor inesperado, normalmente un padre, o un hermano que nadie sabía que existía. La capacidad de procrear de los hombres supera con creces el ritmo de las mujeres. La mujer más prolífica de la historia es Valentina Vassilyev, de quien se dice que dio a luz a sesenta y nueve hijos en veintisiete embarazos. Aunque parezca impresionante, ni siquiera se acerca a Moulay Ismail, emperador de la dinastía alauí marroquí de 1672 a 1727, de quien se dice que engendró al menos 1171 hijos. Se cree que Gengis Kan pudo haber engendrado entre 1000 y 2000 hijos, y también se afirma que hasta dieciséis millones de hombres vivos en la actualidad, que viven en las regiones que conquistó Gengis, podrían ser descendientes suyos o de alguno de sus parientes masculinos cercanos.

El extraordinario poder del ADN-Y se hace evidente cuando se consideran estas estadísticas. Durante mucho tiempo, como mujer/femenina/persona XX, no consideré que tenía acceso a la magia del ADN-Y. Pensaba que era el ADN propio de los hombres y no tenía en cuenta la esencia de lo divino masculino que forma parte de mí y que me ha influido tanto como el resto de mi composición genética. En 2007, experimenté plenamente el poder de la magia del ADN-Y, gracias a unas palabras de mi padre.

Trabajaba como enfermera diplomada en una UCI quirúrgica muy concurrida del centro de la ciudad. La enfermería es una profesión que exige mucho, tanto en el ámbito físico como en el mental, y casi dos décadas de experiencia en ese momento habían puesto mucho estrés en mi cuerpo y mi mente. En el que resultó ser mi último turno, un paciente muy confuso y en estado crítico me agredió físicamente y me causó una grave lesión en la cadera que me dejó incapacitada para caminar y necesitada de una reparación quirúrgica. Durante los largos meses de recuperación, lidié con un alocado vaivén de emociones en torno al probable final de mi carrera y mi recién descubierta incapacidad para la movilidad. Me volví muy sensible a las reacciones negativas percibidas de los demás ante la lentitud con la que me movía con mi andador, y no quería salir de casa. Me angustiaba encontrar aparcamiento porque la distancia equivalía al dolor, y los suspiros exasperados de la gente que quería apresurarse pero me encontraba en su camino me resultaban hirientes y me avergonzaban. Se convirtió en algo problemático muy rápidamente. Me lamenté con mi padre por teléfono de que no quería ir a ningún sitio porque mucha gente me miraba fijamente y hacía comentarios sobre el hecho de que utilizara un andador para desplazarme lentamente. Al principio, se mostró comprensivo con mi difícil situación y, seguidamente, me dijo, muy a su estilo y sin ambages: «No hagas caso de nadie y sigue moviéndote». Luego, me contó que él era bisnieto de un hombre que trabajó duro, a pesar de las limitaciones, para crear una vida mejor para sus hijos. No estaba convencida, y, cuando le recordé innecesariamente que yo no era un hombre, me respondió pacientemente: «Sí, cariño, lo sé, pero eres la hija de uno».

Unos años después de esta conversación, descubriría que su línea paterna no era lo que pensábamos, pero en ese momento sus palabras de orgullo por la fuerza de su linaje paterno me hicieron reflexionar. ¿Por qué no iba a estar yo influenciada por su ADN-Y? Aunque técnicamente no llevo ADN-Y de mi padre, llevo ADN-X que él me dio y que contiene energía de los antepasados masculinos de su madre, junto con su ADN autosómico que constituye la mitad de mi genética y lleva energía de todos sus antepasados. Pensé en otras cosas que había heredado de él: partes de mi aspecto, ciertos manierismos, el gusto por el fútbol, un profundo amor por su ciudad natal (Washington, D. C.), y muchas cosas más. ¿Había alguna razón por la que yo no pudiera portar la esencia energética de la magia de su línea paterna?

Más adelante en mi recuperación, cuando hice la transición del andador al bastón, pensé en las palabras de mi padre («Sigue moviéndote»), y eso me llevó a preguntarme: «¿Cómo me mueve mi magia?». Consideré durante mucho tiempo las emociones negativas que sentía hacia muchos hombres, algunas válidas, la mayoría probablemente no, y cómo tendía a pintarlos a todos, salvo a unos pocos muy selectos, con un pincel sospechoso basado en mis propias experiencias con la opresión y el abuso patriarcales. Siempre dije que había magia en todas partes, pero mis palabras no se correspondían con mis actos. Vivía plenamente en lo sagrado femenino y no buscaba el equilibrio que me proporcionaría acceder a lo divino masculino dentro de mí. Cuando nació mi nieto a finales de 2008, él y su potencial como hombre en el futuro me proporcionaron el impulso que necesitaba para trabajar realmente en la creación de una práctica mágica que fuera más equitativa y que incluyera a todos mis ancestros en lugar de solo a los femeninos, con los que había trabajado casi exclusivamente. Durante ese tiempo, empecé a asociar mi bastón con la influencia de la línea paterna de mi padre. Su seguridad en mi capacidad de perseverar estaba presente en ese bastón, ya que literalmente me sostenía y evitaba que me cayera al caminar. Mi bastón se convirtió en mi bastón metafórico de ADN-Y. Representaba fuerza y una conexión literal entre la tierra y yo. Me proporcionaba equilibrio, y caminar con él me recordaba el amor de mi padre y su fe en mi poder personal para superar los obstáculos. Nuestra relación había sido conflictiva durante muchos años, pero con ese «bastón» descubrí que podía sentir la conexión energética con él y con sus antepasados de la línea paterna, hombres que viajaron, lucharon y trabajaron para proporcionar comida, cobijo y seguridad a sus familias, y que ofrecieron la esencia de su ADN-Y a sus descendientes femeninas, si tan solo se abrían a ello.

Tómese un momento para considerarse el último de una magnífica línea paterna de hombres que perseveraron y prosperaron, aunque solo fuera el tiempo suficiente para contribuir a crear una nueva vida. ¿Qué puntos fuertes siente en su interior? ¿Cómo manifiesta esta línea paterna en su vida? ¿Cómo se proporciona equilibrio, fuerza y amor a sí mismo? ¿Y a los demás?

CÓMO ENCONTRAR INFORMACIÓN SOBRE EL ADN-Y SIENDO UNA PERSONA XX

Las personas de sexo masculino/XY que hayan completado una prueba de ADN-Y pueden acceder fácilmente a la información genética necesaria para proporcionarles pistas sobre su ascendencia de línea paterna antigua y reciente. El poder de los antepasados de la línea paterna recorre cada parte del ser de un hombre, llenándolo de una terrenal solidez que se centra en lo divino masculino. Los hombres llevan la esencia energética de su línea paterna y también tienen una manifestación física de ella con la presencia del ADN-Y. Las mujeres/personas XX también llevan esta poderosa fuerza dentro de sí, pero, aunque también la portan energéticamente, no se manifiesta de forma física. Esta es, en parte, la razón por la que los hombres son físicamente más fuertes que la mayoría de las mujeres. Sin embargo, las mujeres poseen más fortaleza que los hombres en otros aspectos, y esta es una de las formas en que el ADN-Y de la línea paterna aporta equilibrio.

Las mujeres deben confiar en un representante masculino para su propia investigación de la línea paterna para descubrir la esencia energética de su línea paterna divina masculina. En el mejor de los casos (y el más conveniente), una mujer tendrá un padre, un hermano o un tío para realizar la prueba, y también es posible que las mujeres determinen el haplogrupo de la línea paterna si no tienen un pariente masculino cercano vivo para realizar la prueba. ¿Cómo funciona esto? Aquí tiene un gráfico para tener en cuenta.

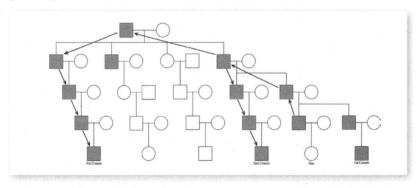

Hacia atrás, hacia arriba, hacia abajo: Cómo encontrar primos para las pruebas de ADN-Y.

SUGERENCIA: Si realiza la prueba del ADN-Y de un pariente varón mayor en Family Tree DNA con planes de pasar a una prueba de nivel superior más adelante, llame al servicio de atención al cliente de la empresa y solicite suministros para recoger una muestra adicional que se mantendrá almacenada para utilizarla cuando sea necesario.

En el ejemplo anterior, Dee está investigando su línea paterna y le gustaría conocer el haplogrupo ADN-Y de su padre para saber más sobre su magia divina masculina por línea paterna directa, puesto que ella es mujer y no puede hacerse la prueba de ADN-Y porque no tiene. Tiene un hermano que podría hacerse la prueba, pero no está dispuesto, y tanto su padre como su abuelo paterno han fallecido. Tiene un tío y un primo hermano que también son apropiados, pero también dudan. ¿Es inútil? No. Aún puede encontrar un apoderado adecuado para descubrir la información que busca. Puede rastrear su árbol hasta su bisabuelo y luego hacer algunos «arbustos» para añadir a sus hermanos. En este escenario, su abuelo tiene un hermano que tiene un descendiente varón en línea directa, un primo segundo. Además, su bisabuelo tiene dos hermanos, y uno de ellos tiene un descendiente varón en línea directa, un primo tercero.

Este es el denominado «método de atrás, encima y abajo» para buscar a una persona adecuada para someterse a la prueba, y también puede utilizarse para la prueba de ADN mitocondrial, si busca descubrir más sobre una línea materna de la que no desciende directamente, como la madre de su padre. Solo recuerde que, cuando busque descendientes masculinos/XY para realizar la prueba, debe existir una línea ininterrumpida de conexiones de padre a hijo.

DIARIO MÁGICO: SU BASTÓN DE ADN-Y

Necesitará su diario y un bolígrafo, rotuladores o lápices de varios colores, y una vela de siete días. Limpie la energía de su espacio con su espray limpiador y declare la intención de crear una atmósfera llena de amor y creatividad. Encienda su vela de siete días. Abra la sesión de la forma habitual.

Mire fijamente la llama de su vela durante unos minutos y piense en su línea paterna. ¿De dónde procede? ¿Hasta dónde ha viajado a lo largo de los milenios? ¿Qué culturas antiguas representa esta línea para usted? ¿Culturas recientes? Si tiene resultados de ADN autosómico (como Ancestry), mire su estimación étnica. ¿Puede atribuir ciertas partes a la ascendencia de su línea paterna? Si tiene una designación de haplogrupo de ADN-Y de 23andMe o Family Tree DNA (o una para su padre, si es mujer/XX), mire su ubicación en el árbol filogenético para el ADN-Y. ¿Cuántas mutaciones importantes de haplogrupo se han producido en su línea paterna que le lleven de vuelta al Padre Predilecto?

Investigue en Internet sobre su haplogrupo de ADN-Y (o el de su padre). ¿Dónde se originó? Piense en los lugares en los que vivieron los antiguos padres durante las muchas vidas anteriores a la suya. ¿Cómo podría representar en su persona a estos antiguos padres? ¿A su padre? ¿A usted mismo? Puede referirse a cualquier árbol que haya creado, si eso le ayuda a crear una imagen mental de su línea paterna y sus raíces.

Si prefiere no considerar a los parientes por línea paterna que conozca en esta vida, no hay problema. Simplemente, páselos por alto y diríjase directamente a los que están en el pasado.

Piense ahora en el aspecto de su bastón. Al igual que con el manto, el cáliz y la corona, se trata de un proceso creativo. Su bastón es un símbolo energético de equilibrio, fuerza y amor paternal. Mientras recorre el camino de su vida, este bastón sirve de conexión entre usted y la tierra. Le enraíza, le recuerda su propósito en la vida y le anima a perseverar en las circunstancias más extremas. Contiene la esencia de lo divino masculino para todos nosotros.

Escriba una descripción de su bastón. ¿Qué aspecto tiene? ¿Cómo es su textura? ¿Es pesado o ligero? ¿De qué está hecho? ¿De madera? ¿De qué tipo? ¿Es sencillo o contiene adornos? Si se siente cómodo haciéndolo, haga un dibujo de su bastón. No tiene por qué ser un dibujo perfecto; solo tiene que servirle como punto de referencia para las veces que quiera referirse a sus pensamientos originales sobre cómo le parecía y se sentía. Recuerde que está construido solo con energías positivas, así que no permita que las dinámicas de negatividad que puedan estar presentes en su vida formen parte de su construcción.

Cuando termine de escribir o dibujar, o ambas cosas, cree una imagen en su mente de usted mismo caminando con su bastón. Sienta su peso en la mano, el equilibrio que le proporciona, sienta su fuerza alimentando su energía con su antiguo poder paterno. Ábrase a la influencia enraizadora de su conexión entre usted y la tierra.

Apague su vela, cierre su sesión de diario y despeje su espacio con el espray de limpieza.

ROTURAS Y CURVAS

Las energías ancestrales negativas pueden abrirse camino en el tejido energético de su bastón. De nuevo, esto no debe permitirse y debe atenderse con frecuencia. Mi bastón energético necesitará ocasionalmente ser remendado, y lo hago con un proceso continuo de sanación ancestral que está ligado a la integridad de mi bastón. No permito que la negatividad se asiente energéticamente en mi interior. Mi bastón es una representación sagrada de las energías de mi línea paterna, y trabajo para mantenerlo claro y limpio para poder utilizarlo como fuente de equilibrio y fuerza. Su bastón es una manifestación energética positiva del poder paternal del ADN-Y. Utilice la imagen mental de su bastón como recordatorio de que lleva la energía de la tierra dentro de su ser, alimentada por los antiguos padres.

HONRAR LA LÍNEA PATERNA

Considere este breve ritual para rendir homenaje a los componentes de su línea paterna directa. Algunas líneas paternas están repletas de información, remontándose varias generaciones o más. Otras son vagas en el sentido de que solo se sabe que un hombre sin nombre fue padre de un hijo. Tanto si no conoce ninguno, uno, varios o muchos nombres, tómese el tiempo necesario para imaginar y honrar a los padres de antaño.

Materiales necesarios:

—*Vela roja de carillón/hechizo o vela cónica.*
—*Agujas u hojas de un árbol de hoja perenne.*
—*Un trozo de ojo de tigre.*
—*Una pequeña bolsa de tela.*
—*Diario y bolígrafo.*

Instrucciones:

Limpie la energía de su espacio con su pulverizador de limpieza. Espolvoree las agujas u hojas alrededor de la base de su vela. Coloque el ojo de tigre junto a la vela. Mientras lo hace, cierre los ojos, aquiete la mente y visualice su línea paterna. Los nombres y las caras no son necesarios, la línea paterna existe dentro de cada uno de nosotros tanto si podemos visualizarla como si no. Si siente en algún momento cierta negatividad, cualquier prueba o tribulación, intente dejarlas a un lado y, simplemente, imagine la esencia de los padres moviéndose dentro de usted, a través de usted, el antiguo y sabio flujo de lo divino masculino impulsando la fuerza de la vida a través de usted.

Abra los ojos y encienda su vela. Si hay nombres de su línea paterna directa que desee honrar específicamente, dígalos ahora. Si no conoce ningún nombre, no pasa nada. Si prefiere no decir nada en absoluto y limitarse a honrar en silencio la divinidad que hay en su interior, hágalo. Me utilizaré a mí misma y a los nombres de mi línea paterna como ejemplo. Por favor, sustituya los nombres de su propia línea paterna si los conoce y piensa decirlos en voz alta:

Enciendo esta vela en honor de mis antepasados conocidos de la línea paterna: Theodore, John, Joseph, James, y en honor de aquellos desconocidos para mí por su nombre, cuya energía llevo dentro de mí.

O también puede decir:

Enciendo esta vela en honor de mis antepasados de la línea paterna, cuya energía llevo dentro de mí.

Mientras arde su vela, siéntese en silencio y piense en su conexión con su línea paterna. Si ha estado en el lugar de origen conocido de su línea paterna, deléitese con el recuerdo. Si no, imagínese allí, caminando sobre las mismas huellas de esos hombres que pisaron la tierra antes que usted. Si lo prefiere, sumérjase en las energías enraizantes de la tierra. Sienta sus pies en el suelo firme y cálido, su cuerpo fuerte moviéndose por la tierra mientras se dirige hacia su futuro. Su mente y su propósito están equilibrados. Inspire y espire, sienta cómo el poder de más de ciento cincuenta mil años de masculino divino se mueve a través de usted desde la raíz hasta la coronilla. Usted es un hijo muy querido, una manifestación del antiguo conocimiento paterno, un tamborileo genético, pulsando una canción de sangre, agua, fuego, tierra y cielo, posicionado de forma única en este mundo para manifestar un destino de su elección.

Cuando haya terminado, deje que las velas se consuman. Recoja las agujas u hojas y póngalas en la bolsita, junto con el ojo de tigre. Colóquelas bajo la almohada y acuéstese con la intención de soñar con los antiguos padres. Asegúrese de colocar su diario y un bolígrafo junto a su cama. Cuando se despierte, escriba inmediatamente todo lo que recuerde sobre el momento de su sueño.

EL FINAL DE LA LÍNEA

Todas las personas vivas hoy en día son descendientes del Padre Predilecto; sin embargo, para los varones/XY que no engendran descendencia masculina propia para transmitir su ADN-Y, su rama personal de su línea de ADN-Y termina. Aunque eso no significa que termine el haplogrupo, solo la línea individual en la que no hay más descendencia masculina. Al igual que varias líneas de ADN-Y de la época del Padre Predilecto se extinguieron lentamente, hasta que la suya fue la única que quedó con descendientes vivos, continúan haciéndolo hoy en día.

La salida de las hijas y el hijo final de ADN-Y

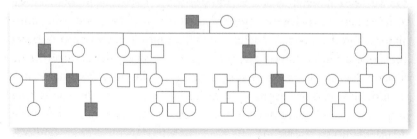

Daniel y su descendencia masculina/XY aparecen en gris. De los cuatro hijos de la pareja original, solo uno de ellos tiene un nieto portador del ADN-Y de la línea. Los otros tres han tenido hijas, y, en tales casos, la línea de ADN-Y de Daniel ha terminado.

Pondré a mi marido como ejemplo adicional de una línea paterna que ha llegado a su fin. Debido a que engendró dos hijas y ningún hijo, no hay ningún hijo varón al que haya transmitido su haplogrupo de ADN-Y de R-BY192456. Por lo tanto, su línea Y se ha «extinguido». Tiene cuatro hermanos mayores con los que comparte padre, y todos comparten el mismo haplogrupo de ADN-Y.

Un hermano no tuvo hijos; por lo tanto, es el hijo final de ADN-Y de su línea. Otro hermano solo tiene hijas, por lo que su línea también finaliza con él. En cuanto a mi marido, también es un hijo final de ADN-Y de su línea al ser padre de dos hembras. Dos de los hermanos tienen un hijo cada uno. Hasta ahora, un hijo no ha tenido hijos y no se sabe si continuará o no la línea de ADN-Y, y el otro hijo tiene una hija y un hijo. Así que, de los cinco hermanos, solo un hijo (sobrino nieto de mi marido) tiene una línea descendiente masculina que continuará la línea paterna R-BY192456 de mi suegro. He aquí un gráfico para aclarar un poco las cosas.

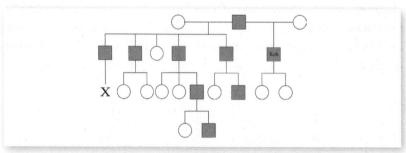

Por supuesto, hay otros varones R-BY192456/XY en el mundo. Conocemos al menos una coincidencia en Alemania. El final de la línea particular de mi marido no pone fin a la línea R-BY192456, ya que continúa a través del hijo y el nieto de su hermano. Sin embargo, puede ver cómo estos finales aleatorios podrían acabar con la existencia de una línea. Mi marido no tiene sentimientos negativos sobre el final de su línea paterna; sin embargo, algunos hombres/XY pueden sentir lo mismo que yo sobre el final de mi propia línea de ADN mitocondrial, que se trata de una cuestión un poco triste, e incluso puede costarles reconocerlo.

RECONOCER EL FINAL DE UNA LÍNEA PATERNA

Considere este breve ritual para rendir homenaje a aquellos en su línea paterna directa. Está dirigido a varones/personas XY, pero las mujeres/personas XX también pueden hacerlo, para honrar el final de la línea en lugar de su padre.

Materiales:

—*Dos velas rojas con forma de pene. Si no las encuentra, utilice velas cónicas rojas y talle una XY en cada una de ellas.*
—*Aceite de unción.*
—*Espray limpiador.*
—*Una olla o caldero ardiendo.*
—*Un trozo de kunzita.*
—*Un pequeño trozo de papel en el que haya escrito a mano los nombres de sus antepasados de línea paterna directa. Si no los sabe, escriba: «Mi línea paterna directa».*

Instrucciones:

Limpie su espacio con su espray de limpieza. Unja sus velas de arriba abajo, tres veces cada una, y visualice a los hombres de su línea paterna directa que le precedieron. Coloque la kunzita en medio de las dos velas.

Encienda la primera vela y diga:

*Os honro a vosotros, padres recientes y antiguos de mi linaje,
a los que conozco por su nombre y a aquellos cuyos nombres
se han perdido en las brumas del tiempo. Honro la esencia de
vuestro ser físico que vive en mí y potencia mi ser. Honro los
sacrificios realizados que aseguraron su supervivencia desde
ustedes hasta mí. Reconozco y honro la carga y la alegría de
su vida, por breve o larga que haya sido.*

Encienda la segunda vela y diga:

*Soy (o «mi padre es») el último hijo de esta línea paterna
en particular. Estoy aquí como orgulloso representante
de todos los que me han precedido (o «lo han precedido»).
Bendíceme mientras recorro mi camino y hago el trabajo
que contribuirá a la continuación de otras líneas paternas
sagradas. Gracias por su esencia que potencia mi ser.*

Encienda el papel con el nombre y déjelo arder en el caldero. Deje
que ambas velas se consuman. Conserve la kunzita junto a una foto enmarcada de un antepasado varón en su línea directa, o una foto suya.
Tómese tiempo para sentarse con ella de vez en cuando para recordarle
que su tiempo aquí en la Tierra proporciona equilibrio y es poderoso en
muchos sentidos, y que usted contribuye al legado de los hombres de
todo el mundo con el trabajo que realiza.

Añada el ojo de tigre a su caja de herramientas de
genealogía para representar lo divino masculino en hechizos,
rituales y otros trabajos de genealogía.

ADN energético: el aura

«Las auras son como una firma, cada una tan individual como la persona a la que rodean».

Gina Allan.

Todos estamos hechos de forma única, una compilación genera-da al azar de la genética que nos han transmitido las generaciones que nos precedieron. Estamos impregnados de su sagrado masculino y femenino divino a través de diferentes vías de ADN: ADN autosómico, ADN mitocondrial, ADN-X y ADN-Y. La herencia de parte de nuestro ADN es aleatoria; otra parte sigue una línea paterna o materna y se transmite como una copia exacta, salvo alguna mutación ocasional. A lo largo de las generaciones, los trozos de ADN autosómico y X heredados pueden «limpiarse» debido a la recombinación y al azar que acompaña a ese proceso. Al final no llevamos el ADN físico de muchos de nuestros antepasados. Piense en la tabla de herencia del ADN autosómico. Empezando por nuestros padres, perdemos alrededor del 50 % de su ADN. Alrededor de la generación de nuestros terceros bis-abuelos, empezamos a perder la herencia de antepasados enteros, lo que significa que empezamos a tener antepasados de los que no hemos here-dado ADN físico. A partir de ahí, cada vez perdemos más a medida que las generaciones se remontan más atrás. Sin embargo, seguimos descen-diendo de ellos. ¿Cómo explicamos entonces la memoria genética? ¿Por qué podemos sentir apego por esas personas con las que no comparti-mos ADN físico?

Como personas mágicas, estamos bendecidos con mentes abiertas a las posibilidades de lo gran desconocido, de los misterios que rodean a la humanidad y de nuestras conexiones invisibles a través de la corriente de conciencia de lo divino celestial. Como tales, podemos entonces comprender cómo las firmas energéticas, muy parecidas a las firmas físicas del ADN, pueden transmitirse a los descendientes desde sus antepasados. Creo que estas firmas genéticas de nuestros antepasados con los que ya no compartimos el ADN físico residen en nuestra aura individual como una forma energética de ADN. Aunque yo no lleve físicamente ningún fragmento genético de mi decimoctava bisabuela, por ejemplo, trozos de su energía y de su memoria residen en el aura que rodea mi cuerpo. Todo el ADN que no heredamos de ningún antepasado, empezando por nuestros padres, puede encontrarse dentro del aura como ADN energético.

La historia del aura es intrigante. En latín, la palabra *aura* tiene un significado similar en algunas lenguas a las palabras *viento, brisa* y *aliento*. Aura es una deidad menor de la mitología griega, cuyo nombre significa «brisa». Hacia finales del siglo XIX, *aura* era el término utilizado por los círculos espiritistas para describir una sutil emanación de energía del cuerpo. El aura, en una forma parecida a la que conocemos ahora, fue popularizada por Charles Webster Leadbeater (1854 a 1934), un antiguo sacerdote de la Iglesia de Inglaterra, de la que dimitió para convertirse en miembro de la Sociedad Teosófica. También tenía algunas ideas inusuales sobre el origen de los hombres, afirmando que algunos venían de Marte, pero los más inteligentes procedían de la Luna. En 1910, mezcló los chakras tántricos con el concepto del aura, pero no reconoció sus fuentes.

A partir de ahí, otros en el mundo occidental comenzaron a reinterpretar el aura y los chakras de diversas maneras. El esoterista estadounidense Christopher Hill presentó una visión modificada de la combinación chakra/aura de Leadbeater en su libro *Nuclear evolution: Discovery of the rainbow body.*[12] En los años ochenta y noventa, los chakras y el aura que los acompaña se convirtieron en parte de las conversaciones

---

12 Boulder Creek, CA: University of the Trees Press, 1977.

de la nueva era, y continúan estando presentes en la actualidad. Mucha gente ha intentado captar el aura en forma de fotografía, como es el caso de Seymon Kirlian, inventor de la electrografía, con la que trataba de reproducir el campo energético o «aura» de los seres vivos. No obstante, en general, la comunidad científica tiende a mostrarse escéptica sobre la existencia del aura. La mayoría de las personas mágicas, sin embargo, no dudan en explorar y adoptar estos conceptos y utilizarlos después.

Tuve mi primera experiencia con el aura cuando era pequeña. Mi abuela leía las cartas en la mesa de su cocina y, a menudo, cuando atendía a las visitas, me encargaba que preparara el café y me mantuviera apartada hasta que se marcharan. Como parte de la lectura, se llevaba a los clientes al altar que mi abuela tenía en el pasillo, normalmente para hacer una petición a María, madre de Cristo. Me di cuenta de que estas personas, incluida mi abuela, parecían tener un resplandor en el espacio en penumbra, pero no pensé nada al respecto porque era así como yo veía a la gente. Cuando se lo mencioné a ella, me habló del aura y sugirió que eso era lo que podía estar viendo. Desde entonces, he prestado atención a los distintos colores que a veces veo alrededor de las personas. Y cuando empecé a trabajar en mi propia genealogía, comprendí que este campo energético era el lugar obvio donde residía nuestro ADN no heredado y una forma de que esos antepasados compartieran con nosotros la esencia de su sabiduría y sus experiencias, tanto buenas como malas.

NIVELES DEL AURA

El aura tiene siete niveles: etérico, emocional, mental, astral, plantilla etérica, celeste y espiritual. Nuestro ADN energético, físicamente no heredado, reside en todas las capas. Es difuso y se desplaza por las distintas capas a medida que lo necesitamos. Me parece que gran parte de nuestro ADN no heredado más reciente, como los fragmentos que no heredamos de nuestros abuelos, permanece cerca de nuestro cuerpo físico en la capa etérica. El ADN no heredado más lejano, como el de un abuelo de muchas generaciones anteriores a nosotros, se ha desplazado más hacia las capas externas. Nuestro ADN no heredado más antiguo se encuentra en los confines del aura.

El aura también puede verse en distintos colores, dependiendo de la energía de la persona a la que rodea. Los colores pueden simbolizar cosas diferentes para cada uno de nosotros. Estas son algunas de las asociaciones positivas que tengo para cada color:

—**Negro**: renacimiento, protección, estabilidad.
—**Azul**: curación, paz, elemento agua.
—**Marrón**: animales y ganado, conexión con la tierra, elemento tierra.
—**Verde**: fertilidad, buena suerte, prosperidad.
—**Naranja**: creatividad, asuntos legales, atracción.
—**Rosa**: amistad, curación del corazón, amor platónico.
—**Violeta**: conciencia psíquica, realeza, autoestima.
—**Rojo**: amor romántico, coraje, pasión, elemento fuego.
—**Blanco**: espiritualidad, conciencia, yo superior.
—**Amarillo**: comunicación, felicidad, elemento aire.

Por supuesto, estas son mis interpretaciones personales. Las suyas pueden variar. Considere qué correspondencias y significado tiene cada color para usted y piense en cómo el ADN colectivo no heredado de sus antepasados puede afectar a su energía y alterar los colores de su aura. Analice bien los colores que vea antes de emitir un juicio sobre su significado. A veces el negro puede ser un color negativo si está unido a una persona que tiene pensamientos oscuros o que está pasando por un momento difícil en su vida. También puede significar que una persona tiene una poderosa protección ancestral. El rojo puede ser un color de agresión, o de amor apasionado. El azul puede representar dolor emocional, o curación en curso. El blanco puede indicar un rechazo a ver y aceptar las verdades, o una poderosa capacidad para verlas. En definitiva, debe investigar los colores y su espectro de significados, así como documentar sus conclusiones dentro de su diario, para que, en adelante, este análisis le sirva de referencia.

¿Cuál es la función de este ADN energético? Creo que es donde se almacena la memoria genética. Sentimos la influencia de nuestros antepasados más recientes porque su ADN se encuentra en la capa áurica más cercana a nuestro cuerpo físico. Esto podría explicar por qué traumas colectivos recientes, como la esclavitud y el Holocausto, tienen una influencia tan fuerte en las generaciones inmediatas que le siguen, y por qué un acontecimiento traumático de hace sesenta mil años no tiene el mismo peso; aparte de cómo pudo precipitar un cambio de comportamiento en los antiguos antepasados a los que influyó durante esas pocas generaciones y cómo se ha transmitido desde entonces.

El ADN energético también nos permite relacionarnos con nuestros antepasados (algunos, con más facilidad que otros). Mi abuela está muy presente para mí porque soy hija de su hija. No solo soy portadora de su ADN físico, sino que su ADN no hereditario está muy cerca de mi cuerpo físico de forma energética y me resulta fácilmente accesible. Me parece que puedo conectar con antepasados más lejanos, pero requiere un poco más de energía y tiempo. Debo esforzarme un poco más para aquietar mi mente y acceder a esas capas externas de mi aura para poder relacionarme con esos antepasados más antiguos. Sin embargo, soy una persona a la que no se le da muy bien la meditación, y a otros puede que les resulte fácil moverse en y entre las energías de su ADN ancestral a todos los niveles.

VISUALICE SU AURA

Es posible vislumbrar su propia aura y tocar las energías del ADN ancestral que reside en ella. Creo que este ejercicio se realiza mejor en un entorno tranquilo y ligeramente oscurecido, tomándose después un tiempo para reflexionar y anotar la experiencia.

Materiales:

—*Espray limpiador.*
—*Un espejo de cuerpo entero.*
—*Una vela blanca.*
—*Un trozo de amatista.*

Instrucciones:

Limpie el espacio con un espray de limpieza y pronuncie la intención de crear un espacio positivo y lleno de amor. Encienda la vela y sostenga la amatista en su mano dominante. Puede estar vestido o desnudo, o en algún punto intermedio; la elección es suya. Deje que sus ojos se ajusten a la luz y, mientras lo hace, respire profundamente varias veces, inhalando energía positiva y exhalando energía negativa. Sienta la amatista en su mano, potenciando su capacidad innata de llegar al interior de su propia aura para sentir las energías que allí se encuentran. Una vez que sus ojos se hayan ajustado, realice una mirada suave en el espejo. Esto significa que deja que sus ojos se desvíen un poco, creando un borrón intencionado en el espejo. Mientras lo hace, busque en los bordes de su cuerpo un resplandor numinoso. Puede que sea muy tenue, pero con el tiempo debería ver de uno o dos colores. Piense en sus antepasados, tanto conocidos como desconocidos. ¿Quién le viene a la mente?

Tras dos o tres minutos de contemplación, aléjese del espejo. Coloque la amatista junto a la vela. Siéntese, abra su diario y escriba sobre lo que vio. ¿Qué color o colores percibió? ¿Qué antepasados le vinieron a la mente? ¿Qué significan los colores para usted? ¿Por qué pueden haber aparecido esos colores junto con los antepasados que le vinieron a la mente? Repita esta visualización como desee para ver cómo cambian sus colores áuricos junto con los antepasados que le vienen a la mente.

Recuerde que todos nuestros antepasados, incluso aquellos de los que no heredamos ADN físico, son los responsables de nuestra existencia. Los llevamos dentro de nosotros como una manifestación física en nuestro cuerpo y como una presencia energética en nuestra aura. Esta combinación de ADN físico y energético abre las puertas que necesitamos para acceder plenamente a nuestro femenino sagrado, nuestro masculino divino, nuestras líneas materna y paterna. Podemos utilizarlo para crecer y sanar, y para crear un legado de orgullo y salud para nosotros y nuestros descendientes.

Las sorpresas de la genealogía

*«La vida está llena de sorpresas; algunas son impactantes;
otras, agradables. Todo depende de cómo las maneje usted».*

Jaya Kishori.

Las noticias inesperadas a veces traen alegrías, pero otras acarrean dolor y tristeza. La genealogía y las pruebas de ADN pueden manifestar profundas emociones a quienes nadan en sus profundidades. A lo largo de los años, tanto dentro de mi propia experiencia en genealogía como con clientes, he recorrido el espectro de sentimientos respecto a lo inesperado que puede surgir de los resultados de las pruebas de ADN. En mis primeros días de trabajo con la genealogía, pensaba que mi propia labor de investigación, basándome en los resultados obtenidos de las pruebas científicas, para encontrar a la familia biológica de mi marido adoptivo me había preparado adecuadamente para todo lo que la genealogía podía arrojar sobre una persona. En 2014, se me demostró que estaba muy equivocada y me enfrenté cara a cara con algunos desafíos intensos. Sé que, sin mi práctica mágica diaria, habría estado mucho más perdida.

Desde que maniobré las sombras dentro de mi propia genealogía, me he sentido llamada a ayudar a otros y he compartido el proceso con otras personas mientras navegan en su propio viaje de sombras dentro del ámbito de la genealogía. Una práctica mágica diaria puede proporcionar un sólido marco de apoyo cuando elegimos irradiar una luz en lugares que, cuando se mantienen oscuros, pueden ser fuente de disfunción y dolor emocional. También creo que se sirve al bien superior al contar mis descubrimientos inesperados, ya que al hacerlo se abre una puerta para que otros compartan los suyos. Este relato colectivo inicia el proceso de neutralización de la vergüenza que tan a menudo se asocia a los secretos. Hacer brillar la luz de la verdad puede ser doloroso, pero descompone el hedor del secreto y la mentira. Esto facilita la curación y permite a la gente avanzar en el terreno de los hechos.

Durante varios años tuve un árbol grande y bien documentado, y me encantaba. Reflejaba mi herencia de ascendencia francesa y escocesa-irlandesa por parte de madre, y estaba repleto de antepasados profundamente arraigados en mi ciudad natal de Nueva Orleans y sus alrededores. Mi padre, que nació en Washington D. C. y se crio en esa zona, se había puesto en contacto conmigo en 2008 y habíamos empezado a reconstruir nuestra muy fracturada relación a través del ámbito de la genealogía. Tras hablar con él, por fin pude dejar de lado la bienintencionada pero inexacta historia familiar que me contaron de niña, y me entusiasmó explorar mis raíces españolas y judías por parte de padre, y la ascendencia galesa, córnica e inglesa por parte de madre. Me topé con numerosas barreras, aunque también avancé bastante en otras líneas. Como la mayoría de los que se dedican a la reconstrucción genealógica, yo sabía que este árbol conllevaría toda una vida de trabajo continuo, pero me sentía muy afortunada de tener los conocimientos que había adquirido.

Para acompañar mi árbol y las historias de mis antepasados, construí un gran altar de antepasados y pasé mucho tiempo en él. Curiosamente, no pude desarrollar una conexión fuerte con algunas de mis líneas ancestrales, pero eso no me preocupó, ya que los muertos tienen su propia agenda. Rendí homenaje y seguí adelante. En 2014, tras resolver el misterio de las raíces genealógicas de mi marido adoptivo, y después reconectarlo con su madre biológica y con miembros de la familia de su padre biológico, decidí hacerme una prueba de ADN solo por diversión. Cuando llegaron los resultados, admito que me sentí un poco decepcionada. Me había hecho la prueba con 23andMe, que en aquel momento se pensaba que tenía la mejor estimación de etnicidad, pero mi tabla de etnicidad no tenía el aspecto que yo pensaba. A pesar de la historia que mi abuela me contó sobre que era descendiente de la Confederación de los Pies Negros, no constaba ninguna etnia nativa americana en mi informe. Esto no me sorprendió demasiado, ya que mi padre me había dado un relato familiar más correcto que no incluía específicamente la ascendencia de los Pies Negros, pero aun así me preguntaba de dónde procedía esa historia. El grueso de mi ADN estaba clasificado como «ampliamente europeo del noroeste». También me di cuenta de que, en las coincidencias de ADN, había muy pocos apellidos que fueran comunes en el sureste de Luisiana. Lo achaqué todo a que las raíces familiares de mi padre eran de Pensilvania y Nueva York, y decidí que esperaría a que la ciencia evolucionara un poco más.

Mi madre, sin embargo, quedó cautivada por mis resultados y también quiso probar su propio ADN. Siempre se sintió muy orgullosa de su herencia francesa y quería explorar lo que las pruebas de ADN podían ofrecerle al respecto. Pedí una prueba para ella a 23andMe y envió la muestra enseguida. También convencí a mi padre para que se hiciera la prueba, pero tuvo problemas con el método de «escupir», un proceso que es habitual en Ancestry. Cambié su prueba a Family Tree DNA para que pudiera utilizar, en su lugar, el método del hisopo en la mejilla, y envió su muestra unas semanas después de que lo hiciera mi madre. En un principio tenía la intención de hacerle también la prueba en 23andMe, ya que había algunos muros de ladrillo en su investigación que estaba intentando superar, pero, como tenía tantos problemas para realizar pruebas de saliva, recurrí a otra opción con el propósito de que probara de nuevo con 23andMe más adelante.

Llegaría a arrepentirme de esa decisión. Para entonces, yo también había ampliado mis propias pruebas y, además de 23andMe, también me había hecho análisis en Family Tree DNA y Ancestry, y había subido mis datos de ADN sin procesar a GEDmatch.

Nunca olvidaré el día en que llegaron los resultados de las pruebas de mi madre. Recibí una notificación por correo electrónico de que la prueba estaba hecha. Estaba sentada en mi coche en un aparcamiento, esperando a que mi marido terminara de hacer unas gestiones para su trabajo. Entré en 23andMe, cogí el documento y el primer apartado en el que me fijé fue en el de las coincidencias de ADN. El hijo de su hermano mayor (su sobrino y mi primo hermano, llamado Jason) también se había hecho las pruebas recientemente y era su principal coincidencia. Tardé unos minutos en darme cuenta de que el porcentaje de coincidencia de su ADN compartido con el de ella era solo de alrededor del 6 %, en lugar del, aproximadamente, 12,5 %, que es lo que suele encontrarse en una relación completa entre tía y sobrino. Cuando los hermanos comparten ambos progenitores, se consideran «hermanos completos», y sus respectivos hijos son «primos completos». Cuando solo comparten un progenitor, se les llama «medio hermanos», y sus respectivos hijos son «medio primos». Se suponía que mi madre y sus cinco hermanos mayores eran hermanos completos; se criaron llamando a las mismas dos personas «mamá» y «papá». Como por aquel entonces era nueva en la genealogía genética, hice una búsqueda rápida para volver a comprobar el rango de ADN compartido para una relación tía-sobrino completa. Mi madre y mi primo Jason no compartían suficiente ADN para entrar en esa categoría. Sentí náuseas cuando todo encajó, pues me di cuenta de que esta falta de ADN compartido apuntaba a que su padre y mi madre compartían un solo progenitor, en lugar de dos. Lo que los resultados de la prueba no me decían era qué hermano compartía o no con qué progenitor. No sabía cómo dar el siguiente paso.

Cuando se descubre que un niño no está genéticamente relacionado con el padre esperado, se denomina «evento de no paternidad» o NPE. Algunas personas utilizan el concepto «evento de filiación mal atribuido» o MPE porque, a veces, es la madre la que no es el progenitor esperado. (Yo también prefiero utilizar el término MPE). Tardé un día entero y varias horas más de investigación en asegurarme de que no me equivocaba, antes de llamar a mi madre y explicarle lo que pasaba. Su entusiasmo por rebuscar en su estimación étnica y hallar coincidencias de primos se desvaneció rápidamente. Pensó que podría haberme equivocado. Yo estaba segura de que no, pero para apaciguarla me puse en contacto con una conocida que ahora es una experta reconocida a nivel nacional en el campo de la genealogía genética. Rápidamente confirmó mi sospecha de que o mi madre o su hermano no eran hijos de uno de sus padres.

Aunque sabíamos que había un MPE en marcha, seguíamos sin saber de qué progenitor se trataba, aunque, por defecto, optamos por su padre como el que tenía más probabilidades de no ser el progenitor esperado, ya que es el escenario más común. No sabíamos si era ella o su hermano quien no era hijo genético de su padre, así que ideé un plan de pruebas para darnos una respuesta. Como este hermano en particular, Ben, el padre de Jason, había fallecido hacía varios años, decidí hacer pruebas a dos de sus hermanos, Will y Tom, que aún vivían, ya que quería conocer la conexión entre ellos y con mi madre. También animé a hacerlo a una prima por parte de madre, Miriam, con el fin de que actuara como control, para mostrar la conectividad, o la falta de ella, de todos los hermanos con la prima materna. Esto confirmaría si la desconexión era materna o paterna. Mientras las pruebas estaban pendientes, nos pusimos en contacto discretamente con los pocos familiares mayores que quedaban y que podrían tener algún conocimiento de alguna circunstancia que hubiera contribuido al escenario que nuestras pruebas de ADN descubrieron. Todos se mostraron conmocionados y negaron que fuera siquiera posible.

Cuando finalmente resultaron todas las pruebas, cada una de ellas mostraba que los dos hermanos Will y Tom compartían ADN en el rango de «hermanos completos», pero mi madre coincidía con ambos solo en el rango de «medio hermana». Los hermanos coincidieron con mi primo, su sobrino Jason, como «tíos completos», y, de nuevo, mi madre solo coincidió con él en un rango de «media tía». Mi madre y sus hermanos coincidieron todos en el rango de «primo hermano» con Miriam, la prima materna que se sometió al análisis. Los hermanos también coincidieron todos conmigo en el rango de «medio tíos», en lugar de «tíos completos», y mi primo Jason coincidió conmigo como «medio primo hermano», en lugar de «primo hermano completo». En resumen, todo esto indicaba que mi madre no era hija biológica del hombre al que había llamado «papá» durante sesenta y cuatro años. No puedo describir el nivel de su devastación cuando la llamé con los resultados. Era la menor de seis hermanos, la única niña, y además una «niña de papá». Inmediatamente supe que trabajaría para averiguar la verdad, a pesar de que ella decía que no quería saberlo.

Mientras tanto, durante el descubrimiento de mi madre, llegaron los resultados de la prueba de ADN de mi padre. Me di cuenta de que no tenía una conexión con ciertos primos por parte de padre que debería haber tenido y, entonces, empecé a sospechar de una situación como la de mi madre. A él no le interesaban mucho los resultados, solo se había hecho la prueba para hacerme feliz, y dudé en llamarlo para hablar de ello. En lugar de eso, telefoneé a una de mis hermanas y le dije que creía que el hombre que nuestro padre conocía como su padre podría no ser en realidad su padre biológico. Nos sentíamos inseguras sobre qué hacer. Al final, decidimos que lo mejor sería decírselo, pero primero nos mantendríamos en la sospecha durante un tiempo para que yo pudiera investigar más. Un tiempo después, mi padre enfermó gravemente y murió al poco.

Unas semanas tras su muerte, le pregunté a mi prima Mel, la hija de su hermana fallecida, si le importaba hacerse la prueba. Como se suponía que la madre de Mel y mi padre eran hermanos completos, deberíamos haber caído en el rango de «primas hermanas completas». No fue así, solo compartíamos suficiente ADN para ser medio primas hermanas. Mel también tenía coincidencias cercanas con el lado paterno de su madre, que mi padre y yo también deberíamos haber tenido, pero tampoco fue así. En resumen, mi padre no era hijo genético del hombre que creía que era su padre.

Cuando llegaron los resultados de mi prima Mel, me quedé atónita e incrédula. Grité como una loca antes de echarme a llorar, porque ¿cuáles son las probabilidades de que una persona muestre que sus dos padres tienen un parentesco mal atribuido? No fue hasta que los resultados de mi padre mostraron el mismo escenario de MPE que los de mi madre cuando determiné que mi árbol genealógico estaba equivocado. Más que equivocado. Había sido diezmado, vilmente cortado en la rama de mis dos abuelos, llevándose a todos sus antepasados, y a los míos, con ellos. Estaba enfadada y triste porque mis años de investigación no habían servido para nada, porque la mitad de mi árbol genealógico había sido esencialmente cercenada por el hacha de doble filo de la saliva y la ciencia. Una noche, las lágrimas de devastación de mi madre y su vergüenza por ser un «sucio secreto» de mi abuela me sumieron en un sollozo de rabia y borré mi árbol en línea, así como todo rastro de mis abuelos, los verdaderos y los falsos, y sus antepasados de mi *software*. También quemé los documentos en papel que había ido reuniendo. Fue una escena horrible, fruto de una acción impulsiva de la que llegué a arrepentirme. Con el tiempo he podido recuperar gran parte de la información, pero no toda, y ahora no puedo compartir con otros los datos que había pasado años recopilando.

Para que se haga una idea de cómo se vio afectado mi árbol genealógico, a continuación, expongo su aspecto antes de las pruebas de ADN y después de ellas.

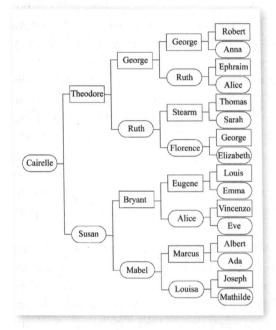

Árbol genealógico de Cairelle antes de las pruebas de ADN. La mayoría de las líneas se remontan varias generaciones más allá de lo que puede mostrarse aquí.

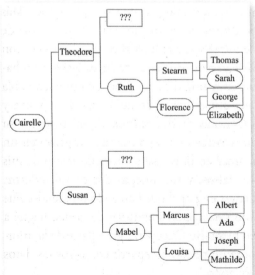

Árbol genealógico de Cairelle tras las pruebas de ADN.

Durante el proceso de lidiar con el profundo dolor que sufría mi madre, la pérdida de mi padre y el sentimiento general de desconexión que sentía, guardé con rabia mi altar de los antepasados. Le dije a una amiga: «He metido a mis abuelas en una caja en el armario hasta que esté preparada para volver a hablar con ellas». Mirando atrás, probablemente no fue la mejor respuesta ni la más sabia, ya que esa caja traqueteó y golpeó durante todo el tiempo que estuvo en mi armario, pero era lo que necesitaba hacer en ese momento.

Hice todo lo que pude para apoyar a mi madre, lloré a mi padre y, con el tiempo, volví a recurrir a la genealogía para resolver el misterio de la identidad de sus padres genéticos; en parte, para dar una respuesta a mi madre y, en parte, porque me sentía perdida sin mi práctica ancestral.

Durante mi tiempo de duro trabajo para descubrir la verdad de la paternidad de mis padres, pasé por muchas emociones: incredulidad, tristeza, ira, preocupación, excitación y alivio, entre otras. Recurría a mi espejo de conexión casi a diario, con la esperanza de establecer un vínculo. Una noche me quedé dormida en mi escritorio y tuve un sueño en el que mis antepasados ocultos me presionaban pidiéndome que «pasara» a través de un velo opaco. No mucho después de eso, finalmente hice caso al consejo de mi amiga de sacar a mis abuelas de la caja del armario y volver a colocarlas en mi altar restablecido en un lugar de honor. Había pensado durante mucho tiempo en las circunstancias que las llevaron a tomar la decisión de mantener en secreto la paternidad de sus hijos y, finalmente, llegué a la conclusión de que no importaba. Lo que sí importaba era que las quería mucho a las dos, y quizá lo que hicieron fue la mejor elección que pudieron tomar en aquel momento. La vida era muy diferente en los años cuarenta, y las mujeres de entonces no tenían las opciones que tienen ahora. Una vez que pude conciliar (en su mayor parte) la rabia y pasar a una especie de aceptación, también pude seguir adelante y continuar trabajando para resolver mis misterios.

Me llevó catorce meses de minuciosa investigación diaria descubrir la identidad del padre genético de mi madre, Susan.

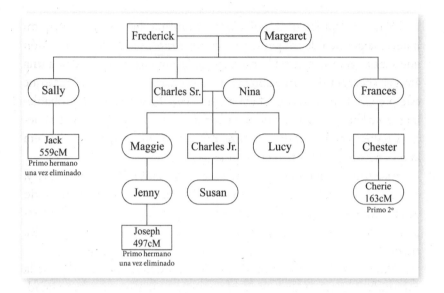

La coincidencia con Joseph es lo que cimentó la relación de mi madre con su padre genético. Solo hay un número limitado de formas en las que alguien que comparte tanto ADN con otra persona puede estar emparentado con ella, y la coincidencia de Joseph con mi madre lo situó firmemente en el ámbito de «primo hermano» o «primo segundo». Junto con la coincidencia significativa con Jack, y luego con Cherie, y muchas otras coincidencias que no se muestran, pude recomponer el rompecabezas y darle un nombre: Charles Jr. Puede ver en el árbol anterior cómo encajan las coincidencias significativas.

Charles era hermano de una buena amiga de mi abuela, y no había tenido otros hijos de los que tengamos conocimiento. Mi madre lo conocía casualmente. Se le acercó un día cuando mi hermana y yo éramos pequeñas, nos acarició durante unos minutos y luego le dijo: «Nunca pude tener hijos propios; me llevaría a estas dos a casa sin pensarlo». Este recuerdo se había perdido en la memoria de mi madre hasta que le dije su nombre; entonces empezó a reconstruir la escena y evocar la amable mirada de aquel señor mayor y las palabras de afecto hacia sus hijas. Ahora creemos que, en aquel encuentro, él sabía que estaba hablando con su hija sobre sus nietas, pero, por entonces, mi madre ni siquiera podía haberlo sospechado. El recuerdo es ahora agridulce para ella. Si hubiera sabido antes quién era verdaderamente ese hombre, hubiera sido una oportunidad perfecta para conocerlo mejor. Pero en ese tiempo todavía era un gran secreto, por lo que mi madre se quedó con muchas preguntas sin responder. ¿Qué se perdió? ¿Cómo se habría visto afectada la relación con su papá si se hubiera sabido que Charles era su padre genético? Son cosas que ella nunca podrá saber, y eso le genera frustración y una profunda tristeza.

Me llevó mucho más tiempo encontrar la identidad del padre biológico de mi padre. A pesar de años de búsqueda y de la recopilación de muchas coincidencias de ADN, solo me quedaban algunas hipótesis potenciales, pero nada concreto. Como los hermanos heredan el ADN de forma diferente de los mismos padres, me puse en contacto con los míos y les pedí que se hicieran una prueba. Sus resultados fueron muy útiles, ya que me proporcionaron una gama más amplia de coincidencias entre primos que tenían el potencial de conducirme a más información. Conocía los detalles de la ascendencia materna de mi padre, así que pude discernir esas coincidencias con bastante rapidez; sin embargo, no tenía coincidencias paternas cercanas. ¿Por qué? Pensé que podría ser hijo de un hombre que procedía de un país que no permitía las pruebas de ADN directas, por lo que no habría coincidencias cercanas. Mi madre pensó que podría ser hijo de un militar de otro país, ya que nació durante la Segunda Guerra Mundial. Aun así, las coincidencias lejanas que sí tenía para él, y para mí y mis hermanos, apuntaban a raíces ancestrales recientes en la zona de Ohio y Pensilvania. Era confuso y muy frustrante. Al final, acumulé suficiente información para formarme unas cuantas hipótesis, pero no tenía una forma fiable de clasificar las probabilidades de cuál era probablemente la más correcta, y sin primos compatibles no podía ir más allá.

Finalmente, Jonny Perl, Leah Larkin y Andrew Millard desarrollaron una herramienta llamada What Are The Odds (WATO), que utiliza cantidades compartidas de ADN para ordenar los escenarios por probabilidad y decidir así cuál es la mejor hipótesis (ver «Recursos»). El caso de mi padre se utilizó como parte de sus pruebas preliminares. Leah escribió sobre mi lucha por resolver el misterio de mi padre en su blog dentro de la plataforma The DNA Geek como parte de una serie de *posts* titulada «Science the Heck Out of Your DNA». El *post* sobre mi padre es el número seis de la serie, titulado «Ted, o cuando los parientes cercanos no están disponibles». Había tenido tantas dificultades con la recomposición de mi familia paterna porque, como descubriría tras años de frustrantes callejones sin salida, en cada una de las tres generaciones anteriores a la suya, solo un hombre de cada generación tendría un hijo, un varón. Esto dejaba a mi padre sin hermanos y sin coincidencias de primos hermanos o segundos que pudieran conectarlo definitivamente con una familia en particular.

La asombrosa herramienta WATO ofreció información suficiente para desbloquear una puerta a la línea paterna de mi padre, junto con una coincidencia de ADN de un primo tercero de mi padre que surgió y confirmó aún más mi hipótesis. Aunque se trataba de un vínculo lejano, me proporcionó una conexión con esa línea que ha resultado ser satisfactoria, sobre todo porque durante un tiempo sentí que nunca descubriría la respuesta a la identidad del padre genético de mi padre. A veces me veía obligada a tomarme descansos de un mes o más, solo para despejarme y poder mirar con otros ojos la información que sí tenía. Cuando finalmente llegué a una conclusión, el alivio fue abrumador y, aunque él ya no estaba, me alegré de haberme dado a mí y a mis hermanos el conocimiento de su paternidad genética. Solo deseaba que hubiera estado aquí para compartir el viaje con él. Era un hombre brillante y ¡habría disfrutado con el reto!

Cree un aceite de infusión con trocitos de citrino y un aceite portador preferido, como el de almendras dulces, coco o jojoba. Perfume a su gusto con aceite esencial. Guárdelo en un frasco pequeño, quizá con tapón enrollable. Utilícelo para ungir una vela; luego, enciéndala y déjela arder mientras realiza el trabajo de descubrir dónde encajan las coincidencias de ADN en su árbol genealógico. También puede colocar citrino junto a su vela naranja de trabajo de siete días. Sosténgala en la mano para infundirle la intención de establecer conexiones.

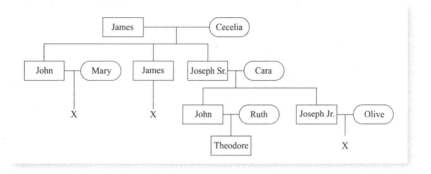

Durante esos años de duro trabajo genealógico, se hizo evidente que utilizar las herramientas y otros recursos que tenemos a mano es una parte importante de la resolución de misterios. Me dirigía a mi altar todos los días, abriendo mi espejo de conexión para pedir ayuda, encendiendo velas a los antepasados para pedir su ayuda y hablando con mi diosa matrona, Brigid, para pedirle apoyo y ayuda, y para que hiciera brillar su llama sagrada en mi camino de descubrimiento.

Si se encuentra ante la sorpresa de una inesperada coincidencia o divergencia de ADN, respire hondo. Aunque los momentos iniciales pueden ser angustiosos e incómodos, con el tiempo se alcanzará una especie de equilibrio. Admito que puede llevar un tiempo. En primer lugar, debe asegurarse de que realmente se trata de una sorpresa inesperada y no de un error de interpretación. Esos errores ocurren y pueden causar estragos, ¡así que vuelva a comprobarlo! Acuda a un mentor o a un grupo en línea para que alguien con experiencia revise su coincidencia. En segundo lugar, intente recordar que la familia está formada por humanos imperfectos que cometen errores. Lo normal ha sido guardar secretos, pero afortunadamente eso está cambiando. Si es usted quien descubre un secreto familiar, actúe con delicadeza y compasión hacia todos los implicados. Si es un descubrimiento que cambia las cosas para usted, dentro de su seno familiar, trátese con mano tierna, puede ser un viaje difícil. Por último, recuerde que la persona al otro lado del partido puede estar experimentando emociones similares. Hay alguien ahí con sentimientos, así que, de nuevo, sea amable, compasivo, tenga la mente abierta y siga las normas y directrices. Creo que no me equivoco al decir que todos queremos existir en el ámbito del amor y la aceptación. Sea la persona que ayude a que así sea.

Curación ancestral

«Cuando nos curamos a nosotros mismos, curamos el pasado,
el presente y el futuro».

Steven D. Farmer.

L a sanación genealógica puede ser una parte importante de la magia genealógica y muy útil para manifestar un camino vital propio más positivo.

Cuando trabajamos para ajustar conscientemente nuestra narrativa personal y luego desmantelamos y desentrañamos los patrones de creencias y comportamientos limitantes y heredados, nosotros y todo nuestro linaje evolucionamos. El trabajo de sanar activamente nuestro linaje no suele ser cómodo, conveniente ni fácil, pero es una parte necesaria para crear una vida verdaderamente sana y plena. A nivel familiar, una práctica regular del trabajo con los ancestros puede ayudar a reparar patrones intergeneracionales de disfunción familiar, creencias limitantes y pautas de afrontamiento. Cuando trabajamos con antepasados espiritualmente vibrantes y amorosos, puede ocurrir que comprendamos mejor y transformemos los patrones de dolor y abuso, y recuperemos gradualmente el espíritu positivo de nuestra familia ancestral. Esto funcionará entonces para iniciar y potenciar avances curativos, incluido el establecimiento de límites sanos y apropiados con los parientes vivos para los que no encontramos remedio a la disfunción. A nivel colectivo, los ancestros pueden ser poderosos aliados en la transformación de traumas históricos relacionados con la raza, el género, la religión, la guerra, el abuso emocional, físico y sexual, y otros tipos de dolor que afectan a grupos de individuos que lo tienen en común.

Puesto que la familia genealógica es la fuente de nuestro ser físico y la razón de nuestra existencia, parece sensato que sean los primeros en la fila para protegernos y mantenernos a salvo, y para evitar activamente que nos hagan daño. Lamentablemente, no siempre es así, y estar emparentado por sangre no significa que esas personas vayan a actuar en nuestro mejor interés o beneficio. Hay diversas circunstancias con la familia genealógica fallecida y viva que pueden causar un profundo dolor emocional. Algunos adoptados pueden sentir que no fueron deseados al nacer y que por eso fueron entregados, o quizá han sido rechazados por la familia biológica cuando han intentado ponerse en contacto, lo que puede hacer que se sientan indignos. Otros son expulsados de su círculo familiar debido a su preferencia espiritual, su elección de pareja, su sexualidad, su género afirmado. Algunos padres se apartan cuando el otro progenitor es emocional, física o sexualmente abusivo, o las tres cosas a la vez. Cuando descendemos de personas que han hecho cosas terribles, o de personas que ellas mismas han sido receptoras de algún tipo de trauma, esta energía se transmite a través de nuestro ADN físico y de la memoria genética de nuestro ADN energético, aunque nunca hayamos conocido a estos antepasados en persona. Esto puede perpetuar un patrón negativo que continúa en el presente.

Antes de realizarse pruebas de ADN, un adoptado compartió conmigo sus sentimientos de desconexión. Se describía a sí mismo como «probablemente latino», pero no estaba seguro, y, a pesar de tener dos padres adoptivos cariñosos, nunca sintió que formara parte realmente de la cultura blanca estadounidense. Su estimación de etnia mostraba que era alrededor de un 48 % mexicano, con una conexión genética comunitaria centrada en un lugar específico dentro de México, y el otro 52 % era una mezcla de irlandés, inglés, escocés y un poco de francés y alemán, y algunos porcentajes de trazas en algunas otras áreas. A partir de ahí, formulé la hipótesis de que, probablemente, tenía un progenitor de ascendencia del norte de Europa y otro de ascendencia mexicana. Con su permiso, pude utilizar sus coincidencias de ADN para identificar a su madre genética con bastante rapidez, y encontré parientes cercanos cuyos registros en línea de antepasados mostraban movimientos entre su hogar en México y Estados Unidos, y de vuelta, cuando entraban y salían por trabajo. En el momento de escribir estas líneas, no está interesado en seguir adelante con su investigación y no tiene planes de ponerse en contacto con su madre genética ni de que yo continúe la búsqueda de su padre genético. En su lugar, está dedicando su tiempo a explorar su recién descubierta herencia mexicana, y esto en sí mismo ha sido muy curativo para él.

En otro escenario, una conocida me describió sus dudas a la hora de enviar una prueba de ADN a Ancestry. Es una mujer negra con una historia familiar que incluye antepasados esclavizados en algunas ramas de su árbol. No sentía que la genealogía tuviera mucho que ofrecerle. Como persona blanca, no puedo hablar de las experiencias de los negros en el ámbito de la genealogía. Lo que sí puedo hacer es leer, y soy una gran admiradora de la genealogista Shannon Christmas. En una serie de tres artículos titulada «Ancestry.com es para los negros: La verdadera historia de cómo investigar la historia afroamericana»[13], en su blog *Through the Trees* (*A través de los* árboles), comparte esta pizca de sabiduría:

> *Para activar todo el poder revelador de la genealogía genética, construya, compare, observe y registre patrones entre los pedigríes de sus coincidencias de ADN. Estos patrones representan las huellas moleculares de sus antepasados. Siga sus huellas. El recuerdo es resistencia, justicia reparadora que revierte la supresión sistemática. Olvide el muro de ladrillos de 1870. Aproveche la oportunidad de elevarse por encima del ruido de las redes sociales y amplifique los susurros de sus antepasados afroamericanos. Reclame sus nombres. Recuente sus historias. Recuerde su legado. Ancestry.com es para los negros.*

Compartí estas palabras con mi conocida, que finalmente se sometió a una prueba de ADN, y se sintió muy conmovida por los resultados de la estimación étnica. Aunque el trabajo de búsqueda le está resultando bastante difícil hasta ahora, está decidida a llegar hasta el final. Ha podido ponerse en contacto con primos de ADN solidarios e informados,

---

13 *A través de los árboles:* https://throughthetreesblog.tumblr.com.

una especie de red en la que está encontrando apoyo para su viaje y curación a través del descubrimiento de sus raíces.

En mis propias líneas familiares, desciendo de múltiples propietarios de esclavos, algunos de los cuales eran bastante prominentes. Varios se citan en un caso llevado ante el Tribunal Supremo de Arkansas, en el que se mencionaba que las personas esclavizadas heredadas a través de un patrimonio podían utilizarse para saldar deudas. Otro antepasado mío fue considerado un asesino, y por eso huyó de Francia y vino a Nueva Orleans. Hay una historia de abusos sexuales que recorre múltiples líneas en mi familia, así como de maltrato infantil emocional y físico. Mis abuelos vivieron los tiempos difíciles de la Depresión. Se esperaba que las mujeres se casaran y criaran a sus hijos; no se fomentaba la asistencia a la universidad y, de hecho, estaba mal vista. También proliferó el alcoholismo. Todos estos son ciclos que no se rompieron antes de mi concepción. Mi ADN físico y mi ADN energético, así como la memoria genética que portan, estaban cargados de traumas y patrones disfuncionales desde el momento de mi alumbramiento, a pesar de que nací de padres que me querían y que me amaban. No soy ni mucho menos la única que vive una vida sobre la que planea la nube del trauma ancestral. Me atrevería a decir que la mayoría de las personas, si no todas, cargan con alguno. No siempre es obvio, por supuesto. Durante muchos años, habría sostenido que estaba bien, con muchos buenos momentos, sorteando los altibajos habituales. La realidad era que me encontraba en medio de mi vida feliz y, de repente, algo se desencadenaba en mi interior y me sumía en un lodo de malos sentimientos cuyo origen no podía localizar.

Estas malas acciones ancestrales también pueden dejar una fea firma energética en el árbol genealógico en su conjunto, y no es raro ver sistemas familiares enteros envueltos en patrones de abuso físico y emocional, o participando en otras actividades que apuntan a un trauma histórico o colectivo. Las dinámicas familiares disfuncionales pueden perpetuarse a través de las generaciones. «La gente herida hace daño a la gente», dice un viejo refrán, y las familias a veces parecen empeñadas en causar dolor a sus allegados. ¿Por qué? Ese hecho me confundió durante mucho tiempo, hasta que empecé a considerar cómo arrastro antiguos traumas de mis antepasados y traumas actuales de mis padres y abuelos, así como la energía de fechorías y heridas pasadas que afectaron a las generaciones que vivieron y murieron antes de que yo naciera.

Muchas personas no reconocen que su trauma es un patrón de disfunción que puede provenir de personas que murieron antes de que ellos nacieran, o, cuando lo reconocen, ya han tenido comportamientos que les han causado daño. El trauma histórico es real, y sus efectos pueden resonar a través de generaciones de descendientes. ¿Cómo es posible? Podemos recurrir a los estudios sobre epigenética que han proporcionado una visión en profundidad de cómo el trauma puede afectar no solo a las personas a las que les ocurrió, sino también a sus descendientes. Un estudio realizado con ratones en el que se les hacía asociar el aroma de la flor del cerezo con una dolorosa descarga en el pie demostró que no solo los roedores que habían recibido la descarga mostraban angustia cuando olían el aroma de la flor del cerezo, sino también sus hijos y nietos, quienes nunca habían recibido la descarga. Los niños que fueron concebidos durante una hambruna en los Países Bajos en la década de 1940 tienen tasas más altas de diabetes, enfermedades cardiacas y otras afecciones. Se cree que el estrés físico de la hambruna provocó cambios en la expresión genética, o en el interruptor genético de encendido y apagado, que controla esas enfermedades. Este cambio en la forma en que el gen se enciende y se apaga —sin que se produjera ningún cambio en el gen en sí— se transmitió a los hijos de las personas que padecieron la hambruna. Los investigadores han propuesto que la metilación del ADN —un cambio químico reversible en el ADN que suele bloquear la transcripción (copia) de un gen sin alterar su secuencia— explica la forma en que se hereda este trauma. Es importante señalar que estos estudios no prueban que el trauma sea hereditario, pero sí presentan un argumento sólido para ello. Se están realizando más estudios.

Las personas que no son familia pero que nos rodean a diario también pueden causar daño. Pensemos en compañeros y jefes que causan estragos en el lugar de trabajo sin ninguna razón. Si una mujer tiene un jefe que la acosa sexualmente de forma rutinaria y luego concibe un hijo mientras trabaja en este entorno hostil, existe la posibilidad de que el trauma afecte a la expresión genética del niño para ciertas enfermedades. Sin duda, se transmite en el ADN energético. Es probable que la mayoría de nosotros hayamos oído historias, o las hayamos experimentado directamente, sobre líderes dentro de nuestras propias comunidades mágicas que han causado un daño real con su mal comportamiento. Las personas maltratadas emocionalmente suelen luego exhibir su propio comportamiento negativo como resultado. Tal vez tengan hijos en casa que experimentan estrés y, por tanto, lo lleven dentro y lo transmitan, o tengan un compañero de trabajo al que tratan mal mientras están estresados, y eso les causa daño a ellos y a los que les rodean. Es un círculo vicioso, amargo y casi interminable. Hay muchas maneras en que el trauma puede experimentarse individualmente a partir de fuentes externas que luego pueden causar daño a la familia.

Entonces, ¿qué hacemos con esta información sobre el trauma heredado? En primer lugar, conocerla nos ayuda a ver que las personas que se vieron afectadas por traumas en sus propias vidas, y cuyos antepasados transmitieron traumas de sus propias generaciones, pueden perpetuar estos patrones con sus hijos y nietos, y con otras personas de su entorno. Piense en alguien que le haya hecho daño. ¿También a él o ella le han herido de alguna manera previamente? Es fácil pensar: «No me importa lo que les ocurriera en el pasado, sino por qué lo carga contra mí». Imaginar que el daño que le hicieron estuvo influido por un legado de comportamientos negativos y dolor no le hará sentirse necesariamente mejor, pero le dará una idea del porqué. Sé que las personas de mi familia que me han causado dolor también sufrieron traumas cuando eran niños y adultos jóvenes. No sirve para excusar lo que hicieron, pero me proporciona un poco de lógica sobre por qué actuaron así.

Sin embargo, hay que decir con toda firmeza que, a pesar de nuestros traumas individuales y colectivos, tanto los experimentados durante nuestra vida como los heredados de los antepasados, como adultos somos responsables al 100 % de nuestros actos y de cómo nos tratamos a nosotros mismos y a los demás. Poseer traumas individuales y colectivos no nos exime de la responsabilidad de las formas en que actuamos y posiblemente causamos dolor, y no significa que no debamos hacer el duro trabajo de tender la mano en un intento de sanar las relaciones con aquellos a quienes nosotros mismos hemos causado dolor.

También está la verdad de que algunas personas son simplemente horribles y, aunque supieran cómo curarse a sí mismas o reparar una relación con alguien a quien han hecho daño, optarían por no hacerlo.

En lugar de eso, siguen causando daño a los demás con una descarada falta de integridad y autenticidad. No les importa que rehúyan a un adoptado que busca sus raíces, o que carezcan de sentimientos de arrepentimiento por expulsar a un niño homosexual de la unidad familiar y dejarlo sin ataduras en el mundo. No reconocerán el daño continuado de la esclavitud. Se niegan a considerar que sus palabras y actos crearán ondas de negatividad en toda una tradición espiritual. Aunque no podemos hacer que estas personas reconozcan su papel en la perpetuación del trauma, podemos elegir hacer el trabajo necesario dentro de nosotros mismos para tratar nuestros propios sentimientos y las repercusiones que experimentamos como resultado del comportamiento ajeno, y podemos actuar como ejemplo para los que nos rodean.

Depende de cada persona individualmente, entonces, evaluar y luego abordar su propia curación ancestral. Esto no significa que tenga que ponerse en peligro, emocional o físicamente, pasando tiempo en presencia de personas que le han causado daño. Pero sí es necesario evaluar los patrones familiares para detectar traumas individuales y colectivos, y trabajar sobre sí mismo para no perpetuar estos patrones dañinos y así romper el ciclo. Incluso si elige vivir solo dentro del círculo de su árbol de influencia, sigue siendo importante recordar que su propio trauma no sanado puede afectar también a las personas que se hallan dentro de sus ramas, y eso a su vez puede tener un efecto generacional por sí mismo. Otro pensamiento que se ha de considerar es el efecto que la curación activa puede tener sobre cómo el trauma perpetúa su patrón maligno. ¿Recuerda los ratones que se asustaban al oler las flores de cerezo y luego transmitían su miedo a su descendencia? Después de que produjeran esas crías que heredaban su miedo, se permitió entonces a los ratones oler el aroma de las flores de cerezo sin administrarles una descarga. Con el tiempo, estos ratones perdieron su respuesta de estrés al oler el aroma y entonces pudieron producir crías que no tenían un miedo innato a ese olor. En esencia, experimentaron un trauma y transmitieron ese miedo a su descendencia y luego fueron curados de su trauma de tal forma que no afectó a su descendencia posterior. Si el trauma puede curarse en los ratones, ¡sin duda podemos ajustar nuestro propio linaje manifestando un cambio curativo para nosotros mismos!

No existe un enfoque único para la curación ancestral. Para algunos, es un proceso fácil y sencillo. Para otros, el trabajo de sanación puede causar su propio trauma. No soy una profesional de la salud mental y, por tanto, no puedo ofrecer ni ofrezco asesoramiento médico. Para estar 100 % seguro de que el camino que desea recorrer hacia la sanación es el adecuado para usted, por favor, busque la orientación de una persona licenciada en salud mental antes de emprender este trabajo.

Hay una cita ampliamente atribuida a Bert Hellinger sobre las personas tipo oveja negra en cada familia:

Las llamadas ovejas negras de la familia son, en realidad, cazadores nacidos de caminos de liberación en el árbol familiar. Los miembros de un árbol que no se ajustan a las normas o tradiciones del sistema familiar, los que desde niños han buscado constantemente revolucionar las creencias, yendo en contra de los caminos marcados por las tradiciones familiares, los criticados, juzgados e incluso rechazados, éstos suelen ser los llamados a liberar al árbol de historias repetitivas que frustran a generaciones enteras. Las ovejas negras, las que no se adaptan, las que lloran rebeldemente, desempeñan un papel básico dentro de cada sistema familiar, reparan, recogen y crean nuevas y desplegadas ramas en el árbol genealógico. Gracias a estos miembros, nuestros árboles renuevan sus raíces.

Su trabajo para erradicar los patrones familiares tóxicos, aunque puede ser difícil, también es valioso y esencial.

Mi propio viaje hacia la curación ancestral tuvo muchos giros y vueltas. Durante años funcioné, más o menos, con algunas creencias realmente malsanas y limitantes, tanto sobre mí misma como sobre el mundo en su conjunto. Pasaba demasiado tiempo llorando por el pasado y preocupándome por el futuro en lugar de vivir en el aquí y ahora. Hace poco leí algo que hablaba de un corazón que vive en el pasado y se pasa el tiempo mirando y lamentándose por viejas fotografías, y un cerebro que está tan ansioso por el futuro que se pasa el día leyendo hojas de té para predecir lo que está por venir. Esa era yo, y me perdí muchas cosas de la vida de esa manera. Pasé dos décadas de la edad adulta intentando a medias arreglar lo que estaba roto dentro de mí, pero nunca lo conseguí del todo. Mi incapacidad para ver cómo los patrones y dinámicas familiares disfuncionales me impedían alcanzar todo mi potencial fue una barrera para vivir con un propósito pleno.

Como ya he comentado, cuando tenía cuarenta años, sufrí una lesión laboral debilitante que dio lugar a una reparación quirúrgica de mi cadera y puso fin a mi carrera de enfermera en la UCI. Ese mismo año también me sometí a otra cirugía mayor que me dejó cicatrices desfigurantes en el cuello. Además de padecer dolores físicos con movilidad limitada y odiar mi propio reflejo, también era un desastre emocional. Un querido amigo me dijo amable pero firmemente que a veces nuestra mente y nuestro cuerpo encuentran la forma de prender fuego a nuestra percepción de una existencia cómoda para espolearnos a adentrarnos en el camino consciente de la vida intencionada que estamos destinados a recorrer. Sus palabras escocieron, pero no se equivocaba.

Durante los primeros años de mi propio trabajo de sanación ancestral, tuve la suerte de haber mantenido una relación continua con una terapeuta licenciada, y ella me apoyó de forma importante. Su orientación fue inestimable y me mantuvo en el camino recto cuando, en lugar de ello, podría haberme desviado en una dirección que podría haber tenido consecuencias negativas. El trabajo no fue, y sigue sin ser, fácil. Me ha obligado a enfrentarme a feos legados, como tener antepasados esclavistas; una mentalidad de pobreza, que las mujeres fueran consideradas menos que los hombres, y una larga lista de abusos físicos, emocionales y sexuales. El trabajo también me ha hecho crecer como persona. Aprendí a sentarme con la energía que se me transmitía y a ajustarla de tal manera que diera lugar a acciones positivas que ahora se transmiten a mis propios hijos y nietos. Al compartir algunas de ellas con los demás, también influyo potencialmente en esas personas para que creen un cambio positivo y, por lo tanto, también me siento parte del árbol de influencia de otra persona. El trabajo que hacemos para sanar no nos afecta solo a nosotros; afecta a todos los que nos rodean.

También es importante señalar que incluso las familias más disfuncionales también tienen puntos fuertes y buenos comportamientos.

El mero hecho de que una persona exista significa que sus antepasados sobrevivieron lo suficientemente bien como para crear, gestar y dar a luz a un niño que se mantuvo lo bastante sano como para crecer hasta la edad adulta y luego tener su propia descendencia. Las familias con fuertes creencias religiosas o políticas que utilizan eso como excusa para echar a un miembro de la familia por no creer lo mismo, o por no adherirse a los postulados de un sistema de creencias, también pueden hacer cosas como contribuir a las despensas de alimentos, cuidar el césped de un vecino anciano o entrenar deportes de ligas menores. Es probable que los antepasados menos agradables también tuvieran algunos atributos y comportamientos positivos. Aunque esos buenos comportamientos no niegan la disfunción que perpetúa la dinámica familiar, sí hablan de una energía que puede aprovecharse y utilizarse en el proceso de curación. Creo que hay una chispa de bondad en la mayoría de las personas, y me resulta útil recordarlo cuando trabajo en la transmutación de la energía negativa de mi propia familia y mis antepasados.

DIARIO MÁGICO: PATRONES FAMILIARES

Para comenzar su propio viaje de sanación ancestral, primero debe empezar por evaluarse a sí misma y a su familia en busca de patrones que crea que pueden contribuir a desarrollar comportamientos negativos, así como los aspectos positivos y los puntos fuertes que contribuyen a su forma de moverse por la vida. Limpie su espacio con un espray limpiador, coja su diario mágico de genealogía y encienda su vela naranja.

Puede que desee abrir su espejo de conexión para hacer preguntas o para recibir mensajes de su subconsciente que le recordarán las áreas que quizá desee considerar que necesitan ser sanadas o realineadas. Recuerde abrir y cerrar firmemente su sesión de espejo. Consulte también sus árboles genealógicos y su historia familiar para que le sirvan de referencia mientras formula y responde las preguntas que le valdrán de guía para el camino que recorrerá durante su trabajo de sanación. Piense y luego escriba las respuestas a estas preguntas lo mejor que pueda. Para quienes tengan poco o ningún conocimiento genealógico de su familia, esta actividad puede resultar más difícil de completar. Si quiere intentarlo, considere la posibilidad de abrir su espejo para pedir orientación.

Lea las preguntas que aparecen a continuación, escriba sus reflexiones sobre cuáles de sus comportamientos positivos y negativos podrían provenir de las fortalezas familiares o de una disfunción familiar heredada o adquirida de las personas que le criaron.

—¿Qué energías negativas percibe en su propia familia viva (o recientemente fallecida)? ¿Qué acontecimientos vitales negativos ocurrieron que pudieran haber influido en su forma de relacionarse con los demás?

—¿Qué acontecimientos negativos ocurrieron en la vida de sus antepasados? Por ejemplo, alguien que vivió la Depresión puede haber arrastrado las heridas de pasar hambre, lo que puede haber dado lugar a patrones de comportamiento posteriores que tuvieron un efecto negativo: acaparamiento, problemas en torno a la comida (comer en exceso, atracones), miedo a un saldo bajo en una cuenta corriente, etcétera. Estos comportamientos dañinos y autoflagelantes podrían haberse transmitido fácilmente a los niños.

—¿Existen historias en torno a algún antepasado que pueda haber tenido un comportamiento negativo? ¿Existen rumores familiares que hablen mal de un antepasado? Este rumor no tiene que ser necesariamente cierto, ni usted tiene que pensar mal del antepasado, pero considere cómo el potencial de su comportamiento puede haber afectado a su historia familiar hasta el punto de que evolucionaron comportamientos negativos. Tengo un tío tatarabuelo del que hablaba mi abuela, y considero que es la fuente de su miedo ante la posibilidad de que su hija sufriera abusos sexuales por parte de otros miembros varones de la familia. Este fue un temor predominante durante toda su vida y que después transmitió, pues yo crecí con la creencia de que la mayoría de los hombres intentarían agredirme sexualmente de alguna manera; de hecho, sufrí abusos sexuales a una edad temprana. Pero ahora sé que la mayoría de los hombres son decentes y amables, y que no buscan comportamientos sexuales inapropiados con niños o con adultos que no estén interesados en un encuentro o relación sexual.

—¿Qué puntos fuertes hay en su familia viva (o recientemente fallecida)? ¿Qué hay de sus antepasados más lejanos? ¿Hay historias de superación, perseverancia, expectativa? Piense en los buenos comportamientos que podrían haber contribuido a la energía positiva que reside en cada familia y en cada persona, y anótelos.

—¿Qué comportamientos negativos observa en usted que puedan atribuirse a una disfunción familiar o a un trauma generacional? Por ejemplo, entre los ocho y los doce años me dijeron repetidamente que estaba «gorda». Mirando atrás en las fotos, veo ahora que era una chica normal que atravesaba los cambios de la preadolescencia y luego de la pubertad. Mi cuerpo estaba cambiando de la forma habitual. Sin embargo, me llevé este lenguaje negativo a mi subconsciente y, a pesar de estar muy en forma y sana durante mi adolescencia y hasta la adultez, arrastraba una horrible imagen de mí misma y una baja autoestima. Aún no conozco la motivación de las personas que me dijeron eso, pero lo que sí sé es que he hecho un trabajo para curar y proteger a la niña pequeña que habita en mí y que se sentía indigna de ser aceptada.

—¿Qué puntos fuertes ve en usted que cree que pueden proceder de su familia? ¿De sus antepasados más lejanos? Provengo de un largo linaje de mujeres que viajaron y sobrevivieron. Las mujeres de mi línea materna conocida no tuvieron una vida fácil. Siento que mi capacidad de perseverar y de prosperar durante las dificultades es una fortaleza que proviene de las mujeres que me precedieron. A pesar de nuestra relación tumultuosa y fracturada, sigo diciendo: «Saqué mi cerebro de mi padre». Estaba plagado de demonios y tomó algunas malas decisiones, pero también era un hombre brillante que tenía aptitudes y muchas ganas de aprender constantemente.

—¿Qué más le viene a la mente cuando se considera a sí mismo, a su familia viva y recientemente fallecida, y a sus antepasados desaparecidos hace mucho tiempo? ¿Existen traumas colectivos, como la esclavitud o el Holocausto, que deban tenerse en cuenta al repasar la historia de su familia? ¿Y sus antepasados más lejanos? ¿De dónde eran? ¿Viajaron largas distancias? Si es así, ¿por qué? ¿Cómo pudo ser la vida para ellos?

Si se siente emocionalmente estresado o abrumado en cualquier momento mientras realiza cualquiera de estos trabajos, debe parar inmediatamente, cerrar la sesión y dedicarse a una actividad que le tranquilice. Llame a alguien para que le apoye cuando lo necesite, y no tenga miedo de tender la mano. El proceso de curación ancestral puede conllevar muchos asuntos que gestionar. Algunas personas, como yo, necesitan la orientación de un profesional, así que busque esa ayuda si cree que es necesaria y si puede. Como mínimo, debería compartir con alguien que está trabajando en la curación de heridas ancestrales en su familia y que puede necesitar hablar ocasionalmente.

Tómese un tiempo para leer su entrada. Probablemente sea larga. ¿Cómo le hace sentir? ¿Ve patrones de trauma y disfunción que podrían influir en la dinámica de su familia? ¿Y los aspectos positivos? ¿Los puntos fuertes? A veces es difícil ver las cosas buenas de nuestra familia genealógica, pero lo más probable es que usted también forme parte de una que tenía, y tiene, bondades y puntos fuertes innatos en su estructura.

MEDITACIÓN DIARIA

En la base de toda práctica suele haber un compromiso diario con ella que apoya nuestra participación consciente. Puede resultar incómodo, como mínimo, comprometerse con una práctica curativa, y mantener el equilibrio es esencial. Una forma de gestionarlo es con una sesión meditativa diaria para mantener los pies en la tierra y recordarnos el poder de perseverancia que llevamos en nuestro núcleo, a pesar de los patrones ancestrales negativos.

UNA MEDITACIÓN DE LIMPIEZA RÁPIDA

Siéntese tranquilamente, con los pies bien apoyados en el suelo, los brazos relajados y los ojos cerrados. Imagine su cuerpo como una extensión de la tierra y de su energía pura. Inspire y espire lenta y profundamente. El objetivo es sentirse lo más relajado posible. Imagine que su piel es un colador, con pequeños agujeros que permiten que la energía entre y salga. Con cada inhalación, imagine energía positiva y edificante entrando en su cuerpo. Con cada exhalación, imagine que la energía y los pensamientos negativos salen de su cuerpo y se los lleva para no volver jamás.

También puede valer la pena llevar un diario para anotar solo los buenos pensamientos sobre usted mismo. Llénelo con sus atributos positivos y sus gratas acciones. Hay algo bueno en cada uno de nosotros; de modo que le reto a que escriba sobre sus propios dones todos los días. Nuestros antepasados nos dieron a muchos de nosotros un pesado equipaje, pero también nos infundieron muchas fortalezas y excelentes cualidades.

TRABAJAR CON ANTEPASADOS SINGULARES

Una amiga compartió una vez conmigo el doloroso rechazo de su madre hacia ella y su hermano cuando eran adultos jóvenes, que dio lugar a un distanciamiento de décadas que no se rectificó antes de su muerte. Aunque la oportunidad de reparar la relación mientras estaban en su encarnación física terminó cuando la madre murió, desde entonces han desarrollado una relación ancestral con ella a nivel espiritual. Tiene una dinámica diferente. Sienten que el espíritu de su madre ha evolucionado desde su época terrenal y que ahora les comprende y les acepta plenamente. Se ha producido una curación que ha ajustado el linaje, lo que probablemente ha disminuido la posterior herencia de dolor de mi amiga a su pareja, hijos y otras personas que se sienten influidas por ella.

A veces, los problemas del pasado no tienen remedio. Soy la cuarta bisnieta de un esclavizador. Un hombre que, además, fue patriarca de una familia que tiene un gran árbol descendiente, en cuyas ramas me incluyo. Después de trabajar con él unas cuantas veces, siento que el espíritu de este antepasado no se arrepiente por sus acciones en vida y no hay nada que yo pueda hacer al respecto, salvo seguir trabajando con la disfunción e intentar ajustar el linaje con mis propias acciones. En este escenario, me he propuesto trabajar con descendientes de personas esclavizadas, especialmente con aquellos que comparten ADN conmigo. Esto no cambia el pasado, pero crea una energía nueva y positiva en el presente. La curación ancestral puede llevar toda una vida. Lo importante es recordar que, al reconocer el patrón negativo y hacer el trabajo para transmutarlo, ya ha dado un gran paso en el camino de la curación. Eso por sí solo crea sus propias ondas positivas para usted y los que le rodean.

TRABAJAR CON UN ANTEPASADO SINGULAR

Materiales:

—*Foto, copia de la firma o nombre escrito del antepasado.*
—*Vela verde a su elección (carillón/hechizo, cónica, de siete días).*
—*Amatista, para protección y conexión psíquica amplificada.*
—*Espejo de conexión.*

Instrucciones:

Fije un tiempo específico para trabajar con este ancestro y, en función de la energía que experimente, considere la posibilidad de marcar su tiempo utilizando un temporizador para establecer los límites de la duración de la sesión. Limpie su espacio con un espray de limpieza y fije conscientemente la intención de su trabajo. Por ejemplo, podría decir:

Manifestaré una conexión espiritual sana y positiva con mi abuela paterna fallecida.

Coloque la foto, la firma o el nombre escrito del antepasado debajo de la vela y ponga la amatista a su lado, en su espacio de trabajo. Abra su espejo de conexión y afirme que está interesado en crear una atmósfera positiva y que solo es receptivo a los mensajes y la energía saludables y sanadores.

Puede ser útil tener cerca su diario para anotar cualquier pensamiento que le venga a la mente. Considere cómo podría desarrollar una relación con este antepasado en particular. ¿De qué maneras puede manifestar su energía en el mundo de forma sanadora? Por ejemplo, al mantener una conexión con mi abuela paterna, que era una persona muy creativa artística y musicalmente, le pido ideas y orientación cuando trabajo con cualquiera de esos medios. Nuestra relación mientras vivía era distante en el mejor de los casos, pero ahora encuentro un gran placer al pensar en ella cuando pinto. De alguna manera, parte de su ser vive en mi creatividad.

Cuando termine con cada sesión, asegúrese de cerrarla conscientemente y de colocar el espejo en su lugar cubierto.

Mi hierba favorita para la genealogía: bálsamo de Galaad

El bálsamo de Galaad es una antigua hierba sacramental. Las lágrimas (o brotes, como algunos prefieren llamarlas) se utilizan mágicamente para la curación, la protección, la consagración, la adivinación y la atracción de espíritus; actividades aplicables a la magia genealógica de un modo u otro. Pero mi uso favorito del bálsamo de Galaad cuando se trata de trabajo ancestral es para la curación. Siempre se discute sobre las distintas fuentes de lágrimas de bálsamo de Galaad. En este libro, me refiero a los brotes resinosos de invierno del *Populus x jackii,* un árbol híbrido del bálsamo de Galaad que resulta de un cruce entre álamos, y es originario de Norteamérica.

El bálsamo de Galaad puede ayudar a calmar los sentimientos dolorosos que rodean a las relaciones rotas. Muchos de nosotros hemos perdido a un ser querido con el que nuestra relación estuvo cargada de dolor e ira, o tal vez incluso de abusos, mientras vivía. Aunque nunca estamos obligados a comprometernos con estos antepasados, puede ser de inmenso beneficio para nosotros si hacemos un trabajo de sanación, o al menos nos conectamos, para poder decir las palabras que necesitan ser pronunciadas y escuchadas.

Si desea abordar relaciones conflictivas del pasado, coloque brotes alrededor de una fotografía de ese antepasado en particular. (Si no tiene una foto, escriba su nombre en un trozo de papel y utilícelo en su lugar). Escriba los agravios y heridas sobre su relación con esta persona. Puede ser largo o corto, malicioso o cortés, breve o detallado, y lleno de cualquier tipo de redacción o lenguaje que le ayude a liberar algunos de sus sentimientos. Queme el papel de forma segura y luego mezcle las cenizas con aceite de lágrimas de bálsamo de Galaad, u otro aceite de su elección. Unte una vela con la mezcla de aceite y cenizas, y enciéndala cerca de la foto de su antepasado. Prepárese un té, siéntese y entable una conversación. Diga las cosas que necesite decir. El color de la vela puede ser de su elección; a mí, personalmente, me gusta el blanco para el trabajo ancestral, aunque también utilizo el azul en este caso para mi propia paz y curación. El rosa podría ser otra opción, ya que representa el amor, que en este escenario sería el amor por mí misma, necesario para ocuparme de mi propio trastorno emocional. También se puede considerar el empleo de una vela negra como protección, dependiendo de sus circunstancias. Utilice tantas velas como desee, en función de sus necesidades. Este es su trabajo; encuádrelo según sus preferencias. Cuando haya terminado, o si se siente muy incómodo, finalice la sesión con un agradecimiento y un firme «¡Adiós!». Apague las velas, limpie su espacio con una hierba aromática o un aerosol, tome una ducha e imagine su dolor y su rabia saliendo de su cuerpo, deslizándose con el agua y desapareciendo por el desagüe. Si prefiere otro tipo de limpieza, hágalo. Puede realizar este trabajo una vez o repetirlo según sea necesario durante el tiempo que precise. Asegúrese de cerrar firmemente la sesión cada vez y hacer una limpieza física espacial y personal.

El bálsamo de Galaad también puede ser un bálsamo para los corazones rotos. Cuando perdemos a personas muy queridas, el dolor de vivir con su pérdida puede ser bastante angustioso. El bálsamo de Galaad puede ayudar a calmar este dolor. Escriba el nombre de la persona en un capullo y úntelo con un poco de aceite, luego llévelo con usted en un bolsillo o bolso. Toque el capullo cuando quiera sentirse conectado, envíe amor, reciba amor y recuérdese a sí mismo que usted y esta persona pasaron su tiempo juntos en felicidad. Puede guardar el capullo en algo pequeño que haya pertenecido a su ser querido (un monedero, un pañuelo) y llevarlo consigo. También puede utilizar los capullos, velas ungidas y una fotografía para conectarse. Escriba una carta si lo desea. Siéntese y recíbalo. Traiga té y algo para picar, y asegúrese de compartir su comida y bebida con su antepasado dejando una pequeña cantidad en el altar. Cuando llegue el momento de terminar, agradezca a su antepasado la visita y despídase. Para limpiar su ofrenda (si compartió alguna), utilícela para abono o déjela fuera para consumo de los animales, aunque no cualquier alimento (por ejemplo, no deje chocolate, ya que el azúcar es perjudicial). Seguro que estos le agradecerán el tentempié.

Además, puede triturar los brotes y mezclarlos con hierbas de su elección para crear un incienso. Una sugerencia sería romero para el recuerdo o lavanda para la protección. Quémelo según lo necesite cada vez que desee conectar con un antepasado.

BÁLSAMO DE GALAAD. ACEITE PARA LÁGRIMAS O BROTES

Si, en lugar de comprar, prefiere elaborar su propio aceite de lágrimas/brotes de bálsamo de Galaad para uso mágico, esta es una receta básica:

1. Llene un tarro pequeño casi hasta arriba con brotes.
2. Vierta aceite de oliva en el tarro hasta que los brotes estén completamente sumergidos.
3. Cubra la parte superior del tarro con una toalla de papel y sujétela con una anilla (si es un tarro masón) o una goma elástica. Los brotes se hincharán y excretarán agua, y esta se evaporará por la parte superior. Para proteger las superficies, debe colocar el tarro sobre un plato para recoger el desbordamiento. Sustituya la toalla de papel según sea necesario.
4. Remueva la mezcla a diario durante al menos cuatro semanas. Asegúrese de que los brotes permanecen sumergidos o es probable que se enmohezcan. No pasa nada si flotan (con el tiempo se hundirán) si están sumergidos en el aceite.

5. El aceite debería estar listo en unas seis semanas, pero puede conservarse con seguridad hasta un año. Estará bien para usar si no hay moho y el frasco se mantiene tapado y los brotes sumergidos. Cuando esté listo, cuele el aceite y guárdelo en una botella etiquetada y fechada en un lugar fresco y seco. Asegúrese de marcar en algún lugar de la botella o el frasco que es para uso mágico y no para consumo.

Todos tenemos antepasados cariñosos y solidarios. Investigue y acérquese a ellos. Podemos recurrir a estas relaciones ancestrales para recabar información, aumentar nuestra salud y bienestar, así como obtener apoyo en nuestra vida cotidiana.

Cristales para la magia genealógica

«Los cristales son seres vivos al principio de la creación».

Nikola Tesla.

Los cristales son una forma popular de añadir magia, belleza y poder a la vida cotidiana, ¡y especialmente a su magia genealógica! Suelen ser portátiles y extremadamente versátiles, y están disponibles en una amplia gama de colores y correspondencias. Los considero una herramienta importante para mi trabajo genealógico. Generalmente, utilizo cristales como parte de una rejilla sagrada en mi altar, y llevo uno o varios conmigo en un bolso o bolsillo, o en forma de joya. Crear una rejilla de cristales es una manera especialmente bella y significativa de centrar su intención en una persona o un lugar concretos, o de lograr un objetivo. Hay muchas alternativas para crear una rejilla de cristal, escoja la que mejor le funcione.

Para el centro de la rejilla, utilizo una piedra de palma plana. Es la base de todo el trabajo que hago, y está impregnada de mi intención de tener éxito en mi investigación. Le sugiero que consiga una que sea plana y esté nivelada cuando se coloque para que otros elementos más pequeños, como otro cristal, puedan colocarse encima según sea necesario. Si no planea colocar nada encima de la piedra central, un cabujón también es algo a tener en cuenta. Suelen tener diferentes formas (ovalada, redonda, de corazón, de diamante), así que elija su preferida.

Es importante limpiar sus cristales antes de utilizarlos para cualquier trabajo de genealogía. A mí me gusta hacerlo colocándolos bajo la luz de la luna llena.

Hay otras formas de limpiar sus cristales: humo sagrado, un baño de sonido de una campana o un cuenco tibetano, la luz del sol o rociados con un agua de bendición de su propia creación. Si utiliza agua, asegúrese de limpiarla enseguida, ya que algunos cristales no se llevan bien cuando se mojan y permanecen así.

El espacio donde colocará su rejilla de cristal también debe estar preparado. Despeje y limpie la superficie. Considere la posibilidad de utilizar una base para designar el espacio sagrado. Esta base puede ser una rejilla dibujada en papel, una rejilla impresa en tela o una base de rejilla de madera tallada. Cuando estoy preparando mi espacio, limpio la energía con mi espray limpiador de romero y enciendo mi vela naranja de siete días. La música también es una forma estupenda de añadir cierto tipo de energía al espacio.

A continuación, decida cuáles son sus intenciones para la rejilla. ¿Desea localizar registros de un antepasado determinado? Por ejemplo: «Quiero encontrar más información sobre   (nombre del antepasado)». Escriba su intención en un papel y colóquela, junto con una fotografía, si la tiene, en el centro de su rejilla. Es mejor ser específico; sin embargo, también puede crear una rejilla de propósito general para apoyar su intención de éxito continuo en su trabajo genealógico.

Considere la energía que necesita que esta rejilla manifieste para usted. Tenga en cuenta las propiedades individuales de ciertos cristales, pero piense también en ser simplemente intuitivo y elegir así los cristales de la rejilla. La mayoría de las rejillas se construyen desde el centro hacia fuera, pero yo he hecho espirales para enviar energía tanto hacia fuera como hacia dentro, según fuera necesario. También puede plantearse si desea trabajar con un elemento determinado y elegir cristales que reflejen esa energía. Por ejemplo, cuando trabajo con mi línea materna, me inclino por cristales ardientes, como la cornalina, ya que asocio el fuego con mi linaje materno.

Una vez que haya escrito su intención para la rejilla, coloque el papel en el centro de su espacio. Sujete la piedra central con la mano dominante y declare su intención para la rejilla en voz alta. Cúbrala con la piedra de palma de cuarzo transparente (o la que haya elegido). Comience a rodear la piedra central con otros objetos. Me gusta ser muy simétrica con mis colocaciones. También utilizo flores, tallos de romero, guijarros que he recogido y otros objetos que simbolizan algo en particular para mí. Esta es una oportunidad para estirar realmente sus músculos intuitivos y considerar profundamente cómo resuenan para usted los diferentes objetos. No hay nada correcto o incorrecto, opte por lo que mejor le siente.

Una vez configurada su rejilla, tendrá que activarla. Tengo una pequeña varita de cuarzo transparente que utilizo solo para activar las rejillas. También puede usar su propio dedo si se siente cómodo haciéndolo. Esta activación es una conexión energética de los cristales, así que tómese su tiempo y trace mentalmente una línea entre cada uno para que la totalidad de la rejilla quede unida. Puede cantar, tararear o volver a pronunciar su intención mientras se activa. Una vez activada, deje que haga su trabajo. Me gusta dejar las mías activadas durante al menos veinticuatro horas, pero normalmente más tiempo. Encuentro que la mayoría de las mías se desmontan alrededor de la marca de los tres días, pero siéntase libre de dejar la suya en su sitio durante todo el tiempo que los cristales permanezcan en su posición y no se marchiten las flores o tallos que forman parte de su construcción.

Cuando desmonte su rejilla de cristales, trabaje de fuera hacia dentro. A medida que retire los cristales, agradézcales su aportación energética a su magia. Apártelos para limpiarlos. Queme el papel de petición en un lugar seguro y ponga el material vegetal al aire libre para que se descomponga de forma natural.

Aquí comparto mis cristales favoritos, junto con algunas sugerencias sobre cómo puede utilizar cada uno de ellos. No obstante, recuerde que usted crea su propia magia, así que, si uno o varios de ellos no van con usted, o si desea utilizarlos de forma diferente, hágalo. Por ejemplo, hay a veces en las que hago uso de un cristal simplemente porque quiero la energía de su color.

La magia que usted crea es la más poderosa.

Amatista

Es un precioso cristal de cuarzo púrpura que varía en color desde el relajante lavanda claro hasta el deslumbrante violeta profundo. Es un cristal al que recurren muchos practicantes por su versatilidad, eficacia y facilidad de uso. Se dice que la amatista mejora la conexión espiritual y la capacidad psíquica, y también proporciona protección y favorece la concentración y la claridad. También actúa como sanador kármico, lo que resulta útil cuando se trata de aquellos antepasados recientes con los que compartimos algún dolor en el pasado. En general, es un recurso imprescindible en su caja de herramientas mágicas de genealogía.

Sugerencias:

—Utilice un trozo de amatista para representar el elemento del espíritu en rituales, hechizos y otros trabajos mágicos.
—Sostenga un trozo de amatista en la mano e infúndale su deseo de conectar con un antepasado determinado. Después, colóquelo junto a su espejo de conexión para aumentar el flujo de energía de ida y vuelta, y como protección.
—Mantenga la amatista sobre su escritorio, o dondequiera que realice sus investigaciones genealógicas, para favorecer una mente clara y la concentración, y para aumentar la intuición al investigar.
—Lleve joyas de amatista. Esto le permite tener las manos libres mientras se dedica a actividades creativas, como la pintura o la escritura, inspiradas en la genealogía. ¿A quién no le sienta bien el color morado? ¡Es vibración superior con estilo!
—Lleve amatista como protección y escudo cuando esté fuera de casa, especialmente si le gusta dedicarse a ciertos pasatiempos genealógicos, como vagar por los cementerios. Las joyas funcionan bien para ello.

El ágata de encaje azul

Es un hermoso cristal azul pálido con vetas blancas, del que se cree que facilita la paz mental y la expresión de las verdades personales. También se cree que neutraliza la ira y disuelve viejos patrones. Estas cualidades son excelentes para quienes buscan verdades familiares que pueden haber sido rechazadas o a los que se les han contado mentiras. También ayuda a contar con exactitud las historias genealógicas de la familia mientras se escribe el diario, y a crear otras nuevas que reflejen la familia de influencia o la elegida.

Sugerencias:

—Utilice un trozo de ágata de encaje azul para representar el elemento agua en rituales, hechizos y otros trabajos mágicos.

—Lleve ágata azul de encaje a las reuniones familiares en las que pueda haber mucha tensión y necesite mantener la tranquilidad. Una pequeña pieza en un bolsillo puede servir como piedra de toque, o lleve alguna joya, como un colgante, para que el ágata esté fácilmente a su alcance.

—Cuando escriba en su diario sobre historias genealógicas familiares, coloque un trozo de ágata de encaje azul en el borde de su papel o cerca del teclado para garantizar la precisión y el detalle, y para desbloquear verdades personales.

—Para facilitar la creación o el recuento de una historia sobre su familia de influencia o elección, coloque una vela azul cerca de su lugar de trabajo, enciéndala y coloque cerca de ella un trozo de ágata de encaje azul.

—Antes de buscar coincidencias de ADN, sobre todo si está reuniendo pistas para resolver un misterio, cree un pequeño altar con una vela azul rodeada de tres piedras de ágata de encaje azul alternadas con tres puntas de cuarzo transparente de doble terminación. Encienda la vela según sea necesario. Visualice paz y palabras sinceras en todas las interacciones. Esto ayudará a mantener la mente tranquila al tiempo que anima a la otra parte a compartir sus verdades.

La piedra de sangre

También conocida como «heliotropo», es un potente cristal compuesto por jaspe verde oscuro y pequeñas inflexiones de óxido de hierro. Las manchas de rojo pueden parecerse a gotas de sangre, de ahí su nombre. La piedra de sangre tiene muchas funciones, pero su reputación como limpiador energético y purificador de la sangre son dos propiedades que la convierten en una excelente herramienta para la genealogía. Como piedra del valor, es útil para todos los trabajos orientados a establecer conexiones con la familia biológica y la investigación genealógica. Ayuda con los sueños y la exploración de vidas pasadas; ambas cosas pueden proporcionar una visión de los problemas actuales que rodean a la dinámica familiar.

Sugerencias:

—Para fomentar sueños que ofrezcan una mayor percepción de los asuntos familiares, pasados y presentes, sostenga la piedra de sangre en la mano y diga su intención. Después, colóquela bajo la almohada. Por la mañana, asegúrese de anotar sus sueños. Limpie la piedra de sangre bajo el grifo o colóquela en el alféizar de una ventana soleada.
—Utilice una o varias piedras de sangre en un altar o en un círculo sagrado para representarse a sí mismo o a sus antepasados genealógicos, o a ambos.
—Cree un aceite con infusión de piedra de sangre y unja velas para que ardan mientras hace el trabajo de descubrir dónde encajan las coincidencias de ADN en su árbol genealógico.
—Para armarse de valor, coloque una piedra de sangre junto a su ordenador mientras investiga sobre antepasados que puedan haber participado en acciones desagradables o ilegales.

El citrino

Se trata de un bello y luminoso cristal con variaciones de color entre el amarillo y el naranja, cuyo nombre deriva de la palabra francesa *citron* («limón», en español). El citrino posee una energía protectora que ahuyenta la negatividad. En sus tonos más oscuros, el citrino es bueno tenerlo a mano cuando se trata de los aspectos espirituales de la genealogía y la investigación, especialmente si las interacciones o experiencias pueden ser menos positivas. El citrino absorbe la energía negativa, la transmuta y la expulsa, manteniéndonos lejos de ella. En otro de sus aspectos, el citrino también es bueno para atraer la abundancia y la prosperidad, así como potenciar las conexiones psíquicas. Yo lo utilizo cuando, en el trabajo genealógico, me topo con muros de ladrillo o me bloqueo, con el fin de atraer lo necesario para mi investigación. Si busca información sobre un antepasado recluso, el citrino puede ayudarle atrayendo abundancia de información hacia usted. Tenga en cuenta que algunos citrinos son amatistas tratadas térmicamente.

Sugerencias:

—Utilice un trozo de citrino para representar el elemento fuego en rituales, hechizos y otros trabajos mágicos.

—Mantenga una punta de citrino en posición vertical cerca de su zona de investigación para absorber, transmutar y alejar la energía negativa del espacio.

—Cuando trabaje en problemas de investigación difíciles, cargue un pequeño trozo de citrino sosteniéndolo en la mano, visualice el objetivo deseado y colóquelo junto a una vela amarilla encendida.

—Lleve citrino sobre la piel para ayudar a mantener sus pensamientos claros y evitar distracciones mientras investiga.

—Si participa en sesiones de escritura automática, coloque un trozo de citrino cerca del papel para activar los recuerdos genéticos y aumentar el poder psíquico.

El cuarzo transparente

Es una piedra blanca clara, o incolora, llamada *krystallos* por el griego, que significa «hielo». Al igual que una vela blanca, el cuarzo transparente se sostiene por sí mismo, con sus propias cualidades, y sustituye a otros cuando es necesario. Es un iluminador, que hace brillar la luz sobre lo desconocido. Es un amplificador que potencia cualquier trabajo mágico en el que se incluya. Algunos lo denominan «ordenador cósmico» y contiene información. Si tuviera que elegir solo unos pocos cristales para utilizarlos en mi trabajo de genealogía, el cuarzo transparente estaría entre mis dos primeros (el otro sería la obsidiana), y lo tendría en forma de piedra de palma.

Sugerencias:

—Mantenga en su espacio de trabajo un cuarzo claro «guardián de registros» que le ayude a conectarse con las líneas ancestrales y amplíe su acceso a la información mientras investiga.

—Utilice las puntas de cuarzo transparente de doble terminación en rejillas, mandalas, en su altar, escritorio o ambos. En cualquier lugar donde necesite empujar y atraer energía o intención dentro y fuera de un espacio. Para enviar energía hacia una dirección, utilice una punta de cuarzo transparente de una sola terminación.

—Lleve un cuarzo transparente en el bolso o en el bolsillo cuando acuda a depósitos de investigación, como una biblioteca o un archivo de registros. Esto le ayudará a amplificar su conexión con los documentos ancestrales.

La hematites

La hematites tiene un brillo metálico, y su color varía del negro al plateado, aunque también la podemos encontrar de un tono marrón rojizo. Contiene una gran cantidad de hierro, por lo que se asocia estrechamente con la sangre. Es una piedra de desintoxicación intensa y puede ayudar a eliminar sentimientos tóxicos acumulados a lo largo de largos periodos de tiempo. Desprenderse de esta toxicidad es una parte esencial de la curación ancestral, especialmente en lo que respecta a los familiares con los que tenemos contacto. La hematites también es protectora y muy enraizante.

Sugerencias:

—Mantenga cerca un trozo grande de hematites durante un trabajo intenso que implique relaciones tóxicas y su curación.

—Lleve una pieza de joyería de hematites cuando vaya a estar físicamente cerca de familiares tóxicos. Esto le ayudará a protegerse, le mantendrá con los pies en la tierra y permitirá que los sentimientos negativos simplemente se alejen.

—Unja unas velas negras con un aceite infundido con hematita y enciéndalas siempre que sienta que necesita procesar y hacer el trabajo de dejar ir los bloqueos tóxicos que le impiden estar emocionalmente completo.

La kunzita

El color de la kunzita varía del rosa suave al morado pálido y recibe su nombre del mineralogista George Kunz, quien describió por primera vez su aspecto. La kunzita lleva una esencia de amor en su interior y tiene una conexión directa con los chakras del corazón y la coronilla. Lleva consigo una energía pacífica que la hace muy útil para su uso en escenarios de desamor o fines de relación que puedan causar un poco de pesar o tristeza, ya que se cree que alivia la angustia y calma los nervios.

Sugerencias:

—Utilice la kunzita en rituales de finalización para promover un corazón tranquilo y una atmósfera serena.

—Lleve joyas de kunzita a los funerales para ayudar a aliviar el dolor.

—Mantenga la kunzita en el altar cerca de fotos o nombres escritos de seres queridos fallecidos cuando necesite ayuda energética para promover una relación espiritual pacífica y amorosa, especialmente si las cosas fueron conflictivas mientras la persona vivía.

El lapislázuli

Es un cristal visualmente impresionante en diversos tonos de azul brillante. Las inclusiones de calcita blanca y pirita le confieren vetas distintivas de blanco y amarillo. Es una piedra de reflexión que puede ayudarle a enfrentarse a ciertas verdades y a obtener una perspectiva más clara. Amplifica el potencial psíquico y mejora la capacidad de recibir imágenes y otras orientaciones durante el trabajo adivinatorio con los antepasados y las energías ancestrales, y ayuda a recordar los sueños. El lapislázuli recuerda al cielo nocturno en su aspecto y puede ayudarle a sentir una conexión a nivel cósmico con su ascendencia.

Sugerencias:

—Utilice una pieza de lapislázuli para representar el elemento del aire en rituales, hechizos y otros trabajos mágicos.

—Mantenga lapislázuli bajo su almohada, o cerca de su cama, para que le ayude a recordar los sueños. Asegúrese de escribir un diario sobre sus sueños inmediatamente después de despertarse.

—Para mejorar las conexiones y aumentar la receptividad y la claridad, unja una vela con aceite infundido de lapislázuli y enciéndala antes de la meditación o el trabajo adivinatorio.

—Lleve un trozo de lapislázuli en el bolsillo o en el bolso cuando visite los cementerios donde están enterrados sus antepasados. Mantenga la mente abierta para recibir imágenes o sonidos durante su visita.

—Lleve lapislázuli cerca de la piel para amplificar su capacidad psíquica en relación con su investigación genealógica, para aumentar su éxito en la búsqueda de registros o para potenciar las conexiones que siente con determinados antepasados.

La piedra lunar

Esta es una piedra opalescente que puede encontrarse en muchos colores, como melocotón, rosa, gris, verde, azul, amarillo y marrón. Forma parte de la familia mineral de los feldespatos. Es muy conocida por su conexión con lo sagrado femenino, aumenta la intuición y proporciona equilibrio. Es un cristal popular entre las mujeres y se utiliza como protección en los viajes y en el parto. Calma y libera el estrés. La piedra lunar también se asocia, por supuesto, con la luna.

Sugerencias:

—Utilice un trozo de piedra lunar para representar lo sagrado femenino en rituales, hechizos y otros trabajos mágicos.

—Lleve joyas de piedra lunar cuando se reúna con otras mujeres de la familia para aumentar el poder combinado de lo sagrado femenino y fomentar los vínculos positivos.

La obsidiana

Se presenta con mayor frecuencia en tonos negros o de un color marrón oscuro. Es una piedra extremadamente poderosa de protección, verdad e integridad, y una de mis preferidas. Se define como un vidrio natural de escudo fuerte, que protege el aura de la negatividad y el daño. Además, limpia los restos energéticos y los bloqueos del pasado, al tiempo que sirve como medio de enraizamiento y favorece la claridad.

Sugerencias:

—Mantenga la obsidiana cerca del lugar de trabajo para proteger el aura de comunicaciones por correo electrónico o chat que puedan ser desagradables o enviadas con la intención de causar angustia emocional.

—Durante un trabajo ritual que implique invocar a los antepasados o las energías ancestrales, coloque obsidiana cerca de una vela negra encendida e invoque conscientemente su energía protectora.

—Sujete un trozo de obsidiana nevada (o copo de nieve) en la mano dominante mientras medita sobre temas mágicos complicados, como la curación ancestral, para proporcionar protección y escudo, limpiar los bloqueos mentales y ofrecer enraizamiento y claridad.

—Lleve una pieza de joyería de obsidiana a cualquier reunión familiar en la que probablemente haya una manifestación de disfunción. Tóquela a menudo para conectarse con la tierra y servir de escudo.

Madera petrificada (fosilizada)

Es el nombre que reciben los restos fosilizados de plantas leñosas que llevan mucho tiempo enterradas en sedimentos húmedos que contienen minerales disueltos. Se dice que conecta con los registros *akáshicos*, permitiendo conectar con vidas pasadas. Representa nuestra antigua ascendencia, y esa energía puede ayudarle a establecer una conexión con usted mismo a nivel celular, accediendo así al conocimiento almacenado en su ADN, comúnmente denominado «memoria genética». También puede ayudarle a aumentar la paciencia, ¡una virtud necesaria cuando se hace trabajo de genealogía! Algunas piezas de madera petrificada tienen anillos, y conectar con un anillo específico puede conducirle a información sobre una vida pasada concreta.

Sugerencias:

—Utilice un trozo de madera petrificada para representar el elemento tierra en rituales, hechizos y otros trabajos mágicos.
—Durante los periodos de investigación en los que se encuentre falto de paciencia, sostenga un trozo de madera petrificada en su mano dominante e imagine que las energías del pasado profundo le atraviesan, proporcionándole la facilidad que necesita para seguir trabajando de forma productiva.
—Medite con un trozo de madera petrificada que tenga anillos visibles. Se le guiará hacia un anillo específico. Pida que le den información sobre la vida pasada relacionada con ese anillo. Coloque la madera petrificada bajo su almohada cuando se vaya a dormir para soñar con vidas pasadas. Al despertar, anote los detalles de los sueños que recuerde.
—Mantenga madera petrificada en su altar o en su espacio de trabajo, o en ambos, cuando realice trabajos que giren en torno a la sanación

ancestral. Esto le ayudará a conectar a nivel celular para hacer aflorar las memorias genéticas y comenzar el proceso de curación. (Recordatorio: algunas personas necesitan apoyo terapéutico durante el trabajo de sanación; por favor, consulte con un especialista).

El cuarzo rosa

Cristal muy popular que se presenta en una gama de deliciosos tonos, desde un rosa rubor casi blanco hasta un rosa intenso rosado. Es una piedra de amor, que invita a la energía de ese tipo estable de compromiso que se ve con las parejas establecidas y otras relaciones sanas. Evoca una sensación de calma y funciona bien para reducir la ansiedad cuando se trata de asuntos estresantes relacionados con los resultados de las pruebas de ADN, con la investigación y con el contacto entre las parejas. Representa el corazón en todo tipo de trabajo mágico.

Sugerencias:

—Utilice una piedra de palma de cuarzo rosa en el centro de un mandala para representar el amor constante de la familia (aunque no sea su realidad actual). Utilice puntos de cuarzo transparente de doble terminación alrededor del cuarzo rosa para aumentar la energía amorosa.

—Lleve una pieza de joyería de cuarzo rosa a las reuniones familiares para fomentar un ambiente de paz y amor.

—Lleve un trozo de cuarzo rosa en el bolsillo o en el bolso y utilícelo como piedra de toque para recordarle que debe mantener fuertes sus límites y proteger su corazón contra las heridas.

—Añada una astilla de cuarzo rosa a un rodillo de aceite esencial con un aceite perfumado de su elección. Aplíquelo en los puntos internos de la muñeca para fomentar la calma y recordarle que es digno de amor.

El ojo de tigre

Es una variedad de cuarzo que muestra una cualidad conocida como *chatoyancy*, que hace que se parezca al ojo de un tigre o de un gato. Es opaco, y su color va del dorado al rojo pardo, normalmente con rayas negras, y tiene un aspecto sedoso. A veces, se tiñe. Se asocia con lo divino masculino y se la conoce como piedra del valor y la buena suerte. Es protectora y blinda contra las energías drenantes.

Sugerencias:

—Utilice un trozo de ojo de tigre para representar lo divino masculino en rituales, hechizos y otros trabajos mágicos.

—Cuando necesite convocar una energía valiente para manejar ciertas situaciones, sostenga un trozo de ojo de tigre en su mano dominante y dígase a sí mismo: «Estoy lleno de valor». Llévelo consigo mientras completa su encuentro.

—Lleve joyas de ojo de tigre a cualquier situación, ya sea en persona o a través de la tecnología, como en Zoom o por teléfono, para manifestar fuerza y mantener las energías drenantes fuera de su burbuja.

Antepasados notables

«GiGi, ¿tenemos piratas en nuestro árbol genealógico? Porque realmente quiero que haya piratas».

Silas, siete años.

Una de las actividades genealógicas más populares es la búsqueda de antepasados tanto famosos como infames. Tengo primos lejanos en Australia que están muy orgullosos de sus antepasados «convictos». Mucha gente busca personajes de la realeza dentro de las ramas de su árbol. Los hombres suelen emocionarse al descubrir que su ADN-Y puede atribuirse al alto rey irlandés Niall de los Nueve Rehenes. Las personas con el haplogrupo mitocondrial K podrían estar encantadas de saber que María Magdalena es, supuestamente, parte de esa línea materna. A otros les entusiasma descubrir los logros de un antepasado, sobre todo cuando se hace a pesar de las difíciles circunstancias de la vida.

En mi caso, he descubierto que soy descendiente directa de la familia de Philip Salladay, de Ohio, quienes se vieron envueltos en el pánico vampírico de Nueva Inglaterra entre 1816 y 1817, que en realidad fue alimentado por un brote de tuberculosis. Creían que la enfermedad respiratoria debilitante seguía infectando a los miembros de la familia porque el difunto se paseaba entre ellos por la noche mientras dormían. Se tomó la decisión de desenterrar al último fallecido, Samuel (hijo de Philip), y cortarle los órganos internos, para luego quemarlos mientras la familia superviviente inhalaba el humo. Debió ser una escena absolutamente terrible, cierto, pero me parece admirable el modo en que

221

las generaciones pasadas intentaban dar sentido y curar las enfermedades antes de la llegada de la ciencia moderna. Por desgracia, su espantosa cura no funcionó como se pretendía y toda la familia Salladay sucumbió a la tuberculosis, salvo un hijo, George, de quien desciendo (junto con su esposa, Phoebe Chaffin Salladay). Siempre es interesante encontrar antepasados dignos de mención por una u otra razón. Afortunadamente, ¡tengo otras historias más agradables que están incluidas en mi archivo de antepasados destacados!

BRUJAS

La búsqueda de brujas en el árbol genealógico es muy popular entre muchas personas mágicas de ascendencia europea que recorren el camino de la genealogía; de hecho, ¡es la petición más común que escucho de quienes buscan personas notables en su árbol! Resulta útil, a la hora de investigar, conocer parte de la historia que impulsó a etiquetar a ciertas mujeres como «brujas». Siento que algunas personas adoptan un enfoque caprichoso al tener un antepasado relacionado con la acusación de brujería; sin embargo, la realidad de aquellos tiempos está plagada de negatividad, y ello dejó una huella duradera en las generaciones posteriores. El manual del cazador de brujas *Malleus Malificarum* —traducido del latín como *Martillo de las brujas*— se publicó en 1486, pero la condena del *malefecium* (literalmente, «mala acción», pero que a menudo indica «brujería») y del *sortilegium* («adivinación») en Europa comenzó varios cientos de años antes, alrededor del año 910, aunque también se argumentó durante esta época que muchas historias de esos actos no estaban basadas en la realidad. Por desgracia, la paranoia en torno a la brujería había aumentado significativamente en la época en que se publicó el *Malleus*, lo que entonces solo sirvió para incrementar el pánico. En sus páginas hay sugerencias sobre cómo realizar torturas para obtener confesiones y se afirma que la pena de muerte, a menudo realizada de forma que infligiera el mayor dolor y miseria, era la única forma de contener los males de la brujería. El libro influyó en la cultura y fue esencialmente una guía para cazar, torturar y matar a personas, especialmente mujeres, con el pretexto de erradicar la brujería.

Con la excepción de muy pocas regiones, la mayoría de los acusados de brujería durante el pánico a las brujas en la Europa cristiana y sus colonias solían ser mujeres marginadas de alguna manera y presas de hombres que deseaban alcanzar o sentir el poder. También se acusó, condenó y ejecutó a hombres, pero se calcula que entre el 75 y el 80 % de los ejecutados por brujería fueron mujeres. Las acusaciones de brujería se lanzaban a menudo como medio de venganza, o para evitar que el acusador fuera acusado. Estas «brujas» —a menudo curanderas, o aquellas que se adherían a las costumbres y creencias folclóricas locales de la época— sufrían mucho a manos de quienes trataban de perseguirlas y torturarlas antes de condenarlas a una muerte horrible.

Hacia el siglo XVI, la paranoia en torno a las brujas y la consiguiente locura por la caza de brujas estaba en pleno apogeo. Aunque el número de juicios y ejecuciones varía, en general se cree que, aproximadamente, ciento diez mil personas en total han sido juzgadas por brujería, y entre cuarenta mil y sesenta mil han sido ejecutadas. En el momento de escribir estas líneas, la ejecución más reciente conocida de una persona por brujería tuvo lugar en Somalia, en 2020. Lamentablemente, las ideas erróneas y la persecución continúan.

OTROS ANTEPASADOS NOTABLES DE INTERÉS

Después de las brujas, hay varias categorías de antepasados que la gente parece especialmente emocionada de encontrar en su árbol genealógico, aunque se trate simplemente de la asociación de descender de un hermano o primo de alguien famoso, o incluso de una conexión familiar con su misma ciudad, círculo social o época. La realeza encabeza la lista, al igual que los presidentes y otros líderes mundiales, políticos, artistas, literatos, sufragistas, activistas, supervivientes, exploradores del mundo, aquellos que han huido de la persecución religiosa y política, piratas y vampiros, y, en Estados Unidos, la columna vertebral de tres importantes sociedades de linaje, los soldados de la guerra de Independencia de Estados Unidos (Hijas de la Revolución Americana e Hijos de la Revolución Americana) y los pasajeros del Mayflower (Sociedad Mayflower).

Piense en sus propios antepasados y en cómo se manifiestan en su vida actual. Tal vez descienda de un agricultor y por ello a usted le guste la tierra o posee talento para hacer crecer las cosas. Puede que en su pasado hubiera una costurera o un sastre que tuviera el don de unir trozos de tela en prendas bonitas, o funcionales, para la familia, y usted también tiene inclinación por los tejidos. ¿Es usted un artesano de la palabra con un escritor en su linaje? ¿Una artista descendiente de un artista? A menudo encontramos indicios de nosotros mismos en el pasado, si nos tomamos el tiempo de buscarlos y aprender sobre nuestros antepasados.

INVESTIGACIÓN

Existen innumerables formas de investigar en busca de los muchos tipos de antepasados notables, pero primero debe definir qué aspecto puede tener ese antepasado para usted. Para mí, el término *notable* incluye a alguien que de alguna manera está marcado en la historia por un hecho inusual, como mis antepasados «vampiros». También incluye a un antepasado con el que siento una conexión, como me ocurre con mi abuela y mis tías abuelas, que leían las cartas (entre otras cosas). Para otros, la notabilidad de un antepasado puede venir de que ocupe un lugar destacado en los anales del tiempo, una persona conocida y recordada, como un miembro de la realeza o una celebridad. Para otros, encontrar el nombre de un antepasado que simplemente sobrevivió y prosperó lo hace notable. Todas las hipótesis son válidas, y ninguna resulta demasiado frívola para merecer la investigación y la alegría del descubrimiento.

A medida que busque personas notables en su linaje, preste atención a los apellidos. Yo tengo una lista de todos los apellidos de mi árbol; normalmente, se puede compilar con un *software* de árbol genealógico o a mano. No necesariamente sabrá que un antepasado es alguien que podría considerar notable. No tenía ni idea de que mis antepasados Salladay fueran tan interesantes hasta que intercambié correos electrónicos con un primo lejano que me envió un enlace a una historia sobre su ritual junto a la tumba. Cuando reconozca a un posible antepasado notable, asegúrese de utilizar Internet. Una forma fácil de hacer una búsqueda inicial es escribir el nombre de su antepasado y añadirle la palabra *genealogía*, quizá junto con un año. Muchos recursos en línea enumeran nombres y fechas, y ofrecen otros detalles sobre la persona. Algunos sitios web tendrán listas específicas relativas a una población colectiva, como las brujas. A veces se incluirá información útil para los genealogistas, como nombres de cónyuge e hijos. Algunos apellidos tienen sociedades para descendientes, y esas invariablemente tendrán al menos un ávido investigador como miembro.

Otros apellidos son notables por sí mismos, aunque solo sea por su significado. Soy la cuarta bisnieta de Mary Nankivell Lathlean de St. Agnes, Cornualles, quien, tras la muerte de su marido, Lancelot Lathlean, en un accidente minero en 1840, se aventuró en barco a cruzar el océano Atlántico solamente con sus hijos y se estableció en el condado de Schuylkill, Pensilvania. El apellido Nankivell tiene profundas raíces en Cornualles, y su registro más antiguo data de alrededor de 1324. Mientras investigaba este intrigante apellido, me topé con varias averiguaciones sobre su antigua familia de Cornualles. Primero leí que se decía que el origen del nombre Nankivell derivaba de *nan/nant/nance*, que en córnico significa «valle», y del nombre personal de Cyfel, o quizá del galés Ceffyl, que significa «caballos». Esto lo considera inexacto un investigador llamado Edmund Typpett Nankivell, que hace referencia al libro *The Registers of St Columb Major, Cornwall-1539 to 1780*, publicado en 1881. Dice: «El nombre Nankivell es puramente celta, y significa "cañada de las becadas"; una cañada así llamada (generalmente deletreada Nanskevall), con su viejo bosque de robles, se encuentra a unas dos millas de St. Columb». La cabaña de Nanskeval permanece intacta en los terrenos privados de Carnaton House Estate. Hay un sendero que pasa cerca de la parte trasera de la cabaña, y la granja de Nanskeval se menciona en la dirección n.º 33 del paseo, que dice:

Cruce el umbral y gire a la izquierda por la pista. Sígala hasta que termine en una verja y un poste antes del carril. En 1819 se encontró en la granja de Nanskeval un lingote de estaño que pesaba casi 18 kg, enterrado casi un metro bajo la superficie en un terreno pantanoso. Fue fundido en época romana, probablemente utilizando un molde abierto de granito, y lleva estampada la cabeza de un soldado con casco romano. Actualmente se encuentra en el Museo de Truro.

Utilizo aquí mi propia historia del apellido Nankivell como ejemplo de la información que puede obtenerse simplemente buscando un apellido en Internet, o conectando con otras personas que investigan el mismo apellido. Puede que el apellido Nankivell no sea muy notable para muchos otros, pero sí lo es para mí, que desciendo de personas que proceden de una cañada de becadas y que se llamaban a sí mismas así, que construyeron una granja y una casa de campo en un terreno ocupado en su día por soldados romanos y que tienen una larga historia en una hermosa tierra que tanto amo.

Una de las mejores formas de vincularse con cualquier persona del pasado es construir un sólido árbol propio, que incluya arbustos (véase el capítulo 5, «Tres árboles»), hasta el marco temporal en el que busca conectarse. Así es como soy capaz de conectar con tantos datos interesantes dentro de mi propio árbol. Cada vez que añade una abuela a un árbol, añade un nuevo apellido que abre una puerta a más historias, a más relatos. Construir un árbol lleva mucho tiempo, pero merece la pena el esfuerzo, ¡aunque eso signifique que solo posea un árbol repleto de información!

En cuanto a mi propio árbol y la búsqueda para saber si tengo antepasados brujos, aún no he encontrado una conexión directa con ninguna bruja del pasado. Sin embargo, sí tengo antepasados con el mismo apellido en Massachusetts en la época de los juicios a las brujas de Salem. A veces pienso en la ansiedad que debieron sentir tantas personas preocupadas por la posibilidad de ser las siguientes. Eso es algo a tener en cuenta cuando trabaje en su genealogía; considere cómo el trauma colectivo y la disfunción han impactado en su memoria genética transportada en su ADN energético. La gente viajaba para escapar de la persecución religiosa, y creo que las acusaciones de brujería, o el miedo a ello, seguramente formaron parte de algunas migraciones ancestrales.

Aunque no descienda directamente de una persona notable, puede buscar apellidos similares que también procedan del mismo pueblo, localidad o ciudad. Recuerde que las poblaciones eran mucho más reducidas en aquella época, por lo que las personas con el mismo apellido solían estar emparentadas de algún modo, ya fuera por sangre o por matrimonio. Considere también como fuente de información los círculos sociales, las iglesias y otros escenarios en los que la gente se relacionaba.

Busque libros que hablen de la historia de una localidad. Es probable que incluyan los apellidos de los residentes fundadores. Recuerde hacer un plan de investigación y documentar su viaje para descubrir a estos antepasados potenciales como lo haría con cualquier otro proyecto u objetivo genealógico.

DIARIO MÁGICO

Encienda su vela naranja y abra su espejo de conexión para dejar que la energía del pasado fluya hacia usted. Coloque un trozo de citrino cerca de la vela. Piense en sus propios talentos y puntos fuertes innatos. Diga en voz alta:

Amados antepasados, piensen ahora en sus logros terrenales, tanto grandes como pequeños. Por favor, ¡compártanlos conmigo ahora para que pueda celebrarlos con orgullo!

Escriba en su diario lo que le venga a la mente, o dibuje, aunque no tenga mucho sentido. Cuando termine, apague la vela y asegúrese de taparla. Duerma con el citrino bajo la almohada, o en su mesilla de noche, y vuelva a escribir en su diario por la mañana sobre cualquier sueño que recuerde.

Considere un dato como el más importante sobre sus antepasados: sobrevivieron, al menos el tiempo suficiente para crear la siguiente generación. Me esfuerzo a diario por descubrir a tantos de los míos como puedo, por pronunciar sus nombres, por encumbrarlos a mi manera. Tengo en muy alta estima a toda la «gente corriente» de mi árbol que no es famosa dentro de los anales de la historia; concibo igualmente sus biografías como hermosos relatos en todo su anonimato mundano, ya que yo no existiría sin ellos. Para mí, ese es el hecho más notable de todos.

Recuerdo

«Recuérdame en el árbol genealógico; mi nombre, mis días, mis luchas. Entonces cabalgaré sobre las alas del tiempo y viviré una vida sin fin».

Linda Goetsch.

El trabajo con los antepasados es un elemento central en la mayoría de las prácticas mágicas. Aquellos de los que descendemos proceden de muchos lugares y de todos los ámbitos de la vida, y, aunque nunca logremos conocerlos a todos, podemos sin duda investigar y ampliar y enriquecer nuestro árbol genealógico con todos los detalles que podamos encontrar. Alcanzar el pasado nos permite encontrar una conexión hermosa y significativa con nuestras raíces y nuestra herencia.

Hay muchas formas de conectar con los antepasados. Dos de mis favoritas son el altar de los antepasados y un jardín o espacio verde dedicado a los antepasados.

CONSTRUIR UN ALTAR PARA LOS ANTEPASADOS

Anteriormente en el libro, mencioné la importancia de crear un espacio sagrado en el que realizar el trabajo de genealogía. Una manera de manifestar un espacio sagrado para el trabajo de genealogía es construyendo un altar de antepasados. No hay una única forma correcta de hacerlo, ya que depende de las preferencias personales y de la estética. Los altares son muy individuales. Algunas personas prefieren un espacio más sencillo, tal vez una pequeña mesa con un mantel simple y una vela. Otros utilizan un espacio al aire libre. He visto altares para diosas del agua en baños y cocinas. En mi caso, desde el punto de vista del espacio, prefiero un altar elaborado, lleno de todo tipo de objetos que representen a las personas, los lugares y las cosas que son importantes para mí. Cada tipo de altar es exactamente lo que necesita la persona que lo crea.

Para quienes deseen crear un espacio sagrado para honrar a los antepasados y no sepan por dónde empezar, el primer paso es mirar hacia dentro. ¿Cuál es su estética preferida? ¿Qué puede permitirse hacer? ¿Qué otros aspectos de su estilo de vida afectarán al espacio? Los niños pequeños, las mascotas (sobre todo, los gatos, animales curiosos que poseen la capacidad de saltar y acceder a espacios que otras mascotas no pueden) y los visitantes o compañeros de piso entrometidos pueden influir en el lugar donde decida colocar este altar. Para quienes lo requieran, una opción inteligente es crear un altar para los antepasados que se oculte a plena vista.

Una vez que haya elegido la mejor ubicación y fijado el estilo, estará listo para empezar.

Artículos para el altar de sus antepasados

1. Defina el espacio. Utilice un mantel o un trozo de tela que le sirva de base, en un color que le atraiga. Para un altar de antepasados, prefiero el blanco o el rojo. También me gustan las telas con flecos y estampados. Otros optan por la sencillez y el aspecto limpio de un paño simple.

2. Es necesario disponer de un plato o fuente a prueba de calor en el que colocar las velas para que ardan con seguridad. Hay muchas opciones: una bandeja, una fuente, un pequeño caldero lleno de arena o un plato heredado que sea lo suficientemente resistente como para manipularlo con regularidad.

3. Las fotografías enmarcadas de familiares y otros antepasados influyentes son una herramienta maravillosa para cultivar una relación.

4. Las velas son una forma encantadora de aportar calidez e intención al espacio del altar ancestral. El tipo de vela es una elección personal, siempre que se encienda y se mantenga encendida. He utilizado todo tipo de velas: velas de candelero, pequeñas velas de carillón (o de hechizo), velas de cinco días, velas de siete días y velas de té. El color de la vela también depende de usted. Para mi altar de los antepasados, opto por una vela blanca, a menos que esté haciendo un trabajo específico para el que preferiría otro color. Por ejemplo, me gusta utilizar el verde cuando hago peticiones relacionadas con la salud o para pedir ayuda con la investigación de mi árbol genealógico.

5. Haga ofrendas regulares de comida y bebida a sus antepasados como una forma de honrarlos, especialmente si ha estado haciendo otro trabajo específico con ellos.

6. Lleve la energía de un antepasado a su espacio sagrado con reliquias familiares. El objeto no tiene por qué ser nada caro; basta con que tenga un significado para usted. Tengo un librito que mi abuela recibió de su iglesia justo antes de morir, y la imagen de su portada de Nuestra Señora del Pronto Socorro me recuerda lo sagrado femenino. Este librito reposa en mi altar en una ponchera de cristal que también perteneció a ella.

7. Represente los elementos del agua, la tierra, el fuego y el aire. En mi caso, guardo un pequeño cuenco con agua; un jarrón con flores frescas y un poco de tierra de varios lugares ancestrales que he visitado; una vela de siete días encendida continuamente, además de una pequeña pluma.

8. Conserve un pequeño espejo enmarcado para representar a los antepasados cuyos nombres se desconocen. Este es diferente del espejo de conexión en que está específicamente cerrado a la energía que se mueve a través de él. A veces, capto el reflejo de mi propio rostro en él cuando estoy en el altar y me recuerda que tengo un gran contingente de antepasados desconocidos de los que desciendo y cuyo ADN físico y energético llevo dentro.

Otras consideraciones para su altar de antepasados

1. Manténgalo limpio. Ordeno el espacio una vez a la semana, retiro las ofrendas, las velas quemadas y otros objetos que ya no sean necesarios. Una vez al mes, hago una limpieza a fondo: lavo el mantel del altar, quito el polvo de la superficie, limpio los marcos de las fotos, etc.

2. Haga ofrendas con regularidad. Para mi abuela materna, el café y un pequeño trozo de *brioche* son mi recurso cuando quiero dejarle algo especial. Si no, un cigarrillo encontrará el camino hasta su foto, o una pequeña flor, ya que le encantaba la jardinería. Para los antepasados que no conocí en persona, suelo dejar un poco de *brandy*.

3. Reserve el espacio del altar para los muertos. No guardo fotos que incluyan a personas vivas en mi altar. Tampoco guardo allí fotos u objetos de mascotas fallecidas; tengo un espacio separado para ellas, aunque eso es una cuestión personal. Conozco a algunas personas que combinan el espacio para las personas y los animales.

4. La disposición de los altares de antepasados también es muy personal. A mí me resulta más fácil y seguro mantener la vela en el centro. Guardo fotos de antepasados a ambos lados de la vela, junto con reliquias familiares u otros objetos pequeños que tengan significado para mí en relación con mis antepasados. La estética de mi altar se basa en la función —debo poder realizar el trabajo con facilidad—, pero también en la belleza. Cuando construya su propio altar, considere su función junto con su forma y trabaje para manifestar esa visión.

EL JARDÍN ANCESTRAL

La jardinería me tranquiliza y me transporta a mi infancia, cuando pasaba muchos días trabajando con mi abuela en su jardín. No era una gran cultivadora de hortalizas; prefería, en cambio, cuidar las flores, arbustos, árboles y todo tipo de plantas estéticamente agradables. Su pequeña casa era conocida en el barrio como un lugar de belleza vegetal.

Mi primer paso en la creación de un espacio ajardinado para sentarme con los antepasados fue cuando se me ocurrió la idea de plantar un jardín de hierbas en forma de pentagrama. No salió bien y me quedé con un jardín de ladrillos en forma de pentagrama lleno de tierra y plantas muertas. Me di cuenta de que no tengo un don para la agricultura y de que la habilidad de mi abuela para cuidar todo lo relacionado con plantas y flores no me fue transmitida, hasta el punto de que mi madre me rescata regularmente plantas de interior de mi casa y lo ha hecho durante años. Incluso bromeamos con ello entre la familia: si alguien quiere una planta, solo tiene que esperar a que yo compre una y entonces podrá rescatarla de las fauces de la muerte una o dos semanas después. Sin embargo, lo que sí aprendí con el fiasco del jardín de hierbas es que se me da bien crear espacios estéticos al aire libre. Simplemente necesito hacerlo con plantas resistentes que pueda manejar más fácilmente.

Pienso en el espacio del jardín ancestral como un lugar para conectar. No todos vivimos en la tierra de nuestros antepasados, o tenemos antepasados que proceden de diversos lugares. No suele considerarse una buena práctica sembrar plantas que no son autóctonas de la zona; esa lección la aprendí yo por las malas. Sin embargo, al crear un espacio verde exuberante, me siento más capaz de conectar con la tierra y de manifestar una conexión energética con las energías ancestrales que me rodean. Si dispone de espacio, considere la posibilidad de dedicar parte de él a cultivar su propio espacio de conexión ancestral. Elija colores y tipos de plantas que resuenen para usted.

Además de las plantas, considere añadir otros elementos, como un banco o sillas y una mesa, para sentarse y estar en comunión; casitas para los pájaros; una fuente de agua que sirva también de bebedero para los habitantes salvajes, y algunas esculturas de jardín de su preferencia. Todo ello contribuye al ambiente del espacio y lo convierte en un destino que querrá visitar todos los días. También tengo un pequeño altar instalado en mi propio jardín en el que puedo colocar objetos mágicos adecuados para estar a la intemperie y así realizar trabajos rituales al aire libre.

Si vive en un lugar donde no tiene mucho espacio para un jardín exterior, considere la posibilidad de crear un rincón de macetas. Asimismo, utilice los espacios verdes públicos y las zonas ajardinadas cerca de su casa. También se pueden establecer conexiones con los ancestros del lugar en los sitios a los que viajamos. Simplemente, ¡tome asiento y cierre los ojos!

LAS «MARÍAS DESCONOCIDAS»

Los nombres son importantes. Tanto si utilizamos el que nos han dado como el que elegimos, es más significativo cuando nuestro nombre se utiliza en cualquier escenario, mientras que no sea uno que exija el anonimato. En numerosos documentos históricos, a menudo se alude a las mujeres solo en referencia a su condición de hija, esposa o madre. Su nombre o apodo a veces va acompañado del apellido del marido. El apellido familiar —o de soltera— parece desaparecer con frecuencia a medida que las mujeres pasan de hijas a esposas. También se hace referencia a las mujeres con el nombre de «señora», al que sigue el apellido del marido. En general, la pérdida de los apellidos familiares de las mujeres en el registro histórico ha dado lugar a muchos muros de ladrillo que no se pueden derribar. También dice mucho de la falta de importancia y consideración del papel de la mujer y de su significado en las sociedades del pasado genealógico reciente.

Acuñada originalmente por la genealogista Lucy Whitfield, el concepto «Marías desconocidas» se refiere a las mujeres de un árbol genealógico a las que solo se conoce por su nombre de pila, apodo o ninguno de ellos. Su número es casi infinito y pueden suponer un obstáculo importante a la hora de completar un árbol. Cada mujer con un apellido familiar desaparecido representa un linaje que no puede documentarse con precisión, una sabiduría ancestral a la que no se puede acceder con claridad y la oportunidad perdida de crear una conexión energética con ese antepasado específicamente por su nombre.

He visto muchas formas en las que la gente intenta documentar a las Marías y darles un identificador para su apellido familiar desaparecido. Algunos utilizan «Desconocido»; otros emplean las siglas LNU (*last name unknown*, «apellido desconocido»); los hay también que usan el apellido de casada de la mujer (por favor, nunca haga eso). La peor opción para mí es escribir «Ninguno» porque es descaradamente inexacto. La María tiene un apellido familiar, solo que no está documentado. En mi propio árbol, me refiero a la María desconocida como «"Nombre de pila" Abuela». Por ejemplo, sé que la madre de mi tatarabuelo se llamaba Elizabeth, pero aún no he encontrado una fuente sólida de documentación que me indique su apellido familiar anterior al matrimonio; por ello la tengo en mi árbol como «Elizabeth Abuela». Es desconcertante ver a una persona en los documentos sin que figure su apellido familiar, sobre todo en una cultura que los tiene; pero también sé que, siendo realistas, no podemos conocer el nombre completo de cada una de las personas de las que descendemos. Sin embargo, en los últimos cientos de años, si se puede conocer el nombre del hombre, también debería saberse el de la mujer. Pero, lamentablemente, no es así. Animo a cualquiera que se dedique a la investigación genealógica a que se ponga manos a la obra para descubrir los apellidos de su propia María desconocida. El éxito no siempre estará al alcance de la mano, pero el esfuerzo merecerá la pena. Creo que eso marca la diferencia en la forma en que conectamos energéticamente con nuestras propias Marías desconocidas, aunque nunca las descubramos conscientemente en su plenitud.

> Cuando trabaje en problemas de investigación difíciles que impliquen a antepasados femeninos, especialmente aquellos con un apellido desconocido, coja un pequeño trozo de piedra lunar y sosténgalo en la mano, visualice el objetivo deseado y colóquelo junto a una vela amarilla encendida.

CEMENTERIOS Y CAMPOSANTOS

Pasear por cementerios y camposantos allá donde voy es una de mis pasiones desde hace muchos años. Pasar tiempo con la familia ancestral es muy especial, y encuentro la energía calma y serena. Además de visitar a los parientes que me son locales, también me propongo buscar a los que han sido enterrados en tierras lejanas a las mías. Uno de mis recuerdos más entrañables de un cementerio es encontrarme con la lápida de mi 5x g-abuelo en un pequeño cementerio de Cornualles. Sentí que había retrocedido al pasado por un momento y que había establecido una conexión.

Hay una cierta etiqueta que debe mantenerse cuando se visita a los muertos queridos en su lugar de descanso. Las prácticas varían, y usted debe hacer lo que más le convenga, siempre dentro del respeto. Antes de entrar en un cementerio, me detengo brevemente y llamo mentalmente a la puerta para anunciar mi llegada. Pregunto si mis difuntos están abiertos a las visitas. Cuando obtengo la respuesta afirmativa, entro tranquilamente, dejando una pequeña ofrenda en la puerta como agradecimiento a todos los habitantes. Mi abuela siempre dejaba diez centavos. A veces, hago lo mismo, dependiendo de las características de la puerta o de la entrada. Otras veces, dejo caer una pequeña flor u otro objeto descomponible que no interfiera con la fauna ni cause un perjuicio al cuidador o al jardinero. Mientras camina hacia su tumba de destino, sea consciente del ruido que hace. Si le acompañan niños, anímeles a ser respetuosos. Los animales deben ir con correa, y cualquier excremento debe recogerse y depositarse en un contenedor.

Visitar a los muertos queridos en su lugar de enterramiento es una hermosa manera de recordarlos. El Día de Todos los Santos en Nueva Orleans, las familias suelen hacer pícnics en el cementerio. La tumba se decora con flores y otras pequeñas baratijas, y en general es una experiencia edificante compartir un día entre los vivos y los muertos.

A algunas personas mágicas les gusta hacer hechizos o rituales en grupo en el cementerio. Tengo sentimientos encontrados al respecto, ya que me ha parecido perturbador encontrarme con un grupo de personas envueltas en un ritual ruidoso en medio de lo que debería ser un espacio tranquilo y reflexivo. Tiendo a pensar que no es el mejor lugar para rituales en grupo. Por otro lado, el trabajo individual en el lugar donde descansan los antepasados puede ser una forma significativa de conectar con ellos y rendirles homenaje. El respeto hacia nuestros muertos debe ser siempre la prioridad.

Las ofrendas en recuerdo de los muertos queridos siempre son apreciadas. Flores, comida, bebida (licor en particular) y monedas (mejor si brillan) son los cuatro objetos más populares que se dejan en la tumba.

Asegúrese de tener en cuenta la fauna del entorno antes de dejar comida y sea considerado con el mantenimiento de los espacios ajardinados. Tenga en cuenta también que la cantidad no es mejor que la calidad cuando se trata de ofrendas.

Debo mencionar aquí que debe tener mucho cuidado con lo que se lleva del cementerio. No es aceptable retirar trozos de ninguna lápida o sepultura, y es contrario a la ley retirar huesos (y sí, la gente lo hace, tristemente). Si son hallazgos del suelo, como piedras, no hay problema, siempre que no constituyan parte de una reparación. Estas son algunas de las cosas que he cogido de varios cementerios donde están enterrados mis antepasados: una pequeña cantidad de tierra de una tumba (y solo después de pedir permiso al difunto), pequeñas flores, piñas, piedras que no forman parte de la sepultura y, en Nueva Orleans, pequeños trozos aleatorios de ladrillo rojo que están tirados por ahí y no forman parte de ninguna estructura que necesite reparación. Y... ¡fotos! Hago muchas fotos en el cementerio.

Siempre es una buena práctica asumir la responsabilidad de la limpieza de tantas tumbas ancestrales como pueda. Aunque el cementerio suele emplear personal de mantenimiento para ocuparse de lo básico, es un descendiente atento el que mantiene limpia la lápida de su antepasado y le lleva flores. No puede atender todas las tumbas, pero haga lo que pueda para asegurarse de que las más importantes para usted permanecen bien cuidadas y limpias.

Otra consideración, especialmente para quienes prefieren trabajar electrónicamente, es mantener un espacio en línea para uno o varios antepasados. He visto sitios web dedicados a antepasados lejanos que entran en detalles sobre sus vidas y logros. He visto otras páginas que se centran en un pariente cercano fallecido recientemente. Una forma en la que he conmemorado a algunos de mis antepasados es creando un monumento en línea en Find a Grave (www.findagrave.com). Tras asegurarme de que no existe ya un monumento conmemorativo determinado, creo uno y añado los datos de mi antepasado; si es posible, con fotos. La gente, incluida yo, puede pasarse y dejar notas y flores electrónicas. Se pueden establecer vínculos y compartir archivos de un antepasado a otro, creando un repositorio de conexiones familiares que son estupendas para la investigación (pero confirme siempre estas conexiones con otras fuentes). Si desea crear un monumento conmemorativo para un antepasado pero descubre que ya existe uno, puede solicitar que se le transfiera la información.

Tenga en cuenta, sin embargo, que la persona que creó el memorial puede ser también descendiente del difunto. Si ese es el caso, compruebe la entrada para asegurarse de que es correcta (y si no lo es, envíe una sugerencia de corrección). Luego, deje una nota y una flor.

Hay muchas otras formas de recordar a los muertos queridos. Una amiga mía tiene una exhibición de colchas que hicieron su bisabuela y una tía, y facilita un intercambio intercultural de bloques de colchas irlandesas y estadounidenses. Otra dona dinero regularmente a un refugio de animales en el que su madre trabajaba como voluntaria. Nunca está de más hacer algo bueno en memoria de alguien. Plante un árbol, compre material escolar para un niño necesitado, alimente a una familia durante unas vacaciones, patrocine la investigación genealógica de un descendiente de una persona esclavizada… Las posibilidades son infinitas.

SUS PLANES DE LEGADO GENEALÓGICO

Un aspecto importante del recuerdo a tener en cuenta es el suyo propio, su recuerdo, y quiero tocar muy brevemente un tema que puede resultar incómodo para algunos: la planificación del final de la vida. Además de los planes habituales que deberían estar en marcha, como una directiva anticipada, un testamento final, un obituario, un servicio conmemorativo y otras instrucciones para los amigos y seres queridos que le rodearán y cuidarán al final, también debería tener un propósito para sus activos genealógicos.

La genealogista Linda Yip compartió este escenario hipotético en su blog *Past Presence*:[14]

Mary pasó 30 años de su vida construyendo su árbol genealógico y recopilando historias, fotos y documentos. Viajó al país de origen. Su

---

14 Genealogía de Linda Yip, *Presencia en el pasado:* https://past-presence.com.

casa era un almacén de recuerdos familiares. Y sin embargo, cuando Mary murió, nadie de su familia sabía lo que poseía ni conocía su valor. Vaciaron su apartamento en un fin de semana tirándolo todo.

¿Cómo se siente al pensar que sus pertenencias, sus creaciones artísticas, escritos u otros tesoros más importantes serán desechados después de su muerte por no establecer un plan para ellos? A mí me produce auténtica desolación. Y también es aplicable a sus avances genealógicos. ¿Qué les sucederá cuando usted fallezca? La mayoría de las personas mágicas han oído el dicho de «Lo que se recuerda vive». Una forma de asegurar esto es manifestar un plan de legado significativo que garantice que sus activos genealógicos queden disponibles para las generaciones venideras. He sido enfermera diplomada durante muchos años y estoy íntimamente familiarizada con la muerte. Considerar lo inevitable a menudo me producía ansiedad e incluso angustia. Para ayudarme a gestionar esos sentimientos, me inscribí en un programa certificado de doula de la muerte llevado a cabo por la organización Deathwives en su Deathschool en línea, y parte de su curso trataba sobre el tema del legado. He tenido un plan para mi propio material genealógico recopilado durante años, y me sorprendió un poco saber que todavía no estaba tan preparada como podría haberlo estado. Desde entonces, he reevaluado y reescrito mis deseos, he actualizado mi testamento y he hablado sobre todo esto con mi familia.

¿Qué son exactamente los bienes genealógicos? Son todas las «cosas» que están relacionadas con la investigación y la documentación genealógicas, valiosas tanto para usted como para el resto de su familia. Linda Yip describe dos tipos: digitales y físicos.

Los activos genealógicos digitales incluyen:

—Árbol genealógico y otros trabajos en sitios web de genealogía, como FamilySearch, WikiTree, GEDmatch.
—Notas de investigación en un ordenador o tableta.
—Documentos y fotos escaneados.
—Vídeos y presentaciones grabadas.

—Resultados de pruebas de ADN en sitios web, como Ancestry, 23andMe, MyHeritage, Family Tree DNA.
—Archivos de datos de ADN en bruto descargados por usted en su ordenador.
—Los activos genealógicos físicos incluyen:
—Documentos originales en papel.
—Fotos originales (¡etiquételas todas con nombres completos y fechas!).
—Libros y otras obras publicadas.
—Material escrito e impreso, como su diario, cuadernos, notas de investigación, árboles genealógicos y hojas de datos familiares.
—Recuerdos familiares que sean valiosos para usted.

Estas son algunas preguntas que debe hacerse:

—¿Qué activos genealógicos tengo?
—¿Quién los gestionará cuando yo ya no esté?
—¿A dónde irá todo?
—¿Cómo puedo dar a conocer mis deseos?
—¿Cómo puedo asegurarme de que mis avances en genealogía estén disponibles y accesibles?

Si trabaja en el análisis de resultados de pruebas o investiga para otras personas, también debe considerar cómo se gestionarán.

Organizar sus bienes genealógicos puede ser un gran trabajo que debería considerar más pronto que tarde, especialmente si le parece abrumador que se pierda toda la información. Lo ideal sería incluir en un testamento una explicación detallada sobre sus deseos y la ubicación y disposición de todos los documentos, tanto físicos como digitales. Como mínimo, debe asegurarse de que su familia o representante designado pueda acceder a sus activos genealógicos proporcionando un informe con los nombres de usuario y las contraseñas de los archivos digitales, así como la ubicación de los físicos. Mantenga una conversación con su familia o su representante y haga todo lo posible para que su legado genealógico se gestione de la mejor manera posible.

Por último, ¿qué quiere que sepan sus descendientes, y el mundo, sobre usted? La historia de su vida, en sus propias palabras, es también una baza genealógica. Siempre he preferido controlar mi propia narrativa. Si usted también lo hace, actúe ahora. Lleve un diario detallado, una agenda o ambas cosas. Cree vídeos en los que comparta historias sobre su infancia, sus recuerdos (tanto buenos como malos), su carrera, sus amigos y su vida en general. Siga investigando y documentando la genealogía de su familia. Elabore un plan sólido para todos sus bienes genealógicos. Su legado genealógico puede ser un tesoro para el futuro, pero solo si ahora hace todo lo posible para que así sea.

Conclusión

La genealogía parece estar de moda estos días, ya que la gente investiga y se hace pruebas de ADN para conectar y documentar las vidas y experiencias de sus antepasados. La opción de dejar tras de sí un hermoso legado está al alcance de toda persona que haga el trabajo para que así sea. Aunque me siento agradecida por la alegría que me ha proporcionado la genealogía, también ha habido muchos sinsabores en mi búsqueda de verdades familiares. Escucho lo mismo de otras personas que también recorren el camino del historiador familiar y del genealogista. Hay un narrador en cada generación que carga con el peso de investigar y documentar la información de origen que hará avanzar la historia familiar para que sea accesible a las generaciones venideras. No siempre es fácil, y es probable que derrame alguna lágrima de frustración o rabia si asume la tarea de indagar en el pasado para crear un legado familiar para el futuro. Las sorpresas y los secretos pueden desequilibrarnos cuando se descubren, y pueden empañar nuestra visión de aquellos a quienes queremos entrañablemente. Los parientes vivos pueden ser poco cooperativos o deshonestos, o también pueden revelarse antepasados desagradables, y la curación para ajustar el linaje familiar puede llevar muchos años, o incluso toda una vida. A lo largo del camino, sin embargo, hay mucha felicidad, alegría, emoción y una gran cantidad de magia. Y eso es lo que espero sinceramente: que haya encontrado algo de esa magia en estas páginas.

¡Le deseo lo mejor en su viaje genealógico!

Recursos

FORMULARIOS DE INVESTIGACIÓN Y DOCUMENTACIÓN

Una parte integral de la investigación genealógica es trabajar dentro de un marco organizado. Siempre que se siente a profundizar en su árbol genealógico, asegúrese de documentar su trabajo para no perder la pista de sus progresos. Estos formularios le ayudarán a organizar su investigación y a mantenerla en orden.

Planificador y diario de investigación

Antepasado: _____ Pregunta de la búsqueda:_____

Fecha	Repositorio/ Sitio web	Título de la colección	Búsqueda por palabra clave	Resultados

Hoja de trabajo del grupo familiar

● Esposo/Esposa/Pareja n.º I

Nacimiento completo/Nombre elegido

Fecha y lugar de nacimiento

Fecha y lugar de matrimonio

Fecha y lugar de defunción_

Fecha y lugar de entierro

Padre/XY/Nombre prematrimonial de los padres

Madre/XX/Nombre prematrim onial de los padres

● Esposo/esposa/pareja n.º 2

Nacimiento completo/Nombre elegido

Fecha y lugar de nacimiento

Fecha y lugar de matrimonio

Fecha y lugar de defunción

Fecha y lugar de entierro

Padre/XY/Nombre prematrimonial de los padres

Madre/XX/Nombre prematrimonial de los padres

Nombre del niño Fecha/lugar nacimiento	Nombre de la pareja/cónyuge/ Fecha/lugar del matrimonio	Muerte y entierro Fecha/lugar

Otra información (matrimonios anteriores, hijastros, etc.)

Hoja de trabajo de antepasados

● Información sobre antepasados

Nombre prematrimonial completo

Fecha y lugar de nacimiento

Fecha y lugar de bautismo

Fecha y lugar de defunción

Fecha y lugar del entierro

Nombre del padre

Nombre prematrimonial de la madre

● Fecha y lugar del matrimonio

● Información del cónyuge/pareja

Nombre prematrimonial completo

Fecha y lugar de nacimiento

Fecha y lugar de defunción

Fecha y lugar del entierro

Nombre del padre

Nombre prematrimonial de la madre

Nombre del niño y fecha/lugar de nacimiento	Pareja/cónyuge. Nombre y fecha/lugar del matrimonio	Fecha/lugar del fallecimiento y entierro

Profesión(es)

Inmigración y viajes (puertos de salida/llegada, fecha de naturalización)

Otra información (matrimonios anteriores, hijastros, servicio militar, educación, etc.)

Hoja de trabajo de coincidencias de ADN

Nombre de usuario del partido	Empresa de pruebas	ADN compartido (% o cM)	Relación	Antepasado(s) común(es) más reciente(s)

HERRAMIENTAS, LIBROS Y BLOGS SOBRE ADN

Parte de la magia dentro de la genealogía son las muchas herramientas que están disponibles para su uso y la facilidad de acceso a la información que existe hoy día. ¿Habría imaginado alguien en el pasado que podríamos comunicarnos tan fácilmente a través de métodos en línea? ¿O investigar desde la comodidad de nuestro hogar u oficina? Aunque la investigación sigue siendo necesaria en persona para ciertos registros, contamos con otras opciones para buscar y para aprender. He aquí una breve lista de mis herramientas, libros, blogs y sitios web favoritos. No es ni mucho menos exhaustiva, y probablemente no cubre todos los temas que son de interés e importancia para usted. También le animo a visitar su biblioteca local y revisar la suya personal, ya que puede ser un maravilloso recurso gratuito.

Herramientas para utilizar con los resultados de las pruebas de ADN

Las instrucciones de uso de las herramientas se detallan en cada página web.

- **DNA Painter: dnapainter.com**
—Árboles.
—Cartografía cromosómica.
—Estimador de cobertura.
—Herramienta cM compartida.
—¿Cuáles son las probabilidades? V. 1.
—Lista de referencia de herramientas de terceros.
- **GEDMatch: www.gedmatch.com.**
- **Método Leeds** («DNA Color Clustering: The Leeds Method for Easily Visualizing Matches»): **www.danaleeds.com.**

Libros

Bettinger, Blaine T., *La guía del árbol genealógico para las pruebas de ADN y la genealogía genética, 2.*ª edición (Cincinnati, OH: Family Tree Books, 2019).

Fessler, Anne, *Las chicas que se fueron: La historia oculta de las mujeres que entregaron niños en adopción en las décadas anteriores a Roe contra Wade* (Penguin Publishing, 2007).

Foor, Daniel, PhD, *Medicina ancestral: Rituales para la curación personal y familiar* (Bear & Company, 2017).

Hall, Judy, *La enciclopedia de los cristales, edición ampliada* (Fair Winds Press, 2013).

Hendrickson, Nancy, *Grimorio ancestral: Conecte con la sabiduría de los antepasados a través del tarot, los oráculos y la magia* (Weiser Books, 2022).

——, *Guía no oficial de Ancestry.com: Cómo encontrar su historia familiar en el sitio web de genealogía n.º 1* (F + W Media, 2018).

Junta para la Certificación de Genealogistas, *Normas de Genealogía: Segunda edición revisada* (*Ancestry.com*, 2019).

McCullough, Dana, *Guía no oficial de FamilySearch.org: How to Find Your Family History on the World's Largest Free Genealogy Website, 2ª edición* (Cincinnati, OH: Family Tree Books, 2020).

Powell, Kimberly, *La guía completa de la genealogía en línea: Rastree sus raíces, comparta su historia y cree su árbol genealógico, 3.ª* edición (Adams Media, 2014).

Smith, Drew, *Organice su genealogía: Estrategias y soluciones para cada investigador* (Cincinnati, OH: Family Tree Books, 2016).

Walker, Pete, *TEPT complejo: De sobrevivir a prosperar: Una guía y un mapa para recuperarse del trauma infantil* (CreateSpace Independent Publishing Platform, 2013).

Weinberg, Tamar, *La guía del adoptado para las pruebas de ADN: Cómo utilizar la genealogía genética para descubrir a su familia perdida hace tiempo* (Cincinnati, OH: Family Tree Books, 2018).

Wigington, Patti, *Badass Ancestors: Cómo encontrar su poder con los guías ancestrales* (Llewellyn Publications, 2020).

Blogs

Blog de la empresa Ancestry: https://www.ancestry.com

Cruwys News: https://cruwys.blogspot.com

Blog de la plataforma DNAxPlained-Genetic, de Roberta Estes: www.dna-explained.com

Living DNA: https://livingdna.com/blog

El blog de Kitty Cooper: Reflexiones sobre genealogía, genética y jardinería: www.blog.kittycooper.com

Blog de la plataforma MyHeritage: https://blog.myheritage.com

Blog de la organización Six Generations, por Stewart Blandón Traiman, MD: www.sixgen.org

Blog de la plataforma The DNA Geek, por Leah LaPerle Larkin: www.thednageek.com/blog

The Enthusiastic Genealogist, por Dana Leeds: www.theenthusiasticgenealogist.blogspot.com

El genealogista jurídico: https://www.legalgenealogist.com/blog

Blog de 23 andme: *La escupidera*: https://blog.23andme.com

A través de los árboles, de Shannon Christmas: www.throughthetreesblog.
   tumblr.com
Blog de la plataforma Your Genetic Genealogist, por CeCe Moore: www.
   yourgeneticgenealogist.com

Páginas web

Recursos para adoptados y filiación errónea
La Sociedad ALMA: https://thealmasociety.org
Congreso Americano de Adopción: www.americanadoptioncongress.org
Nación bastarda: https://bastards.org
Registro Soundex Internacional de Reuniones: www.isrr.org
Derecho a saber: https://righttoknow.us
Ángeles de la búsqueda: www.searchangels.org

También hay muchas organizaciones a nivel estatal y local que trabajan en favor de los derechos de los adoptados. Busque en Internet en su
zona para acceder a ellas.

Recursos en línea sobre salud mental
Terapia virtual Alma: https://helloalma.com
Asociación Americana de Ansiedad y Depresión: www.adaa.org
Terapia de ansiedad TalkSpace: www.talkspace.com

Software de árbol genealógico
Family Tree Maker: https://www.mackiev.com
Abuelo: https://gramps-project.org
Legacy Family Tree: https://legacyfamilytree.com
MyHeritage; «Family Tree Builder»: www.myheritage.com
RootsMagic (¡Mi favorito!): www.rootsmagic.com

Pruebas de ADN e investigación
23andMe: www.23andMe.com
Ancestry: www.dna.Ancestry.com
ADN del árbol genealógico: www.FamilyTreeDNA.com

ADN vivo: www.LivingDNA.com
MyHeritage: www.MyHeritage.com

Investigación genealógica

AfriGeneas: www.afrigeneas.com
BillionGraves: www.billiongraves.com
Historia familiar china: https://chinesefamilyhistory.org
Chronicling America: www.chroniclingamerica.loc.gov
Cyndi's List: www.cyndislist.com
Revista *Family Tree* «Las mejores páginas web europeas de genealogía», por David Fryxell: www.familytreemagazine.com
FamilyTreeMagazine.com (¡Pruebe los recursos gratuitos!): www.familytreemagazine.com
Buscar una tumba: www.findagrave.com
Buscar mi pasado: https://findmypast.com Fold3: www.fold3.com
GenealogyBank: www.genealogybank.com
Google (incluidos Google Translate y Google Books): www.google.com
Haplogrupo: www.haplogroup.org
Periódicos históricos: www.newspapers.com
Genealogía irlandesa: www.irishgenealogy.ie
ISOGG Wiki: www.isogg.org
JewishGen: www.jewishgen.org
Biblioteca Nacional de Derecho Indígena: «Rastrear las raíces familiares de los nativos americanos».
Native American Rights Fund: https://narf.org
Ancestros americanos de la Sociedad Genealógica Histórica de Nueva Inglaterra: www.americanancestors.org

Sociedades genealógicas

Sociedad Americana de Genealogistas: www.fasg.org
Asociación de Genealogistas Profesionales: www.apgen.org
Sociedad Genealógica Nacional: www.ngsgenealogy.org
Lista de sociedades genealógicas de Rootsweb Wiki: https://wiki.rootsweb.com

Agradecimientos

S in el amor y el apoyo de mi extraordinario marido, Kirk, este libro no existiría. Gracias, amor mío, por los interminables ánimos y por servirme de impulso para emprender el viaje de la genealogía genética. Lo eres todo para mí. ¡Café caliente y tarta de manzana fika para siempre!

Mis hijas son mis maestras más exigentes y la alegría de mi corazón. Mis brillantes bellezas, estoy muy orgullosa de las mujeres en las que os habéis convertido. Os quiero a las dos más allá de las palabras.

Mi madre, Susan, experimentó el tipo de conmoción genealógica que puede sacudir a una persona hasta la médula. Mamá, te doy las gracias por permitirme compartir parte de tu difícil historia. Eres única, y fuiste, y eres, amada por muchos. Guarda siempre eso en tu corazón.

Mi padre era un tipo aventurero y sé que habría disfrutado del viaje en busca de sus raíces paternas. Papá, gracias por aparecer en espíritu mientras yo hacía el duro trabajo de la curación. Sé en mi corazón y en mi mente que me querías mucho, y llevo eso conmigo. Dondequiera que estés, rezo para que hayas encontrado la paz, patatas fritas, cerveza fría y un equipo de fútbol ganador. ¡No hay mayor gozo para un chico del 9th Ward!

Mis nietos son un regalo preciosísimo que ha llenado mi corazón de un amor que no podía imaginar antes de su llegada. Dulces muchachos, mi deseo genealógico para vosotros es que algún día miréis vuestro árbol de ocho generaciones, minuciosamente investigado y bien documentado, con emoción y gratitud, y que recordéis a vuestros antepasados y compartáis, algún día, este legado con vuestros propios descendientes.

La investigación familiar resulta mucho más fácil con la participación de la familia. A todos los familiares y parientes políticos a los que he sometido a un acoso incesante sobre las pruebas de ADN, gracias por someteros a las pruebas y dejarme escarbar en los resultados. Vuestras contribuciones han aportado sanación, conexiones y plenitud a lo que era un árbol muy triste y maltrecho. Os estoy muy agradecida.

Una verdadera «mejor amiga» es un tesoro. Tengo la suerte de que la mía lleva conmigo casi treinta años, permaneciendo a mi lado en el amor, la risa y el apoyo a través de todo tipo de pruebas y triunfos. Christine, eres una estrella luminosa que brilla intensamente en mi pequeño universo. No cambies nunca. Te quiero mucho.

Es cierto que los polos opuestos se atraen. Mi querida amiga, compañera y la otra mitad de mi rueda de plata, Laura Louella, me animó a seguir adelante, escuchó mientras leía fragmentos a través de una turbia conexión de móvil y me ofreció críticas y sugerencias reflexivas que no se le ocurrieron a mi yo Leo. Eres una joya preciosa, bella dama Capricornio, y agradezco tus sabios consejos. ¡Que el futuro nos depare muchos momentos de risas para contarlos mientras recorremos juntos el camino de la Diosa!

Me esfuerzo siempre por caminar por la vida con el corazón abierto, por aprender y dar lo mejor de mí. A las personas comprensivas y generosas que me ayudaron en mi viaje para hacer evolucionar este libro con un lenguaje más preciso e inclusivo, gracias por responder a mis casi interminables preguntas, por las amables correcciones y por su consideración y sabiduría. Os veo y honro vuestro viaje. Espero que encuentren que sus maravillosos consejos se reflejan, al menos de algún modo, en estas páginas.

A Judika Illes, editora extraordinaria y querida amiga, gracias no es suficiente. Tus amables palabras y tu manera suave pero firme de alentarme fueron muy útiles mientras luchaba por dar a luz este libro. Te aprecio muchísimo, y también tu inmenso talento.

A todos los que en Weiser han contribuido a la publicación de este libro, gracias. Vuestra habilidad y profesionalidad son estelares.

A los genealogistas a los que he pedido consejo y opiniones, gracias por vuestra sabiduría y por no pestañear cuando mencioné la premisa de este libro. Espero haber demostrado que la ciencia de la genealogía puede mezclarse bien con la naturaleza intangible de la magia.

A los que se sienten apartados de la genealogía: ustedes y sus verdades son necesarios para mantener la integridad y la autenticidad del tejido de la humanidad. Mientras recorren este camino de magia, sepan que son vistos y valorados.

Nuestra guía a veces procede de aquellos de quienes no somos conscientes. Durante muchos años, mucho antes de que yo supiera de ella, la antigua genealogista Hyndla me inspiró a entretejer suavemente mis dedos en la gran telaraña ancestral para poder encontrar mis verdades. Estoy llena de gratitud.

Por último, rezo para que mis palabras sean lo suficientemente dignas como para servir de homenaje a la memoria de mis antepasados. Yo soy yo gracias a ellos, y estoy muy agradecida por la suerte del sorteo genético que me dotó de una curiosidad insaciable por el pasado. Me siento humilde y honrada de llevarlos conmigo mientras recorro este camino de magia.